# Strom
## der
### Liebe

# Strom der Liebe

Story von Esther & Stephan Choe

First Edition 1ˢᵗ Publication First Print on December 13, 2025

**Author** Stephan Choe
**Publisher** Gil Su Jang
**Distributed in South Korea by** Knowledge and Sensibility
**Publication Registration** 2012-000081

**Designed by** Hui Young Kim
**Edited by** Hui Young Kim
**Proofread by** Eun Sol Jeong
**Marketed by** Yoon Gil Kim

**Address** 1212 Daeryung Post Tower 6th, 298 Beokkot‑ro, Geumcheon‑gu, Seoul, South Korea
**Tel** 070-4651-3730~4
**Fax** 070-4325-7006
**E-mail** ksbookup@naver.com
**Homepage** www.knsbookup.com

**ISBN** 979-11-392-2897-7(03810)
**Price** 17,000 KRW

Homepage Link

# Strom der Liebe

Stephan Choe

## Story von Esther & Stephan Choe

지식과감정#

## Widmung

Ich widme dieses Buch meinen Kindern Stephan Jr. und Timothée,
meinen Schwiegertöchtern Marie Seungmi und Monica sowie
den Familien Renate & Andreas Schmeinck und Grace & Ludger
Sickelmann.

# Inhalt

**Dreizehnte Story**

# Zehn Gründe für meine Dankbarkeit

**Vierzehnte Story**

# Esthers Sieg beim Heimgang und ihre Begleitung mit mir

# Über unsere Liebesgeschichte als Strom des Segens für die Welt

„Jesus antwortete und sprach zu ihr: Wer von diesem Wasser trinkt, den wird wieder dürsten; wer aber von dem Wasser trinken wird, das ich ihm gebe, den wird in Ewigkeit nicht dürsten, sondern das Wasser, das ich ihm geben werde, das wird in ihm eine Quelle des Wassers werden, das in das ewige Leben quillt."
(Johannes 4,13–14)

Früher hatte ich mehr Interesse für meine Gegenwart und Zukunft als für meine Vergangenheit. Ich dachte, die Vergangenheit sei vergangen, aber die Zukunft werde kommen. Darum wollte ich nicht über meine Vergangenheit nachdenken, sondern lieber über meine Zukunft nachdenken und mich darauf vorbereiten. Doch während ich dieses Buch schrieb, wurde mir zutiefst bewusst, dass meine und unsere Vergangenheit, Gegenwart und Zukunft organisch verbunden sind.

In meiner Vergangenheit gab es eine Zeit, in der ich mir überhaupt keine gute Zukunft vorstellen konnte und deshalb hoffnungslos lebte, weil ich in meiner Kindheit eine Verletzung an der rechten Hüfte hatte und meine Familie arm war. Doch dann half mir Gott durch meinen Lehrer in der sechsten Klasse, der mich dazu ermutigte, die Aufnahmeprüfung für die Middleschool mit dem besten Ergebnis zu bestehen und so ein Stipendium zu erhalten. Danach musste ich eine Zeit lang meine ganze Zeit und Energie darauf verwenden, mich auf die Aufnahmeprüfung für die Universität vorzubereiten, denn ich brauchte unbedingt ein gutes Prüfungsergebnis, um ein Stipendium für die Universität zu bekommen.

Esther Choe, meine Frau, konnte wegen der Armut nur die Middleschool besuchen und fühlte sich unglücklich. Sie kam als Krankenpflegehelferin nach Deutschland, um Geld zu verdienen und dadurch glücklich zu werden. Aber sie erkannte, dass Geld ihr kein Glück brachte. Dann lernte sie Jesus kennen, wurde glücklich, wirkte als Missionarin und heiratete mich.

Rückblickend betrachtet wurden unsere Armut, Hoffnungslosigkeit und Trauer von Gott als Gelegenheit dazu genutzt, uns zu segnen und durch uns viele andere zu segnen. Gott nutzt alles, was wir in der Vergangenheit und Gegenwart durchmachen, als Gelegenheit für eine gesegnete Zukunft.

Deshalb möchte ich in dieser Biografie darüber schreiben, wie Gott uns beide liebte, die wir aufgrund unserer Lebensumstände traurig und unglücklich waren, und wie er uns zu einem glücklichen und ewigen Leben verhalf. Gott wollte uns nicht nur glücklich machen, sondern uns auch als Segensstrom für viele Koreaner, Deutsche und Menschen auf der ganzen Welt gebrauchen, um ihnen das Geheimnis eines glücklichen Lebens zu offenbaren.

Das ist vergleichbar mit dem Wasser des Baches, der vor meinem Geburtshaus oder vor Esthers Geburtshaus fließt und sich zu einem großen Fluss entwickelt, der dann ins Meer fließt und sich schließlich über ganze Ozeane auf der ganzen Welt ausbreitet.

Natürlich steht die Geschichte von mir und Esther in einem besonderen Kontext. Die Kernbotschaft unserer Geschichte kann jedoch auf jeden angewendet werden, sodass auch Du ein glückseliges Leben führen und diesen Segen weiterfließen lassen kannst.

Daher ermutige ich Dich dazu, diese Kernbotschaft beim Lesen unserer Geschichte zu entdecken und sie für Dich anzuwenden.

Wenn Du Deine wunderbaren Segensgeschichten als Buch oder als YouTube-Video veröffentlichst, können Deine Kinder und viele andere davon lesen, hören oder sehen. Deine Erzählungen werden für Deine Kinder und zahlreiche Menschen interessant sein und ihnen eine gute Hilfe dazu sein, ein gesegnetes, ewiges Leben zu genießen und das Reich Gottes zu erweitern.

Wenn Du unsere Geschichten liest, wirst Du einige Geheimnisse entdecken, wie Gott wirkt. Ich werde hier nur drei davon nennen.

Erstens zeigt Gott uns seine Liebe zu uns direkt oder indirekt durch unsere Geschwister, Freunde, Lehrer oder Kinder, insbesondere durch unsere Eltern und Ehepartner.

Jeder Mensch braucht wirklich Liebe. Gott zeigt seine Liebe zu uns zuerst durch diejenigen, die uns nahestehen. Wenn wir Gottes Liebe durch ihre Liebe erkennen und annehmen, werden wir ein glückliches und ein ewiges Leben genießen.

Ich bin in einer armen Familie aufgewachsen, und meine Mutter, mein Bruder und meine Schwestern waren damals noch keine Christen. Aber ich wuchs inmitten ihrer Liebe auf. Ihre Liebe war weitaus kostbarer als materieller Reichtum.

Danach erhielt ich viel Liebe von meinen christlichen Freunden und Lehrern.

Nach der Heirat wurde ich von Esther, meiner Frau – einem Engelchen – und von unseren Kindern geliebt.

Darüber hinaus schüttete Gott Seine Liebe im Überfluss in mein Herz aus. Ich fühle mich also, als wäre ich schon hier in einem Paradies.

Zweitens führt Gott alles, auch die Begebenheiten, die wir als schlecht betrachten, zu unserem Besten(s. Römerbrief 8,28 in der Bibel).

Meine Familie war arm. Daher wäre es für mich unmöglich gewesen, nach der Grundschule eine Middleschool zu besuchen, weil das Schulgeld für mich zu teuer gewesen wäre. Am Ende des zweiten Grundschuljahres verletzte ich mich jedoch am rechten Hüftgelenk. Deshalb blieb ich vier Jahre zu Hause und besuchte dann die fünfte und sechste Klasse. Mithilfe des Klassenlehrers der 6. Klasse konnte ich jedoch mit einem Stipendium die Middleschool besuchen.

So zeigte Gott mir seine große Liebe, indem er verschiedene Menschen und verschiedene Umstände wie ein Orchesterdirigent führte und seinen guten Willen in meinem Leben erfüllte.

Dieser Gott arbeitet auch für Dich durch verschiedene Menschen und Umstände, um Dich glücklich zu machen und Dich zu segnen.

Drittens wurde mir klar, dass wir denen, die Gottes Liebe noch nicht erkannt haben, dabei helfen sollen, Gottes Liebe zu erkennen und glücklich zu werden. Dazu sollen wir andere lieben und ihnen von der Liebe, die wir erfahren haben, erzählen.

Weil Gott nicht nur uns, sondern auch andere liebt, hat er uns dazu berufen, ein Strom der Liebe und des Segens für andere zu sein, damit auch sie Gottes Liebe und seinen Segen erkennen können.

Nicht fließendes, stehendes Wasser kann nichts als Fäulnis verursachen.

Wenn „ich" Gottes Liebe und seinen Segen nur empfange und diese Liebe und diesen Segen nicht an andere weitergebe, wird mein Inneres verrotten und stinken. Deshalb sollen wir Gottes Liebe und seinen Segen nicht nur allein genießen, sondern auch mit anderen teilen. Nur dann wird das Wasser der Liebe und des Segens Gottes, das wir empfangen haben, nicht verfaulen, sondern durch uns zu anderen fließen. Auf diese Weise hat Gott jeden von uns dazu bestimmt, ein Strom der Liebe und des Segens für alle Völker der Welt zu sein.

Das Werk der Liebe und des Segens Gottes durch uns mag jetzt unbedeutend erscheinen, wie ein kleiner Bach, der durch ein Tal fließt. Doch später wird er zu einem großen Fluss, der in die Ozeane fließt und allen Völkern der Welt unermesslichen Segen bringt. Diese Verheißung und diese Vision gelten nicht nur für mich, sondern für alle, die

Gottes großen Willen verstehen und nach seinem Willen leben.

Noch eins, was ich hier betonen möchte, ist, dass das Werk von Esther und mir und auch das Werk von Dir keine trivialen Zwischenfälle sind, die sich fernab des Mainstreams von Gottes Liebe und Segen ereignet haben. Vielmehr handelt es sich um wichtige historische Ereignisse, die inmitten des Hauptstroms des göttlichen Segens stattfinden.

Zum besseren Verständnis dieses Punktes werde ich Dir auch erzählen, wie Gott das Evangelium nach Korea gebracht hat, wie dieses Evangelium mir und Esther überbracht wurde und wie es weiterfließt. Denn Gott hat bereits von Ewigkeit her bestimmt, mich, Esther und auch Dich als Strom des Segens zu gebrauchen. Er hat uns zum Glauben geführt, lässt uns ein glückliches und ewiges Leben genießen und diese gute Nachricht in Korea, Deutschland und in der Welt verbreiten.

Aus diesen Gründen bete ich dafür, dass jeder Leser durch dieses Buch den wunderbaren, großen Willen Gottes erfährt, ein glückseliges Leben genießt und den Weg der Glückseligkeit mit anderen teilt.

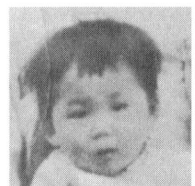

# Erste Story: Die Kindheit von mir und Esther

„Kommt her zu mir, alle, die ihr mühselig und beladen seid; ich will euch erquicken."
(Matthäus 11,28)

## 1. Unsere Geburtsdaten und Esthers Heimatstadt

**Familienfoto Esthers**
Links: Baby Esther, Esthers Eltern, ihre ältere Schwester und deren Mann, ihr Bruder.
Rechts: Esther mit ihren Neffen

Esthers Geburtshaus liegt in Jangheung, Jeonranam-do, Südkorea, etwa 230km von meinem Geburtshaus in Yesan entfernt. Ihr Geburtsname ist Gil-Lye Baek(백길례, 白吉禮). Baek(백, 白) bedeutet „weiß". Gil(길, 吉) von Gil-Lye bedeutet „Glück" und Lye(례, 禮) „die Anmut der Höflichkeit". Ein glücklicher und höflicher Mensch ist vollkommen. Esther ist wirklich glücklich und höflich. Mein Schwiegervater gab ihr einen wunderschönen Namen. Als sie geboren wurde, war ihr Bruder schon 14 Jahre alt. Selbstverständlich freuten sich alle ihre Familienangehörigen über ihre Geburt. Ihr tatsächliches Alter ist ein Jahr älter als ihr amtliches Alter. Und ihr eingetragener Geburtstag war eigentlich nach dem Mondkalender. Aber offiziell gilt dieses Datum als ein Datum nach dem Sonnenkalender. Auch mein Geburtstag war nach dem Mondkalender angegeben und gilt offiziell als Tag nach dem Sonnenkalender.

Etwas Wundersames: Ihr Geburtstag und ihr offizielles Geburtsjahr, das ein Jahr später liegt als ihr tatsächliches Geburtsjahr, sind identisch mit meinem offiziellen Geburtstag und Geburtsjahr. Der gleiche Geburtstag und das gleiche Geburtsjahr von uns beiden zeigen, dass Gott schon von Ewigkeit her vorherbestimmt hatte, uns beide zur Ehe zu führen.

Yesan(meine Heimatstadt) und Jangheung(Esthers Heimatstadt)

Esther wurde zu Hause von klein auf mit dem Vornamen „Song-Ja"(송자) gerufen, weshalb sie auch in der Grundschule Song-Ja Baek genannt wurde. Am ersten Tag der Middleschool rief der Lehrer aber „Gil-Lye Baek", wie es in ihrem offiziellen Familienregister steht. Da Esther den Namen nicht kannte, reagierte sie zunächst nicht. Erst auf Nachfrage erfuhr sie, dass Gil-Lye Baek ihr gesetzlicher Name war.

Nachdem Esther die Middleschool abgeschlossen hatte, konnte sie wegen der Armut ihrer Familie keine Highschool besuchen. Um ihrer Familie finanziell zu helfen, besuchte sie eine Zeitlang eine Schneiderschule in Jangheung, die von Frau Jung-Hi Park, der Ehefrau von Pastor Nam-Young Chung, geleitet wurde.

## 2. Meine Eltern, Geschwister und meine Heimatstadt

Meine Mutter und mein Bruder(bei unserer Hochzeit 1977)

Mein koreanischer Name ist Myeong-Hwan Choe(최명환, 崔明煥). Choe(최, 崔) bedeutet „hoch" und Myeong-Hwan(명환, 明煥) bedeutet „helle Flamme". Koreaner schreiben ihren Familiennamen „최" im Englischen auch als Choi.

Ich wurde in einem Dorf namens Teojinmok, Haus-Nr. 15, in Sinryewon-ri, Yesan-eup, Yesan-gun, Chungnam geboren, das etwa 100 km südsüdwestlich von Seoul und etwa 30 km von der Westküste entfernt liegt. Um von Seoul zu meinem Geburtshaus zu gelangen, nahm ich den Zug nach Cheonan und fuhr von dort weiter auf der Janghang-Linie, stieg an der Station Shinryewon aus, ging etwa zwei Kilometer nach Osten und kam in Teojinmok an, meinem Heimatdorf. Östlich meines Geburtsortes verlaufen zwei Gebirgszüge parallel und bilden sich dazwischen ein Tal. Wenn man diesem Tal nach Osten etwa 1,5km folgt, erreicht man Sucheol-ri.

Der Name meines Heimatdorfes, „Teojinmok" oder „Teojilmok",

bedeutet, dass hier das Tal endet und die Felder beginnen.

Mein Vater hieß Byeong-Lye Choe(최병례). Er wurde am 14. Dezember 1910(nach Mondkalender am 13. November 1910) geboren und starb am 12. Mai 1951 mit 40. Er starb, als ich noch nicht zwei Jahre alt war. Deshalb habe ich keine Erinnerung an ihn. Aber meine Mutter erzählte mir, wie gut mein Vater gewesen war. Als ein Nachbar an Typhus starb, wollte ihn niemand aus Angst vor einer Ansteckung begraben. Mein Vater meldete sich jedoch freiwillig und beerdigte ihn. Dabei wurde er infiziert und starb.

Ich konnte an der Stimme meiner Mutter erkennen, wie sehr sie meinen Vater schätzte und liebte. Ich hörte nie ein Gemurmel von ihr über meinen Vater. Vielmehr war sie jedes Mal voller Freude, wenn sie uns von ihm erzählte. Ich stellte mir eine glückliche Ehebeziehung zwischen meinen Eltern vor. Deshalb bin ich dankbar, dass ich von meinen Eltern den Segen einer glücklichen Ehe geerbt habe. Leider habe ich kein einziges Foto meines Vaters gesehen, wahrscheinlich hatte er wegen der Armut nie eins gemacht.

Weil mein Vater früh starb, hatte meine Mutter(Gyu-Hee Park 박규희, 1914–1979) sechs Kinder zu versorgen: meinen älteren Bruder, vier Schwestern und mich. Ich war der Jüngste.

Wenn man meine Mutter mit den Augen anderer Leute betrachten würde, wäre sie nur eine arme Frau, die nicht einmal eine Grundschule besucht hatte und deswegen kein Koreanisch lesen konnte. Aber sie war für uns Geschwister hingebungsvoll, sanft und liebevoll. Ich kann mich nicht erinnern, dass sie jemals etwas Negatives über mich oder meine Geschwister gesagt hätte. Inmitten der Armut gab sie sich hin, um ihre sechs Kinder zu versorgen. Sie arbeitete den ganzen Tag auf dem Feld und bat mich abends, ihre Beine zu massieren, weil sie wegen der Arbeit schmerzten. Mein Bruder und meine Schwestern arbeiteten herzlich mit ihr zusammen. Wenn meine Mutter irgendeine Feier besucht hatte, brachte sie leckere Reiskuchen, in Papier eingewickelt, nach Hause und gab sie uns, besonders mir. Solch eine hingebende Liebe habe ich auch bei Esther erlebt. Ich kann nicht anders, als Gott für seine Weisheit und Liebe zu danken, mit der er uns ein gesegnetes Zuhause geschenkt und meiner Mutter eine engelsgleiche Liebe zur Familie eingeflößt hat. So erinnere ich mich gerne an meine Mutter zurück. Die Erinnerung an meine Mutter, Esthers hingebungsvolle Liebe und unser gemeinsamer Glaube an Christus bildeten die wichtigste Grundlage für unser glückliches Familienleben.

Meine Mutter wurde am 16. Januar 1979 wegen eines Schlaganfalls plötzlich zum Herrn gerufen. Bevor meine Mutter starb, half Gott ihr durch meine dritte und vierte Schwester, an Jesus zu glauben und in das Himmelreich zu gelangen. Ich hörte von meiner dritten Schwester, dass meine Mutter kurz vor ihrem Tod die Kirche besuchte und an Jesus Christus glaubte. Kurz vor dem Tod sah sie im Traum den Himmel offen und Engel und schlief friedlich ein. Unser Gott ist gnädig. Er erhörte die Gebete meiner dritten und vierten Schwester, rettete meine Mutter und schenkte ihr das ewige Leben. Natürlich ist es bedauerlich, dass meine Mutter früh verstorben ist. Aber ich danke Gott, dass er meiner Mutter, die ihr Leben lang hart arbeiten und sich um ihre Kinder kümmern musste, ermöglichte, innerhalb weniger Tage friedlich und schmerzfrei einzuschlafen. So konnte sie ins Himmelreich eingehen und die Seligkeit des ewigen Lebens genießen.

Im Januar 2002 besuchte ich meine vierte Schwester in Daeryul, Yesan. Von dort aus fuhr ich mit ihr im Auto meines Schwagers zum Grab meiner Eltern. Das Grab befindet sich in Dongmak, Shinryewon, in der Nähe meines Geburtshauses(s. Zeichnung meiner Heimat).

Korea stand von 1910 bis 1945 unter japanischer Kolonialherrschaft. Abseits der japanischen Herrschaft wurde nördlich des 38. Breitengrades durch sowjetische Truppen die kommunistische Regierung von Il-Sung Kim errichtet. Im südlichen Teil der koreanischen Halbinsel wurde dagegen US-Militär stationiert und die liberaldemokratische Regierung von Syngman Rhee gegründet.

Am 25. Juni 1950, als ich noch nicht ein Jahr alt war, fielen nordkoreanische Truppen in Südkorea ein. Dieser Bürgerkrieg endete mit dem Waffenstillstandsabkommen vom 27. Juli 1953. Das Gebiet, in dem ich wohnte, war zu Beginn des Krieges etwa drei Monate lang von kommunistischen Kräften besetzt. Damals waren vor allem Intellektuelle und Reiche die Zielscheibe der Kommunisten. Als die Alliierten unser Gebiet zurückeroberten, wurden die Kommunisten von Bürgerwehren, der Polizei und der Armee erschossen.

Meine Mutter erzählte, dass auf dem Friedhof, der etwa 1,5 km südwestlich von unserem Haus liegt, manchmal Schüsse fielen, als kommunistische Aktivisten erschossen wurden. Glücklicherweise war niemand von unseren Familienangehörigen oder Verwandten in diesen blutigen Krieg verwickelt, da mein älterer Bruder(Yong-Hwan Choe 최용환, 1934–1919) damals noch zu jung und mein Vater bereits zu alt dafür war, Soldat zu werden. Meine Familie war außerdem sehr arm, sodass die Kommunisten keinen Grund hatten, sie als einflussreiche Bürger zu betrachten. Auch die Verwandten meiner Mutter waren keine Intellektuellen. Darum blieb ihr Leben verschont. Wir danken Gott dafür, dass er unsere Familie und Verwandten bewahrt hat.

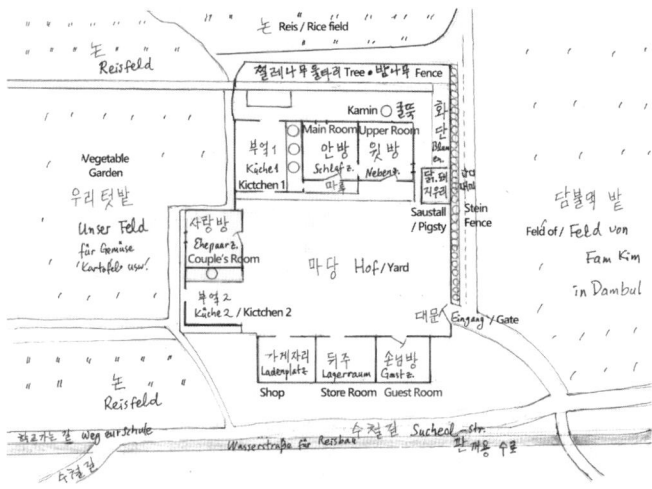

**Mein Geburtshaus im Jahr 1977**

Als ich etwa 10 Jahre alt war, hatte unser Geburtshaus nur ein Schlafzimmer, ein Nebenzimmer und eine Küche(1). Nachdem mein Bruder geheiratet hatte, baute er ein Ehepaarzimmer und eine zweite Küche dazu. Etwas später fügte er einen Lagerraum hinzu. In den 1970er Jahren nutzte meine Schwägerin den linken Teil des Lagerraums als Laden. Gegen 1976 schloss sie den Laden und begann als reisende Händlerin, Kosmetika zu verkaufen. Danach baute mein Bruder anstelle des Kuhstalls neben dem Lagerraum noch ein Zimmer als Gästezimmer für seine Kinder aus

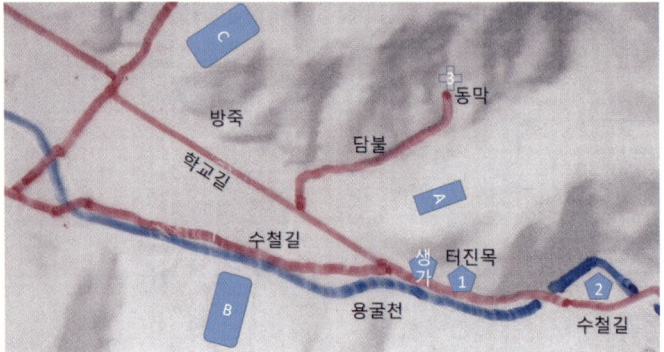

Meine Heimat Teojinmok(터진목) und Grabstätte meiner Eltern:

생가: **Mein Geburtshaus**

1: Das Haus von **Jong-Man Choi**

2: **Wassermühlenhaus**, jetzt ein Volkskundedorf

✛: **Grabstätte** meiner Eltern, meines älteren Bruders, meiner Großeltern väterlicherseits

**Straße:**

학교길(**Weg zur Schule**)

수철길(**Sucheol-Straße**)

Bach: 용굴천(**Yonggulcheon-Bach**)

**Unsere Felder:**

A: **Getridefeld Anan**

B: **Reisfeld Gaejangsi**

C: **Reisfeld Chomakgol**

**Nachbardörfer:**

동막(**Dongmak**, wo Sang-Gyun Park wohnte), 담불(**Dambul**, wo Young-Su Kim wohnte) und 방죽(**Bangjuk**, wo Eun-Chun Lee wohnte).

Dörfer, die hier nicht gezeigt werden: **Garyul**(wo meine Großeltern mütterlicherseits und ihre Söhne wohnten), **Yonggok-ri und Jaegong**(wo Jae-Beom Lee wohnte).

Der Weg von meinem Geburtshaus zur Grundschule(der helle Weg auf der rechten Seite)

Als mein Vater starb, musste mein Bruder die Yesan Middleschool im ersten Jahr(also in der 7. Klasse) abbrechen und begann, als Vertreter der Familie zu fungieren.

Die erste Schwester Gil-Soon(길순, 1937–2000) und die vierte Schwester San-Wol(산월, 1946–1919) halfen unserer Mutter zu Hause, die zweite Schwester Il-Soon(일순, 1940–1995) arbeitete in Seoul und die dritte Schwester Chun-Ja(춘자, sie hieß damals zu Hause „Yong-Soon"; geboren 1943) arbeitete in Gwangju. Die beiden kamen an Feiertagen wie Chuseok oder Neujahr nach dem Mondkalender nach Hause.

Gott führte zuallererst meine dritte Schwester zum Glauben an Jesus Christus, als sie 1957 mit 15 Jahren in Kwangju war. Durch sie begann Gott in meinem Elternhaus mit seinem Errettungswerk.

Unser Haus war ein Bauernhaus, und wir besaßen ca. 1900 Quadratmeter Reisfelder und dazu kleinere Felder für Gemüse, Gerste und Weizen. Weil unsere Reisfelder am Fuße eines Berges lagen und mit kaltem Wasser vom Berg bewässert werden mussten, brachten sie nur etwa zwei Drittel der normalen Ernte ein. Zusammen mit Gerste und Weizen reichte der Ertrag der Reisfelder gerade aus, um unsere Familie zu ernähren.

Obwohl mein Vater früh starb, wuchs ich ohne das Gefühl auf, meinen Vater zu vermissen, da ich einen Bruder hatte, der 14 Jahre älter war als ich und sich um die Familie kümmerte. Mein Bruder hatte die Shinryewon Grundschule mit Auszeichnung abgeschlossen. Herr Woo-Rin Park, sein Klassenlehrer, empfahl meinem Vater, meinen Bruder zur Middleschool zu senden. So verkaufte mein Vater das einzige Kalb, um die Eintrittsgebühr zu bezahlen. Mein Bruder musste jedoch unvermittelt die Middleschool abbrechen, als mein Vater plötzlich starb. Trotz dieses Unglücks habe ich nie gehört, dass mein Bruder etwas Negatives über sein ärmliches Leben gesagt hätte. Er führte vielmehr das einfache Leben eines Landwirtes und widmete sich ganz der Versorgung der Familie.

Ich hatte keine Angst, von meiner Mutter oder meinen Schwestern getadelt zu werden, denn sie alle liebten mich sehr. Aber mein Bruder war eine Autorität für mich. Bis zum Abitur wagte ich es nicht, gegen sein Wort zu verstoßen. Er sah streng aus, aber er war nicht streng und schlug mich nie.

Als ich krank war, trug er mich auf seinem Rücken und brachte mich zum Vater Jae-Beom Lees in Mulmak zur Akupunktur oder zu Dr. Woo-Rin Park in Shinryewon zur Behandlung. Dr. Park war zuvor der Klassenlehrer meines Bruders gewesen. Zu dieser Zeit hatte er seinen

Lehrerberuf aufgegeben und nach Abschluss seines Medizinstudiums eine Praxis eröffnet.

Als mein Bruder 20 Jahre alt wurde, wurde er zum Wehrdienst eingezogen. Damals dauerte der Wehrdienst etwa drei Jahre. Deshalb musste meine Mutter die harte Arbeit auf dem Bauernhof ohne ihn erledigen. Drei Jahre später kehrte er Gott sei Dank wohlbehalten nach Hause zurück und arbeitete wieder für die Familie.

Mein Bruder verliebte sich dann in die älteste Tochter des Wassermühlenhauses. Ich sah die beiden noch nie alleine zusammentreffen, aber ich sah meinen Bruder oft ohne Bezahlung in der Mühle arbeiten. Liebe kann Menschen stark motivieren. Angesichts der damaligen koreanischen Heiratsbräuche und der wirtschaftlichen Situation meiner Familie war sein Verhalten ziemlich klug. Damals war es im Dorf ungewöhnlich, über ein persönliches Kennenlernen zu heiraten. Die Ehen wurden fast immer durch Vermittlung arrangiert. Hier ging ein junger Mann aus einer armen Familie zum Haus des Mädchens und half bei der Mühlenarbeit, damit er die Möglichkeit hatte, seine Auserwählte auf natürliche Weise zu treffen und die Zustimmung ihrer Eltern einzuholen.

Als ich ungefähr in der dritten Klasse der Grundschule war, heirateten die beiden auf traditionelle koreanische Weise. Meine Schwägerin kam in einer Sänfte, die von Männern getragen wurde, zu unserem Haus. Im Internet kann man nachlesen, dass derartige Sänften bereits seit 1000 Jahren in den Baekje-, Silla- und Goryeo-Dynastien, den Vorgängerdynastien Koreas, verwendet wurden.

Meine dritte und vierte Schwester beteten dafür, dass mein Bruder zum Glauben an Jesus Christus komme. Ihrem Rat folgend besuchte er die Shinryewon-Kirche und erlebte eine Freude, die ihn sehr berührte.

Gott führte später meine Schwägerin, ihre Kinder und auch ihre Geschwister zum Glauben. Damals konnte ich mir nicht vorstellen, dass meine Schwägerin und ihre Geschwister zum Glauben kommen würden. Aber Gott nutzte verschiedene Umstände und Personen und führte sie zum Glauben.

Meine älteste Schwester blieb zu Hause und arbeitete mit meiner Mutter zusammen. Sie half ihr bei der Haus- und Feldarbeit und auch beim Sammeln von Brennholz in den Bergen. Sie liebte mich sehr, weil ich ihr jüngster Bruder war. Durch sie und andere Geschwister schenkte Gott mir seine Liebe, sodass ich meine Kindheit glücklich verbringen konnte. Sie heiratete dann Jong-Rae Park, der in Sucheol-ri wohnte, etwa zwei Kilometer von uns entfernt.

In Sucheol-ri gibt es einen Stausee namens „Sucheol Stausee" und vier Dörfer: Südlich des Stausees liegt das Dorf „Araemal", östlich des Stausees liegen „Yangji-mal"(Dorf auf der Sonnenseite) und „Eum-ji-mal"(Dorf auf der Schattenseite). Etwa einen Kilometer östlich des Stausees liegt das katholische Dorf „Saeteo".

**Die Dörfer in Sucheol-ri:**

아랫말(Araemal, Unteres Dorf); 양지말(Yangjimal, Dorf auf der Sonnenseite); 음지말 (Eumjimal, Dorf auf der Schattenseite); 새터(Saeteo, Dorf der Katholiken)

▲ 제 생가(Mein Geburtshaus), ● 물레방앗간(Wassermühlenhaus)

↕ 수철1교(1. Sucheol-Brücke), ▲ 첫째 누님집(Haus meiner ersten Schwester), 저수 지(Stausee)

Mein erster Schwager, Jong-Rae Park(박종래), war der zweite Sohn seiner Eltern. Er heiratete meine erste Schwester und baute in Yang-jimal ein Haus mit Küche und zwei Zimmern. Gott schenkte dieser Familie zur Hochzeit eine wunderschöne Naturkulisse. Als Grund-schüler besuchte ich sie oft und verbrachte manchmal ein paar Tage dort. Als ich morgens noch im Bett lag, fielen Sonnenstrahlen ins Zim-mer, wärmten mich und machten mich glücklich. Ihre Kinder, meine Cousins und Cousinen, heißen Yeong-Sook Park(박영숙), Yeong-Deok Park(박영덕), Yeong-Bok Park(박영복), Seung-Deok Park(박승덕) und Jeong-Shin Park(박정신).

Als ich in Deutschland war, erlitt meine erste Schwester eine Gehirnblutung. Gott half ihr dann durch meine dritte Schwester, an Jesus Christus zu glauben, sodass sie das ewige Leben empfing und zum himmlischen Vater ging. Dank sei Gott für seine Gnade!

Meine zweite Schwester arbeitete in Seoul, um die Familie finanziell zu unterstützen. Sie kam zum koreanischen Erntedankfest(15. August nach dem Mondkalender) oder zum Neujahr nach dem Mondkalender nach Hause. Sie blieb manchmal eine Zeitlang zu Hause und half meiner Mutter.

Etwa zu der Zeit, als ich die Grundschule abschloss, heiratete sie Rak-Kwon Bang(방락권), einen der Kameraden meines Bruders im Militär, der in Sinam-myeon, Yesan-gun wohnte. Das Brautpaar kaufte ein Haus in Yesan-eup und zog dort ein. Mein Schwager kaufte fertige Kleidung vom Dongdaemun-Markt in Seoul und verkaufte sie auf Märkten, die jeweils alle fünf Tage in Yesan-eup, am Bahnhofsplatz von Yesan und in Sinam stattfanden. Er war ein guter Geschäftsmann, und meine Schwester arbeitete mit ihm zusammen.

Meine vierte Schwester blieb oft im Haus der zweiten Schwester, um auf deren Kinder aufzupassen und die Mahlzeiten zuzubereiten. Als ich die Yesan Middleschool und die Yesan Agrarwirtschaftsschule besuchte, besuchte ich gelegentlich meine Schwester in Yesan nach der Schule.

Die zweite Schwester hat zwei Söhne, Yong-Hyeon Bang(방용현) und Gi-Beom Bang(방기범), sowie eine Tochter, Mi-Kyung Bang(방미경). Yong-Hyeon besuchte die Inha-Universität in Incheon und Gi-Beom die

Yonsei-Universität in Seoul. Gi-Beom kam durch UBF Yeonhui Center, eine Studentengemeinde, zum Glauben. Mi-Kyung besuchte eine Uni in Daejeon und besuchte unsere CMI-Studentengemeinde in Daejeon.

Auch meine zweite Schwester erlitt eine Gehirnblutung. Darum erklärte ihr meine dritte Schwester das Evangelium, und diese glaubte an Jesus und starb. Später begann auch der zweite Schwager, eine Kirche zu besuchen und an Jesus zu glauben.

Meine dritte Schwester hieß in ihrer Jugend „Yong-Soon"(용순), später aber, wie es im Familienregister steht, „Chun-Ja"(춘자). Sie brach nach dem Tod unseres Vaters in der dritten Klasse die Grundschule ab und arbeitete mit ca. 17 Jahren in Gwangju. Dort besuchte sie die Kirche und kam zum Glauben. Dies war ein bedeutendes Ereignis, da das Evangelium zum ersten Mal ein Mitglied unserer Familie erreichte. Weil meine dritte Schwester willensstark war, hielt sie am Glauben fest, obwohl sie anfänglich einige Schwierigkeiten hatte. Vermutlich fing Gott das Glaubenswerk in unserem Haus deshalb mit ihr an. Während alle Familienangehörigen sonntags auf dem Feld arbeiteten, ging sie zuerst zum Gottesdienst der Kirche. Meine Mutter und mein Bruder tadelten sie deshalb. Aber nachdem sie den Gottesdienst besucht hatte, kam sie zurück und half der Familie bei der Arbeit.

Sie heiratete Myeong-Hak Yoon(윤명학) und erzog ihre vier Kinder, Young-Ran(윤영란), Young-Gyun(윤영균), Young-Nam(윤영남) und Young-Sook(윤영숙), gläubig. Durch ihre Ermutigung wurde der älteste Sohn, Young-Gyun Yoon, ein Pastor und dient dem Herrn. Meine dritte Schwester half weiteren Menschen zum Glauben. Wenn sie mit dem Zug oder der U-Bahn fuhr, verkündete sie den Fahrgästen mutig das Evangelium.

Meine vierte Schwester San-Wol(산월) ist zwei Jahre älter als ich. Sie sagte, dass ich, als ich noch klein war, ihr anhing, sodass sie mit ihren Freundinnen nicht gut spielen konnte. Tatsächlich gab es in meiner Heimat Teojinmok nur drei Häuser und ich hatte keinen gleichaltrigen Freund.

Meine jüngste Schwester ist die einzige der vier Schwestern, die die Grundschule abgeschlossen hat. Sie arbeitete auf den Feldern oder sammelte Brennstoff in den Bergen zum Kochen und zum Heizen des Wohnzimmers.

Sie hatte ein weites und gütiges Herz. Ich sah sie nie mit anderen Leuten streiten. Sie glaubte aber trotz aller Mühe der dritten Schwester zunächst nicht an Jesus. Vielleicht weil sie weiterzig und gütig war, hatte sie kein Bedürfnis nach dem Evangelium. Aber Gott liebte sie und gab ihr die Gelegenheit, die Tür ihres Herzens für Gott zu öffnen. Als ich in der Mittelschule war, litt sie an Tuberkulose. Sie nahm die Einladung der dritten Schwester an, ging zur Kirche in Shinryewon und glaubte an Jesus. Danach diente sie eifrig Gott und arbeitete als Sonntagsschullehrerin für Kinder. Sie kümmerte sich auch um die kleinen Kinder der zweiten Schwester.

Als die Zeit kam, heiratete sie meinen Schwager(이천호), der später ein Ältester der Dorfkirche „Daeheung Songnim Kirche"(송림교회) in Daeyul-ri, Yesan-gun wurde. Sie diente dem Herrn auch als „Ermahnerin"(권사)[1] der Kirche. Im täglichen Leben arbeitete sie als

---

1 Ermahnerin(권사, 勸師, exhorter) ist eine Person, die für Evangelisation, Dienst und Ermahnung in der Kirche verantwortlich ist.

Bäuerin auf den Feldern. Und sie erzog ihre einzige Tochter Byung-Eun Lee(이병은) gut. Nachdem sie mehrere Jahre krank im Bett lag, ging sie Anfang Dezember 2018 zum himmlischen Vater.

Wie Gott früher einen Menschen Abram zu Abraham umgenannt und aus ihm ein Volk des Glaubens gemacht hatte, führte Gott meine dritte Schwester zum Glauben und erhörte ihr Gebet, sodass Gott meine Mutter, meinen Bruder, meine Schwestern und mich zum Glauben führte und uns als Gottesvolk erzog. Dieser Gott wird aus uns und unseren Nachkommen ein großes Gottesvolk machen, das auf ihn vertraut, ihm dient und Gottes Segen in der ganzen Welt verbreitet. Amen!

Willst Du, verehrter Leser, nun nicht mit mir ein Picknick in Teo-jinmok(터진목) machen, wo ich geboren wurde?

Die Adresse meines Geburtshauses war Nr. 15, Shinryewon-ri, Ye-san-eup, Yesan-gun, Chungcheongnam-do, Südkorea. Jetzt schreibt man diese Anschrift „15-4, Shinryewon-ri, Yesan-eup, Yesan-gun, Chungcheongnam-do, Südkorea" oder „713 Sucheol-gil, Sinryewon-ri, Yesan-gun, Chungcheongnam-do, Südkorea".

Wenn das Wasser aus dem Sucheol-ri-Stausee abgelassen wird, fließt es westwärts entlang des Yonggulcheon-Baches zwischen den beiden Gebirgszügen Yoggol-san(용골산) und Deokbong-san(덕봉산). Wenn man vom Sucheol-ri-Stausee aus etwa 1,5 km diesen Yonggu-lcheon-Bach entlanggeht, erreicht man die 1. Sucheol-Brücke(수철1교). Vor dieser Brücke stand das Wassermühlenhaus(물방앗간집), in dem meine Schwägerin gelebt hatte. Heute befindet sich dort ein Volkskundemuseum.

Das Wasserrad des Mühlenhauses hatte einen Durchmesser von etwa 2,5 m. Wenn das Wasser aus dem Stausee nicht abgelassen wurde, hörte das Wasserrad auf, sich zu drehen. Dann gingen einer meiner Freunde und ich ab und zu in das Wasserrad hinein und drehten es mit unserem Gewicht. Das war natürlich nicht erlaubt.

Südwestlich des Mühlenhauses, etwa 30 Meter entfernt, wurde der Wasserfluss durch eine Betonmauer mit einem hölzernen Schleusentor blockiert, sodass das Wasser nicht mehr entlang des Baches floss, sondern durch einen etwa 1 m tiefen und 1 m breiten Bewässerungskanal(관개수로) aus Beton. In der Nähe meines Geburtshauses floss dieses Wasser weiter durch den Erdkanal, um die Reisfelder in Shinryewon-ri zu bewässern. Der Damm dieses Bewässerungskanals diente als Fußweg, der von meinem Haus zur Shinryewon-Grundschule oder zum Bahnhof führte. Ich nahm jeden Tag diesen Weg zur Shinryewon-Grundschule und später zum Bahnhof, um den Zug zur Middleschool, Agrarwirtschaftsschule und zur Highschool zu nehmen. So kann ich auch heute noch diesen Weg zeichnen.

Drei Jahre lang fuhr ich zusammen mit Jae-Beom Lee(이재범) mit dem Zug zur Yesan Middleschool. Er war ein katholischer, ehrlicher Christ und hatte ein reines Herz. Darum schätzte ich ihn. Wenn ich von der Middleschool nach Hause gehen wollte, stieg ich am Bahnhof Shinryewon aus und ging gelegentlich an Jae-Beoms Haus vorbei zur Gemeinschaft mit ihm.

Der Bach namens Yonggulcheon(용굴천), der aus dem Sucheol-ri-Stausee entspringt, fließt an unserem Haus vorbei und am Fuß des Berges entlang in westlicher Richtung. Wenn man von meinem Geburtshaus aus etwa 1 Kilometer westlich entlang dieses Flusses geht, kommt man zu einem Dorf namens Garyul(가률) mit etwa 20 Häusern. Dort befand sich das Haus meiner Großeltern mütterlicherseits, die mit der Familie meines ältesten Onkels zusammenwohnten. Daneben waren auch die Häuser der drei Brüder meiner Mutter.

Etwa 500 m nördlich von meinem Geburtshaus befand sich ein einziges Haus von Sang-Gyun Park(박상균), der etwa drei Jahre jünger war als ich, umgeben von Bergen. Um sein Haus herum standen verschiedene Obstbäume wie Kakis, chinesische Datteln(Jujube) und Aprikosen.

Als ich mir die rechte Hüfte verletzte, musste ich zwischen meinem neunten und zwölften Lebensjahr eine Schulpause einlegen. Diese Zeit verbrachte ich zu Hause. Trotzdem kletterte ich oft mit Sang-Gyun auf den Berg Yonggol(용골산) vor meinem Haus, fing Fische oder badete im Bach.

Wenn man von unserem Haus aus nach Norden über den 50 Meter hohen, mit Kiefern bewachsenen Hügel ging, kam man nach Ansan(안산), wo sich das Ackerland unserer Familie befand. Manchmal half ich meiner Mutter und meinen Schwestern bei ihrer Arbeit dort. Inmitten des Ansan-Kiefernwaldes gab es auch Kastanienbäume, weshalb ich dort im Herbst gerne Kastanien oder Pilze sammelte.

In Dambul(담불), 400 m nordwestlich von Teojinmok, stand am Fuße des Berges das Haus von Young-Soo Kim(김영수). Vor seinem Haus lag ein viereckiges, relativ großes Reisfeld, das immer mit

Wasser bedeckt war. Dieses Reisfeld wurde im kalten Winter in eine Eisbahn für Jugendliche und Kinder umgewandelt. Meine Mutter ermahnte mich, dass ich dort keinen Schlitten fahren sollte, damit ich mich nicht verletze. Aber ich baute mir selbst einen Schlitten und fuhr natürlich trotzdem.

Wenn die Reispflanzen im Herbst abgeschnitten wurden, suchte ich im Winter oder frühen Frühling dort und auf anderen Feldern Wasserschnecken(우렁), die meine Mutter dann in einer Suppe kochte. Diese Schneckensuppe war sehr lecker.

### 3. Gongju, die Heimatstadt meines Vaters und meiner Verwandten

Mein Vater wohnte ursprünglich in Ssangdae-ri, Sinpung-myeon, Gongju-gun, Chungcheongnam-do(충청남도 공주군 신풍면 쌍대리). Mein Bruder und meine erste bis dritte Schwestern wurden dort geboren.

Meine Mutter besuchte dort gelegentlich Verwandten. Ich selbst war jedoch noch nicht dort gewesen. Ab und zu besuchte uns der jüngere Bruder meines Großvaters aus Gongju und blieb einige Tage bei uns.

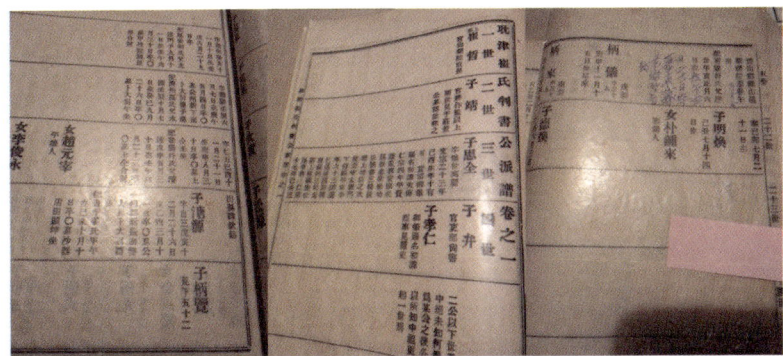

**Die Genealogie der Tamjin-Choes: eine Aufzeichnung unseres Stammesvaters, meines Großvaters, meines Vaters und von mir.**

Cheol Choe(최철, 崔哲) war der Stammesvater vom Tamjin Choe, d. h. die 1. verzeichnete Generation. Dang-Won Choe(최당원, 崔溏源) war mein Großvater(20. Generation) und Byeong-Nam Choe(최병남 崔柄覽, die 21. Generation) mein Vater. Auf dem Grabstein meiner Eltern stand jedoch der Name meines Vaters als „Byeong-Lye Choe"(최병례 崔秉禮), was seinem amtlichen Namen entspricht. Ich(최명환, 崔明煥) bin somit die 22. Generation.

Grabstein meiner Eltern:

<u>Auf der vorderen Seite des Grabsteins</u>(rechtes Bild) steht: „Das Grab von Tamjin <Choe Byeong-Rye>(mein Vater) und Milyang <Park Gyu-Hee>(meine Mutter)". Darunter steht Gottes Wort aus Psalm 23,6: „Ich werde bleiben im Hause des HERRN immerdar."

<u>Auf der Rückseite des Grabsteins</u>(linkes Bild) stehen die Namen der beiden

Söhne, ihre Ehefrauen(Gum-Ok Ha und Gil-Lye Baek) sowie die Namen der vier Töchter meiner Eltern und ihrer vier Ehemänner und drei Enkelsöhne, der Geburtsort meines Vaters(Gongju) und der Abschiedsort meiner Eltern(Shinryewon, Yesan) sowie ihre Abschiedsdaten nach dem Mondkalender.

Nach Informationen im Internet stammt die Sippe „Choe"(schreibt auch „Choi") ursprünglich von dem Häuptling namens Goheochon(고허촌), einem der sechs Sippenhäuptlinge von Gaya(가야) in Koreahalbinsel in der Mitte des ersten Jahrhunderts. Mit Chi-Won Choe(최치원, 857~?), einem Nachkommen Goheochons, begann die Gyeongju-Choe-Sippe(경주 최씨). Chi-Won Choe war in der späten Silla-Zeit ein großer literarischer Meister.

Von dieser Gyeongju-Choe-Sippe her stammt die Haeju-Choe-Sippe(해주 최씨), angefangen von On Choe(최온, ~1170), der in der Mitte der Goryeo-Dynastie(고려 왕조시대) als Bürgermeister in Haeju(해주 목민관) durch seine Hilfsprojekte den Armen gut geholfen hatte. Von dieser Haeju-Choe-Sippe her stammt wiederum die Tamjin-Choe-Sippe(탐진 최씨) mit Cheol Choe(최철), dem Großvater von Sajeon Choe(최사전, 1067–1139). Sajeon Choe tötete Ja-Gyeom Lee(이자겸), der sich in der späten Goryeo-Dynastie gegen den König auflehnte, und schlug so den Aufstand nieder.

Meine Eltern zogen mit ihren Kindern von Gongju nach Shinryewon, nachdem meine Großeltern väterlicherseits gestorben waren. Damals war meine dritte Schwester etwa ein Jahr alt. Der Grund des Umzugs war es, dass meine Mutter in Shinryewon aufgewachsen war und auch das Haus meiner Großeltern mütterlicherseits in Shinryewon lag. In Shinryewon gab es damals keine Tamjin-Choe-Verwandten, wohl aber viele mütterlicherseits vom Stamm Milyang Park.

Mein Großvater mütterlicherseits hieß Eung-Se Park(박응세) und hatte zwei Brüder; der ältere wohnte in Dongmak(동막) und der jüngere in Bangjuk(방죽). Aber beide starben vor meiner Geburt. Ich erinnere mich, dass sich meine Tante in Dongmak viel Mühe geben musste, sich um die Oma in Dongmak zu kümmern, weil diese sich nicht mehr richtig bewegen konnte. Mein Onkel Hyun-Gu Park(박현구), der zweite Sohn vom jüngeren Bruder meines Großvaters mütterlicherseits, wohnte nach seiner Heirat in einem leeren Zimmer des Waisenhauses in Nr. 92 Gayang-dong, Daejeon(대전시 가양동 92번지), als ich ein Student war. Dieser Onkel glaubte durch die katholische Kirche an Jesus.

### 4. Die Familie des Wassermühlenhauses und Jongmans Familie

Etwa 300 Meter östlich meines Geburtshauses stand ein Wassermühlenhaus, dessen Familie meiner Familie sehr nahe stand. Das lag daran, dass mein älterer Bruder – wie bereits oben erwähnt - deren älteste Tochter heiratete, als ich ungefähr in der 3. Klasse der Grundschule war.

Wenn das Wasser aus der Sucheol-ri-Talsperre zur Bewässerung der Reisfelder abgelassen wurde, nutzte die Wassermühle die Kraft dieses Wassers, um ein Spinnrad anzutreiben, das wiederum eine Maschine zur Trennung des Reises von der Spreu antrieb. Gerste durchlief in dieser Maschine einen ähnlichen Prozess, um Gerstenreis zu gewinnen. In der Mühle wurde Weizen zu Mehl gemahlen und anschließend durch ein mechanisches Sieb gesiebt. Die Leute von Sucheol-ri und vom 2. Distrikt von Shinryewon-ri(신례원 2구) nutzten diese Mühle.

In Teojinmok, wo nur drei Häuser standen, gab es für mich leider keine gleichaltrigen Freunde. Deswegen spielte ich, als ich klein war, hauptsächlich mit meinem Nachbarjungen namens Jong-Man Choi(최종만), der zwei Jahre älter war als ich. Ich spielte auch mal mit Geum-Ja Ha(하금자), der zweiten Tochter des Wassermühlen-Hauses. Sie war ein Jahr älter als ich und ein kluges Mädchen.

Meine Schwägerin(하금옥) ist die älteste Tochter der Müllerfamilie und hat zwei jüngere Brüder, Jeong-Nam Ha(하정남) und Bok-Nam Ha(하복남), und zwei jüngere Schwestern, Geum-Ja Ha(하금자) und Geum-Sook Ha(하금숙). Jeong-Nam, der Älteste, war etwa acht Jahre älter als ich und Bok-Nam ist etwa sechs Jahre jünger als ich. Geum-Ja war ein Jahr älter als ich und Geum-Sook war ungefähr acht Jahre jünger als ich. Jeong-Nam schloss die Elektro-Berufsschule in Seoul mit hervorragenden Noten ab und schnitt in der schriftlichen Einstellungsprüfung eines Elektrounternehmens gut ab. Leider wurde er wegen einer Hämorrhoide nicht eingestellt und blieb zu Hause. Er liebte Literatur und kaufte sich viele Romane. Als ich mich wegen meiner Hüftverletzung zu Hause mit einem Gipsverband im Bett langweilte, lieh ich mir seine Romane aus und las viele davon. Das trug, so meine ich, dazu bei, dass ich auch nach vierjähriger Schulpause ein ausgezeichneter Schüler sein konnte.

Als ich ein Kind war, gab es in Teojinmok nur drei Häuser: unser Haus, Jong-Mans Haus und das Wassermühlenhaus. Jong-Mans Haus war von unserem Haus etwa 50m entfernt und das Wassermühlehaus etwa 300m. Da ich in Teojinmok keine gleichaltrigen Freunde hatte, spielte ich hauptsächlich mit Jong-Man, der zwei Jahre älter war als ich. Er war der Sohn eines älteren Ehepaares, dessen Tochter nach der Heirat in Sucheol-ri wohnte. Jong-Man war freundlich und arbeitsam. Er hatte außerdem ein Talent für das Handwerk. Jong-Mans Eltern waren etwa zehn Jahre älter als meine Mutter. Auch ihre eheliche Beziehung war gut. Sie waren fleißige Leute. An Winterabenden, wenn auf dem Land nicht viel los war, besuchte meine Mutter oft das alte Paar am Abend. Als Jong-Mans Mutter starb, heiratete Jong-Man auf Wunsch seines Vaters ein etwa zwei Jahre älteres Mädchen aus Sucheol-ri, als er selbst gerade 16 oder 17 Jahre alt war. Die erste Tochter, die diesem Paar geboren wurde, hieß Soon-Ju Choi(최순주). Später ging Jong-Man zum Wehrdienst und machte dort einen Führerschein. Nachdem er seinen Wehrdienst beendet hatte, begann er in Gyeonggi-do als Fahrer zu arbeiten. Als ich im Jahr 2010 Korea besuchte, hörte ich von meinem Bruder, dass Jong-Man bereits gestorben war. Ich bete, dass Gott seine Frau, Soon-Ju sowie ihre Kinder segnet.

Ich danke Gott, dass er mir während meiner Kindheit eine schöne Gemeinschaft mit Jong-Man geschenkt hat.


Als ich später die Universität besuchte, bekam ich in Daejeon ein Zimmer und teilte es mir zwei Jahre lang mit Yong-Seong Seo(서용성), einem Freund aus einem andern Dorf in meiner Heimatstadt. Nachdem Yong-Seong in ein Mietzimmer in der Nähe der Universität umgezogen war, teilte ich das Zimmer mit Bok-Nam Ha, der die Technische Berufsschule in Daejeon besuchte. Die Ausbildung dort war eine Zusammensetzung aus einer dreijährigen Berufs-Highschool und einem zweijährigen Junior College. Während dieser Ausbildungszeit führte Gott ihn dazu, an der christlichen Jugendgruppe „Youth for Christ"(YFC) teilzunehmen und die Daeheung-dong Baptist Church zu besuchen, sodass er zum Glauben kam. Nach seinem Abschluss bekam er einen Job in Daejeon, heiratete eine Christin und übte einen guten Einfluss auf seine Schwestern und andere aus. Auch meine Schwägerin wurde Christin, teilweise durch seinen Einfluss, aber auch durch die göttliche Antwort auf die Gebete meiner Schwestern.

Nachdem meine Mutter im Januar 1979 zum himmlischen Vater gegangen war, zog die Familie meines Bruders auf den Vorschlag von Kyung-Sook Choi(최경숙), der zweiten Tochter meines Bruders, von Shinryewon nach Seoul um. Und meine Schwägerin führte ihre vier Töchter, ihre Schwiegertochter und ihren Sohn zur Kirche und zum Glauben. Auf diese Weise wurden meine dritte Schwester, meine vierte Schwester und Bok-Nam von Gott als Ströme des Segens gebraucht. Die Nachkommen meines Bruders, meiner Schwestern und die Nachkommen von Bok-Nam werden sich vermehren und ein großes Volk des Glaubens werden.

# Zweite Story: Meine Hüftgelenksverrenkung und meine Schulzeit

„Und Jakob nannte die Stätte Pnuël; denn, sprach er, ich habe Gott von Angesicht gesehen, und doch wurde mein Leben gerettet. Und als er an Pnuël vorüberkam, ging ihm die Sonne auf; und er hinkte an seiner Hüfte."

(1. Mose 32,31.32)

„Denn also hat Gott die Welt geliebt, dass er seinen eingeborenen Sohn gab, damit alle, die an ihn glauben, nicht verloren werden, sondern das ewige Leben haben."

(Johannes 3,16)

### 1. Meine ersten zwei Schuljahre

Die Grundschule in Korea dauerte sechs Jahre, wobei keine Schulgebühren erhoben wurden. Als ich zur Schule ging, waren in der Regel etwa 80 Schüler in einer Klassengruppe. Nach der Grundschule konnten sie gegen Zahlung von Schulgeld eine dreijährige Middleschool und anschließend eine dreijährige Highschool besuchen, bevor sie eine vierjährige Universität besuchten.

**Das Hauptgebäude der Shinryewon Grundschule in den Jahren 1956–1963, als ich die Schule besuchte.**

Hinter dem Hauptgebäude befanden sich hintereinander zwei Gebäude mit Klassenzimmern. Die Klassenzimmer waren mit Holzböden ausgestattet, sodass die Schüler im Klassenraum ihre Schuhe auszogen. Der Boden des Klassenzimmers im hintersten Gebäude bestand dagegen aus Erdboden, sodass die Schüler dort die Schuhe anbehielten.

Hinter dem Mast der Nationalflagge befanden sich links das Rektorat und rechts das Lehrerzimmer. Den Uhrenturm gab es damals noch nicht.

Am 2. oder 3. März 1956, als ich 6 Jahre alt war, folgte ich meiner Mutter und begann, die Grundschule zu besuchen, die etwa zwei Kilometer westlich von unserem Haus lag. Damals wurden die Schulanfänger nach Geschlecht in zwei Klassengruppen eingeteilt, eine männliche und eine weibliche. Ich erinnere mich, dass die Zahl der Schüler in meiner Klassengruppe 84 betrug. Man kann sagen, dass die Kinder wie Ölsardinen in den Klassenraum eingepfercht wurden. Was wir in der ersten Klasse ein Halbjahr lang lernten, war ähnlich wie im

Kindergarten: Wir lernten singen oder tanzen. Daher wurden junge Lehrerinnen als Klassenlehrerinnen für die Erstklässler eingesetzt. So übernahm Ok-Ryeol Yoo(유옥렬), eine junge ledige Frau, unsere Klassengruppe. Meine Mitschüler waren u. a. Hwa-Seop Choi(최화섭), ein Neffe der Frau des Wassermühlenhauses, Sang-Man Kim(김상만), der in Jaegong wohnte, und Eun-Chun Lee(이은춘), der in Saeteo, Sucheol-ri, wohnte.

Im zweiten Halbjahr begannen wir Koreanisch und einfache Arithmetik zu lernen. Die Lehrerin schrieb einfaches Koreanisch an die Tafel und wir sprachen, was sie geschrieben hatte. So konnte ich am Ende des zweiten Halbjahres Sätze lesen und schreiben. Der Klassensprecher meiner Klasse war damals Hong-Goo Lee(이홍구) aus einer wohlhabenden Familie. Die Klassenlehrerin hatte ihn zum Klassensprecher ernannt. Er war ein aktiver Schüler und war als Klassensprecher geeignet. So hielt ich es für eine Selbstverständlichkeit, dass er unser Klassensprecher wurde.

Am Ende des zweiten Halbjahres hatten wir eine schriftliche Prüfung. Soweit ich mich erinnern kann, war das eine Koreanisch-Prüfung. Ich war der Einzige, der alle Fragen richtig beantwortet hatte, sodass ich die volle Punktzahl(100 Punkte) bekam. Ich war ein ländliches Kind und machte mir keinen Gedanken darüber, ob ich besser abschneiden sollte als andere Schüler. Niemand zu Hause hatte mir gesagt, dass ich gut lernen oder gute Noten bekommen sollte. Weil ich allein die volle Punktzahl bekommen hatte, machte Hong-Goo Lee einen ernsten Gesichtsausdruck. Das brachte mich zum Nachdenken. Meine Klassenlehrerin Ok-Ryeol Yoo heiratete nach einem Jahr einen Lehrer unserer Grundschule.

In meinem 2. Schuljahr wurde Herr Min unser Klassenlehrer. Ich kann mich nicht viel an ihn erinnern. Ich erinnere mich jedoch daran, dass dieser Lehrer einmal einen Schüler hart schlug, weil er den Unterricht gestört hatte. In der 3. Klasse war Herr Gi-Young Son(손기영) unser Klassenlehrer. Er mochte Sport, besonders Baseball. Also übten wir Baseball im Sportunterricht. Für uns, Schüler der dritten Klasse, war Baseballtraining natürlich etwas verfrüht. Da ich mir damals aus unbekannten Gründen die Hüfte verletzte, konnte ich nur kurz die dritte Klasse besuchen.

## 2. Vierjährige Schulpause wegen der Hüftgelenksverrenkung

Das Gnadenwerk Gottes in meinem Leben kann ich nicht erklären, ohne an meinen Unfall zu denken, bei dem der Oberschenkelkopf meines rechten Beins aus der Hüftgelenkspfanne ausgerenkt wurde. Als ich acht Jahre alt war, gegen Ende Dezember 1957, war ich auf dem Heimweg vom Wassermühlenhaus. Es war ein kalter Tag. Etwa 30 m vom Wassermühlenhaus entfernt kreuzte die Straße den Bach. Damals gab es dort keine Brücke. Die Stelle, wo ich den Bach überquerte, lag etwa ein bis zwei Meter tiefer als die Straße. Das Wasser, das von den Reisfeldern auf der Südseite der Straße zum Bach fließen sollte, floss auf die Straße und gefror auf der Straße. Deshalb war der Hang sehr rutschig. Da rutschte ich aus und schlug mit dem rechten Knie auf das Eis auf, was sehr wehtat. Weil meine Familie arm war, ignorierte ich damals diesen Vorfall und ließ mich nicht medizinisch untersuchen. Ich weiß nicht, ob dieser Unfall und die verschleppte Untersuchung die Ursache dafür waren, dass der Hüftkopf meines rechten

Oberschenkels aus der Hüftgelenkspfanne ausgerenkt worden war.

Zu der Zeit gab es noch eine andere Begebenheit. Eines Abends in jenem Winter kam meine Tante, die Frau meines zweiten Onkels mütterlicherseits, zu Besuch. Sie spielte mit meinem Bruder und drückte dabei aus Versehen mit ihrem Knie auf mein rechtes Bein, als ich neben ihnen auf dem Boden des Zimmers schlief. Ich wachte auf und weinte vor Schmerzen. Meine Mutter und ich glaubten deshalb lange Zeit, dass dies die Ursache für die Verrenkung des rechten Hüftkopfs aus der Hüftpfanne sei.

Als ich dies später mit Dr. Schmalz, einem Knochenspezialisten in Dortmund, besprach, sagte er mir, dass mein Hüftkopf nicht durch einen Tritt gegen mein Bein ausgerenkt worden sein könne. Daher bleibt die genaue Ursache für die Verrenkung meines Hüftkopfes ein Rätsel. Aber Gott verwandelte meine unglückliche Verletzung in einen Segen, indem er sie nutzte, um mich zu retten und mich und viele andere Menschen zu segnen.

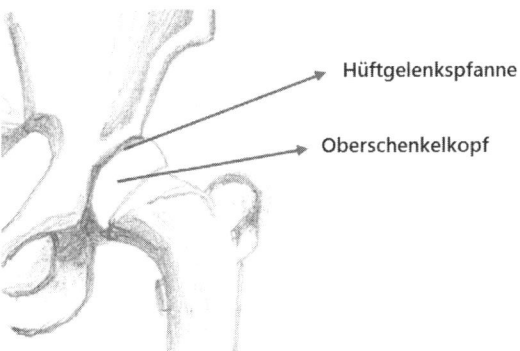

Hüftgelenkspfanne

Oberschenkelkopf

**Herausgleiten des rechten Oberschenkelkopfs(Ball) aus der Hüftgelenkspfanne(Socket)**

Das Problem der Hüftverletzung trat jedoch nicht sofort auf, sondern schleichend im Laufe von zwei bis drei Monaten, sodass ich erst später bemerkte, dass mein Hüftkopf aus der Hüftgelenkspfanne ausgerenkt war. In Korea endeten die Winterschulferien Ende Januar. Als ich im Februar 1958 zur Schule ging, spürte ich, wie mein rechtes Knie schmerzte. Meine Familie war damals arm. Wenn wir keine ernsthaften gesundheitlichen Probleme hatten, gingen wir nicht zum Arzt, sondern griffen auf Hausmittel zurück. Da ich meinte, dass ich ein Problem mit meinem Knie hätte, brachte mich mein älterer Bruder zu Jae-Beom Lees Vater, der mir eine Akupunkturnadel ins Knie stach. Im April des dritten Schuljahres schmerzte mein Bein noch stärker. Ich hatte keine andere Wahl, als die Schule zu unterbrechen. Also unterbrach ich die Schule für fast zwei Jahre und ging in die vierte Klasse, eine Klasse unter meiner Altersgruppe. Aber bereits nach ein, zwei Wochen schmerzte mein rechtes Bein wieder so heftig, dass ich erneut eine zweijährige Schulpause machen musste. Ich kann mich nicht einmal an den Namen meines Klassenlehrers der 4. Klasse erinnern, weil ich nur ein paar Tage zur Schule gegangen war, denn der Oberschenkelkopf meines rechten Beins war inzwischen aus der Hüftgelenkspfanne geglitten.

Trotz der schwierigen finanziellen Lage unserer Familie ging ich ins Daedong-Krankenhaus, das damals das einzige Krankenhaus in Yesan war. Sie betäubten mich, zogen mein rechtes Bein und drückten es zurück, um den Oberschenkelkopf wieder in die Hüftgelenkspfanne zu bringen. Anschließend fixierten sie meine Hüften und mein rechtes Bein in Gipsverbänden. Einen Tag lang blieb ich im Krankenhaus und wurde danach nach Hause getragen. Es gab Busse, die von Yesan-eup nach Shinryewon fuhren, aber ich konnte mit meinem Gipsbein keinen Bus nehmen. Also legten mich meine Mutter und meine zweite Schwester auf eine Decke und trugen mich mit der Decke aus dem Krankenhaus nach Hause. Die Entfernung zwischen unserem Haus und dem Krankenhaus betrug ungefähr 8 km. Es war etwa Mai oder Juni im Jahr 1960. Sie nahmen den Fußweg neben den Bahngleisen, um der staubigen Autostraße auszuweichen. Ich erinnere mich gut daran, dass meine Mutter und meine Schwester stark schwitzten. Sie müssen sich große Sorgen um mich gemacht haben. Ich danke Gott für ihre Liebe.

### 3. Vom Klassenlehrer der 6. Klasse geliebt

Nach der erneuten zweijährigen Schulpause kehrte ich als Fünft-klässler der Klasse 5b zur Schule zurück. Mein Klassenlehrer hieß Nyeon-Gu Kang(강년구). Ich bat meine dritte Schwester, die in Gwangju arbeitete, mir einen Studienführer zu kaufen. In diesem Studienführer wurden die Inhalte aller Schulbücher der fünften Klasse gut erklärt. Als ich in der 6. Klasse war, schickte mir meine Schwester wieder Geld, sodass ich mir den Studienführer für die 6. Klasse kaufte.

Im Februar 1963, dem letzten Monat meiner 5. Klasse, wurde mir eine Woche lang eine Aufgabe zugeteilt. Ich sollte nach dem Ende des Schulunterrichts die Sauberkeit jedes Klassenzimmers überprüfen und den Schülern, die für die Reinigung ihres Klassenzimmers zuständig waren, sagen, ob der Raum sauber genug sei und sie nach Hause gehen durften. Ich war stolz, dass ich diese Aufgabe bekommen hatte, und ging in gehobener Stimmung von einem Klassenzimmer zum nächsten. Da fragte mich ein Lehrer wörtlich: „Was bist du?" Damit wollte er mich fragen: „Was machst du hier? Warum gehst du nicht nach Hause, sondern läufst in der Schule herum?" Ich antwortete ihm in etwas überheblichem Ton: „Ich bin ein Mensch!"

Der Lehrer rief mich daraufhin ins Lehrerzimmer und gab mir als Strafarbeit auf, einen reflektierenden Aufsatz über mein Verhalten zu schreiben. In dem Schreiben bekannte ich, dass ich mich falsch verhalten hatte. Nachdem er das gelesen hatte, sagte er: „Du hast dich falsch verhalten. Deshalb sollst du dafür einige Schläge bekommen! " Er schlug mir anschließend ein paar Mal sanft mit einem Stock auf mein Schienbein und schickte mich nach Hause. Dies war meine erste Begegnung mit Herrn So-Hee Yeon(연소희).

Am ersten Tag der 6. Klasse kam ein neuer Klassenlehrer in unser Klassenzimmer. Von vielen möglichen Lehrern war ausgerechnet Herr So-Hee Yeon unser neuer Klassenlehrer!

Die Grundschule in Korea dauerte sechs Jahre und war gebührenfrei. Ab der Middleschool mussten Schüler Studiengebühren zahlen, die im Vergleich zu unserer finanziellen Lage ziemlich teuer waren. Wegen der Studiengebühren wollten nur etwa 20 von 80 Schülern meiner Klasse die Middleschool besuchen.

Ich gab in meinem Herzen die Hoffnung auf, die Middleschool besuchen zu können. Aber Herr So-Hee Yeon liebte mich. Vielleicht hatte er mich liebgewonnen, als ich ihm meine Falschheit gestanden hatte.

Herr Yeon ließ die Schüler, die die Middleschool besuchen wollten, nach dem regulären 6-stündigen Unterricht noch zwei Stunden zusätzlich für die Vorbereitung auf die Aufnahmeprüfung der Middleschool lernen. So-Hee Yeon empfahl mir, mich mit anderen Schülern zusammen auf die Aufnahmeprüfung der Middleschool vorzubereiten. Er gab mir auch kostenlos Übungsfragebögen für die Vorbereitung auf die Aufnahmeprüfung. Als sich die Zeit der Aufnahmeprüfung näherte, besuchte er mein Haus und bat meinen Bruder, mir zu erlauben, die Aufnahmeprüfung abzulegen.

Mein Bruder gab mir die Erlaubnis, an der Aufnahmeprüfung teilzunehmen. Dabei sagte er zu mir, dass ich die Mittelschule nur besuchen könne, wenn ich bei der Aufnahmeprüfung die beste Punktzahl aller Bewerber erziele und somit ein Stipendium bekäme.

Zu jener Zeit hatte jede Region in Korea eine Middleschool, die besonders anerkannt war. Im Kreis Yesan war dies die Yesan Middleschool. Die Aufnahmeprüfung bestand aus den schriftlichen Prüfungen und vier sportpraktischen Prüfungen: Weitsprung, Klimmzüge, Baseball-Weitwurf und 100-Meter-Lauf. Nahm ein Bewerber an einer sportpraktischen Prüfung teil, erhielt er in dieser Disziplin mindestens 50 % der Gesamtpunktzahl. Als der Startschuss ertönte, lief ich gemeinsam mit drei anderen Läufern los. Ich legte gerade etwa 70 Meter zurück, als die anderen bereits die 100-Meter-Ziellinie erreichten. Aber es war mir egal. Ich lief einfach in meinem eigenen Tempo bis zur Ziellinie weiter. Wenige Tage später hing die Liste derjenigen, die die Aufnahmeprüfung bestanden hatten, nach Punktzahl sortiert, an der Wand der Middleschool. Überraschenderweise belegte ich den ersten Platz unter den 480 bestandenen Bewerbern. Ich danke Gott, dass er mir durch Herrn So-Hee Yeon geholfen hat, an der Aufnahmeprüfung der Middleschool teilzunehmen und schließlich sie zu besuchen.

Ich erfuhr jedoch bald, dass die Middleschool keine Stipendien oder Schulgelderlass anbot, nicht einmal für den Schüler mit den besten Ergebnissen bei der Aufnahmeprüfung. Meine Familienangehörigen sagten mir daraufhin, dass ich meinen Traum der Middleschool aufgeben sollte. Ich war traurig und weinte. In mein Tagebuch schrieb ich:

---

**<27. Februar 1964>**

Am Morgen fragte ich meinen Bruder, ob er die Yesan Middleschool besucht hatte und ob ich die Eintrittsgebühr später bezahlen könnte. Er antwortete mir: „Wenn du unsicher bist, die Stipendienprüfung zu bestehen, gib lieber jetzt auf, die Middleschool zu besuchen. Du sollst sie lieber nächstes Jahr besuchen!"

Ich war traurig und weinte lange Zeit: „Wie können sie mich die Middleschool nicht besuchen lassen, obwohl ich die beste Note in der Aufnahmeprüfung hatte!"

**<28. Februar 1964, sonnig>**

Ich war schon frühmorgens traurig, weil ich Angst davor hatte, die Middleschool nicht besuchen zu dürfen. Meine Familienmitglieder rieten mir, meine schulische Hoffnung aufzugeben. Ich weinte aus Traurigkeit. - Mein Bruder sagte daraufhin: „Ich will dich zur Middleschool senden. Hast du die Überzeugung, dass du immer die beste Note unter den Schülern holen wirst? Wenn du nur die zweitbeste Note bekommst, sollst du mit der Schule aufhören. Schwöre mir das!"

Leise antwortete ich ihm mit „Ja". Ich war glücklich, weil mein Bruder nachgegeben hatte. Am Abend sagte meine dritte Schwester, ich solle meinen Wunsch aufgeben. Das wollte ich aber auf keinen Fall.

---

Mein Bruder fuhr mehrmals zur Schulverwaltung der Middleschool und bat darum, mir die Einschreibungsgebühr zu erlassen. Schließlich verkaufte mein Bruder etwas Reis und bezahlte einen Teil der Schulgebühr. Danach begann ich, die Middleschool zu besuchen.

Im April desselben Jahres fuhr ich mit meinem neuen Klassenlehrer Jin-Hae Son(손진해) nach Daejeon, um in der Daejeon Mädchen-Middleschool eine Stipendienprüfung zu machen. Alle Schüler, die bei der Aufnahmeprüfung der jeweiligen Middleschool in der Provinz Chungcheongnam-do die besten Ergebnisse erzielt hatten, waren gekommen. Ich belegte bei dieser Prüfung den 4. Platz und bekam das Stipendium. Und die Yesan Middleschool befreite mich von der Schulgebühr. Herr Jin-Hae Son, mein Klassenlehrer, sparte in seinem Konto mein Stipendiengeld, damit ich es drei Jahre später für die Bezahlung meiner Highschool-Gebühren verwenden sollte.

Ich bin dem Herrn sehr dankbar dafür, dass Er mein Unglück der Beinverletzung in Segen verwandelte. Mit dem Stipendium ermöglichte Er mir den Besuch der Middleschool und Highschool und schließlich sogar der Universität. So konnte ich während meiner Zeit an der Universität den Glauben an Jesus Christus finden und von Gott als Segen für andere eingesetzt werden.

### 4. Glückliche Middleschool-Zeit

Yesan Middleschool war eine öffentliche Schule. Jede Jahrgangsstufe bestand aus sechs Klassen und jede Klasse hatte 80 Schüler. Ich wurde der Klasse 1c zugeteilt und mein Klassenlehrer war Jin-Hae

Son(손진해). Er blieb auch im folgenden Jahr unser Klassenlehrer. In unserer Klasse waren auch Yeon-Sik Kim(김연식), Gi-Jin Kim(김기진) und Yeon-Soo Park(박연수) von der Shinryewon-Grundschule. Dong-Sung Shin(신동성) und Jae-Beom Lee(이재범) gehörten zu anderen Klassengruppen.

Zu Beginn des ersten Schuljahrs ernannte mich mein Klassenlehrer zum Klassensprecher. Im zweiten Jahr wurde der Klassensprecher durch eine Wahl gewählt. Da der Großteil unserer Klasse von der Yesan-Grundschule kam, wurde ein Schüler der Yesan-Grundschule zum Klassensprecher gewählt.

Alle Schüler legten in allen Fächern zweimal pro Semester schriftliche Prüfungen ab.

Unser Koreanischlehrer hieß Seong-Seon Park(박성선). Er war etwas dünn, deshalb nannten ihn die Schüler „Dünner!"(빼빼). Wenn den Schülern im Unterricht langweilig war, erzählte er manchmal interessante Geschichten.

Im ersten Monat der Middleschool ging ich zu Fuß zur Schule. Ich musste zwei kleine Berge überqueren und etwa zwei Stunden lang ca. acht Kilometer laufen. Unterwegs sah ich schöne Apfelgärten. Ab dem zweiten Monat fuhr ich mit dem Zug zur Schule. Ich lief 30 Minuten zum Bahnhof Shinryewon, nahm den Zug, fuhr etwa 20 Minuten, stieg am Bahnhof Yesan aus und lief etwa 10 Minuten zu Fuß zur Schule. Wenn der Zug Verspätung hatte, rechnete die Schule unsere Ankunft nicht als Verspätung. Deswegen hatte ich drei Jahre lang keine Verspätung und bekam dafür einen Preis.

Der Unterricht begann um neun Uhr und bestand aus vier Unterrichtseinheiten à 50 Minuten mit einer zehnminütigen Pause zwischen den Unterrichtseinheiten. Danach folgten eine einstündige Mittagspause und anschließend zwei Unterrichtsstunden bis 16 Uhr. Am Samstag hatten wir vier Unterrichtsstunden bis 13 Uhr. Im dritten Jahr gab es zusätzlich zwei Unterrichtsstunden zur Vorbereitung auf die Aufnahmeprüfung der Highschool.

Yesan Middleschool und mein Foto der Middleschool-Zeit. Damals hatte der Sportplatz noch keinen Rasen.

Mir war es wichtig, die beste Note unter den Schülern meiner Jahrgangsstufe zu bekommen. Also bereitete ich mich im Voraus auf Mathematik, Englisch und Koreanisch vor. So konnte ich dem Unterricht gut folgen. Im ersten und zweiten Jahr fanden die zweitägigen schriftlichen Prüfungen aller Fächer zweimal pro Semester statt. Ich bekam durchschnittlich ungefähr 93 von 100 Punkten. Das war die höchste Punktzahl von allen meinen 480 Mitschülern. Der Sportunterricht war mir wegen meiner Hüftprobleme unangenehm. Ich war der einzige, der eine körperliche Behinderung hatte. Damals gab es noch keine Sonderregelung für Behinderte. Daher hätte mich der Lehrer mit dem gleichen Maßstab wie andere Schüler benoten können. Durch Gottes Gnade hatte ich jedoch eine positive Einstellung und nahm so aktiv wie möglich am Sportunterricht teil. Wäre meine Sportnote nicht gut gewesen, hätte ich wenige Chancen gehabt, die beste Gesamtnote unter den Schülern zu erreichen. Der Sportlehrer aber schätzte meine aktive Teilnahme und gab mir relativ gute Noten. Die positive und aktive Einstellung half mir auch dabei, gute Beziehungen zu anderen zu pflegen.

Im dritten Jahr der Middleschool wurden die Klassen neu organisiert. Dieses Mal wurde eine Sonderklassengruppe von besten 80 Schülern gebildet und sie als Klassengruppe 3–6 bezeichnet. Unser Klassenlehrer hieß Je-Ok Myeong. Zu dieser Gruppe gehörten auch Yeon-Soo Park und Gi-Jin Kim von der Shinryewon Grundschule.

Die Schüler der dritten Jahresklasse legten fast jeden Monat Prüfungen für alle Fächer ab. Die Prüfungsergebnisse aller wurden auf einem großen Plakat in der Reihenfolge ihrer Punkte aufgelistet und an die Wand aufgehängt, sodass jeder sie lesen konnte. Bei diesen Prüfungen bekam ich immer die höchste Punktzahl und Gi-Jin Kim war ungefähr der Vierte. Aber als sich das Ende des Jahres näherte, belegte Kim Gi-Jin einmal den 1. Platz und ich den 2. Platz. Das machte mich sehr nervös. Danach belegte ich wieder den ersten Platz.

Gi-Jin Kim fuhr nach Seoul, machte die Aufnahmeprüfung für die Kyungbok Highschool und bestand sie. Die Kyungbok Highschool war damals eine der besten Highschools in Korea. Nach der Highschool besuchte Gi-Jin das Department of Business Administration der Korea Universität in Seoul.

Yeon-Soo Park, einer meiner Schulfreunde, war stets fröhlich und hatte ein reines Herz. Er hatte als Grundschüler die Kirche besucht. Nach der Middleschool sah ich ihn jedoch etwa 30 Jahre lang nicht. Erst im Juli 2001 traf ich ihn in Daejeon wieder, als ich Korea besuchte. Er war inzwischen ein überzeugter Christ geworden.

## 5. Zwei scheinbar verlorene Jahre an der Landwirtschaftsschule

Ich in der Zeit von Yesan Landwirtschaftsschule.

Vorher war die Yesan Landwirtschaftsschule eine Landwirtschaftliche Highschool gewesen. Diese Schule befand sich in Yesan-eup. Damals besuchten fast alle Schüler aus Shinryewon diese Highschool.

Anfang 1967, als ich nach meinem Abschluss der Yesan Middleschool eine Highschool besuchen wollte, war aus dieser Yesan Landwirtschaftlichen Highschool eine Landwirtschaftsschule geworden. Diese Berufsschule war eine Kombination aus der 3-jährigen Landwirtschaftlichen Highschool und dem 2-jährigen Junior-College. Der Grund, warum ich diese Landwirtschaftsschule besuchte, war, dass ich meinte, ich könne es aus finanziellen Gründen nicht leisten, nach der Highschool eine Universität zu besuchen. Nach meinem Schulabschluss wollte ich die Prüfung zum Agrarbeamten ablegen und ins Berufsleben einsteigen. Bei der Aufnahmeprüfung für diese Schule erzielte ich unter den Bewerbern das beste Ergebnis, erhielt ein Stipendium und besuchte die Abteilung für Tierhaltung. Als Teil des regulären Unterrichts mussten wir viel Zeit auf den Feldern wie z. B.

Reisfeldern verbringen. Für die Agrarstudenten war das völlig normal. Aber ich war damit nicht glücklich. Und ich sah für mich keine guten Zukunftsperspektiven. Meine Einstellung zum Studium war entspannter geworden. Anstatt zu lernen, spielte ich nach dem Unterricht mit meinem Klassenkameraden Go. Infolgedessen wurden meine Noten schlechter und ich wurde unter den 40 Studenten in meinem Fachbereich Tierhaltung Zweiter und nicht Erster.

Die Yesan Landwirtschaftsschule wurde später die Landwirtschaftliche Hochschule der Universität Gongju und zog an den östlichen Stadtrand von Yesan-eup um.

### 6. Vorbereitung auf die Uni-Aufnahmeprüfung am Berg Yonggol und an der Highschool

Am Ende des zweiten Studienjahres hörte ich, dass ein Mitstudent der Landwirtschaftsschule namens Deok-Ho Lee, ein Absolvent der Yesan Middleschool, an die Yesan Highschool, eine neu gegründete Privatschule, gewechselt war. Außerdem hörte ich, dass diese Yesan Highschool einem Studenten, der die Aufnahmeprüfung einer renommierten Universität bestehe, ein Stipendium vergeben werde. Also beschloss ich, von der Yesan Landwirtschaftsschule zur Yesan Highschool zu wechseln und mich auf die Aufnahmeprüfung der Universität vorzubereiten. Mein Bruder sagte, er werde mir erlauben, eine Universität zu besuchen, wenn ich ein Stipendium dafür bekäme. Und der Rektor der Yesan Highschool, Seung-Tak Baek(백승탁), versprach mir ein Stipendium, wenn ich die Aufnahmeprüfung an einer renommierten Universität bestehe. Als ich zur Yesan Landwirtschaftsschule ging und sagte, dass ich die Schule wechseln wolle, antwortete mir ein zuständiger Lehrer, dass ein Schulwechsel innerhalb des gleichen Schulbezirks nicht erlaubt sei. Ich ging also zurück zur Yesan Highschool und erzählte dem stellvertretenden Rektor Hyung-Do Choi(최형도 교감선생님) von der Reaktion der Landwirtschaftsschule. Da sagte er, dass die Landwirtschaftsschule, wenn ich sie nicht mehr besuchen würde, mich aus disziplinarischen Gründen von der Schule verweisen werde und ich danach die Yesan Highschool besuchen könne. Natürlich wusste ich, dass sich mein Schulwechsel auf andere Schüler der Landwirtschaftsschule negativ auswirken würde. Aber ich beschloss, es für meine Zukunft zu riskieren. Ich wollte für meine Zukunft unbedingt die Schule wechseln. Ich war bis dahin nie zu spät zur Middleschool oder zur Landwirtschaftsschule gegangen. Nun ging ich absichtlich zwei Monate lang nicht zur Landwirtschaftsschule, sondern lernte mit meinem Freund Eun-Chun Lee(이은춘) auf dem Berg Yonggol(용골산) vor meinem Geburtshaus für die Aufnahmeprüfung der Universität.

**Berg Yonggol, aufgenommen am 21. Oktober 1977 vor meinem Geburtshaus.**
Der Pfeil zeigt auf den buddhistischen Tempelplatz Yongnan-sa, wo Eun-Chun Lee und ich von März bis April 1969 für die Aufnahmeprüfung zur Universität lernten.

Eun-Chun Lee war im gleichen Alter wie ich und war bis zum Beginn des dritten Grundschuljahres ein Klassenkamerad meiner Klasse. Er war in Saeteo(Katholikendorf) von Sucheol-ri aufgewachsen. Wegen meiner Hüftverletzung musste ich jedoch die Middleschool zwei Jahre später abschließen als er. Inzwischen war er vom Katholikendorf in Saeteo nach Bangjuk, einem Nachbardorf von Teojinmok, umgezogen. Nach seinem Abschluss an der Yesan Landwirtschaftlichen High-school, dem Vorgänger der Yesan Landwirtschaftsschule, hatte er zu Hause pausiert. Im Jahr 1969 entschloss er sich dann, das Air Force Aeronautical Engineering College zu besuchen, und bereitete sich auf die Aufnahmeprüfung vor.

Der Berg Yonggol liegt direkt südlich von meinem Geburtshaus und ist etwa 400 Meter hoch. In der Nähe des Gipfels befand sich ein Tempelplatz namens Yongnan-sa(용난사). Es wurde erzählt, dass dieser Tempel während der japanischen Besatzungszeit von der japa-nischen Polizei abgerissen wurde. An dieser Stelle befand sich eine Felsenhöhle, und vor dieser Höhle gab es eine ebene Fläche von etwa 600 Quadratmeter und einen kleinen Brunnen. Von März bis April 1969 lernten Eun-Chun Lee und ich dort etwa zwei Monate lang Tag und Nacht für unsere Aufnahmeprüfungen, daher wird uns dieser Ort für immer in Erinnerung bleiben. Wir brachten Reis und Beilagen von zu Hause mit, sammelten dort trockenes Holz und kochten Reis in einem Topf. Nachts zündeten wir Öllampen zum Lernen an. In einer Nacht regnete es so stark, dass wir in die Felsenhöhle umziehen mussten. Durch das intensive Lernen an diesem Ort wurde mein Weg zur Universität vorbereitet, wo ich später zum Glauben an das Evan-gelium kam. Auf diese Weise nutzte Gott den alten Tempelstandort, um mich auf die Aufnahmeprüfung für die Universität vorzubereiten und schließlich mich und durch mich andere durch das Evangelium zu retten. Anfänglich lernten auch Yong-Seong Seo(서용성) und Yong-Il Seo(서용일) dort. Yong-Seong und Yong-Il waren Cousinen und wohnten in Garyul(가률), nur etwa 1 km von meinem Geburtshaus entfernt.

Während ich zwei Monate lang auf dem Berg war, wurde ich von der Yesan Landwirtschaftsschule zwangsexmatrikuliert. Mit der zweijährigen Schulbesuchsbescheinigung der Landwirtschaftsschule schrieb ich mich an der Yesan Highschool ein.

Yesan Highschool und mein Foto

Als ich im Frühjahr 1969 beschloss, von der Landwirtschaftsschule zur Yesan Highschool zu wechseln und mich auf die Aufnahmeprüfung für die Universität vorzubereiten, dachte ich nicht im Traum daran, eines Tages an der Chungnam National Universität in Daejeon zu studieren. Für den Besuch einer Privatuniversität in Seoul musste man hohe Studiengebühren bezahlen. Ich bereitete mich auf die Prüfung der Seoul National Universität vor. Die Prüfungsfächer dort bestanden aus den vier Fächern: Koreanisch, Englisch, Mathematik und dazu einem Wahlfach. Ich wählte Chemie als Wahlfach. Ich wusste aber nicht, ob ich die Aufnahmeprüfung der Seoul National Universität bestehen könnte oder nicht.

Während die Yesan Highschool ein anderes Fach als eines der

SNU-Prüfungsfächer unterrichtete, lernte ich ein Prüfungsfach der Seoul National University, ohne dem Lehrer zuzuhören. Einmal, während des Geschichtsunterrichts, hatte ich auf meinem Schultisch ein englisches Prüfungsvorbereitungsbuch aufgeschlagen und lernte Englisch. Der Geschichtslehrer rief mich dann in sein Lehrerzimmer und tadelte mich. Ich wusste, dass seine Rüge berechtigt war. Ich dachte mir aber, dass ich aufgrund meiner persönlichen Situation seinen Rat nicht befolgen könnte. Nach dieser Begebenheit lernte ich in der Geschichtsstunde weiterhin für eins der vier Prüfungsfächer, zeigte dem Lehrer aber das Nachschlagewerk nicht. Aber ich war mir bewusst, dass der Lehrer, obwohl er alles wusste, was ich tat, wegschaute. Ich danke ihm für seine Großzügigkeit.

Während ich fleißig für die Aufnahmeprüfung der Universität lernte, tauchte ab und zu der Gedanke in mir auf, dass ich eines Tages sterben würde und all meine Mühe für die Aufnahmeprüfung sinnlos sein würde. Dadurch verlor ich die Lust am Lernen für die Aufnahmeprüfung. Ich verdrängte diese Gedanken jedoch und konzentrierte mich wieder auf die Vorbereitung auf die Aufnahmeprüfung.

Die Vorbereitung auf meine Aufnahmeprüfung für die Universität war wie ein risikoreiches Spiel um mein Leben. Manchmal zweifelte ich daran, ob mein abenteuerlicher Versuch erfolgreich sein würde. Dann ging ich zu Eun-Chun Lee in Bangjuk, um über unsere Situation zu sprechen. Nach dem Gespräch mit ihm wurde ich beruhigt und ich konnte mich wieder auf das Lernen konzentrieren.

Ich danke Gott, dass er mich durch meinen Freund Eun-Chun Lee ermutigte. Außerdem möchte ich Seung-Tak Baek, dem Rektor der

Yesan Highschool, dafür danken, dass er mich von der Schulgebühr befreite und die Einschreibungsgebühr der Uni Chungnam durch die Highschool-Kasse bezahlte.

Etwa im Oktober desselben Jahres gab die Seoul National Universität bekannt, dass alle Highschool-Fächer, einschließlich der zweiten Fremdsprache, zu Aufnahmeprüfungsfächern werden würden. Das war für mich ein Schock, da ich mich nur auf vier Fächer vorbereitet hatte. Ich kaufte mir sofort dünne Arbeitsbücher, mit denen ich in kurzer Zeit Biologie, Physik, Sozialkunde und Geschichte etc. lernen wollte. Ich wählte Deutsch als zweite Fremdsprache, aber ich konnte die deutsche Grammatik nicht in den Griff bekommen. Beispielsweise waren „der, des, dem, den" für mich sehr verwirrend. Schließlich gab ich meinen Plan auf, die Prüfung der Seoul National Universät abzulegen, und absolvierte die Aufnahmeprüfung der Chungnam National Universität in Daejeon, die nur aus vier Fächern bestand.

Vor der Aufnahmeprüfung der Chungnam-Universität führte das Daejeon College(heute Hannam-Universität) etwa im Dezember 1969 eine Englischprüfung durch, um Stipendiaten auszuwählen. Ich nahm daran teil wie Eun-Chun Lee. Aber ich fiel durch. Dies zeigte, dass ich kein ausgezeichneter Schüler war.

### 7. Aufnahmeprüfung der Chungnam-Universität und mein erster Gottesdienstbesuch

Anfang Februar 1970 legte ich die Aufnahmeprüfung an der Chungnam National Universität ab. Die Prüfungsfächer waren Koreanisch, Englisch, Mathematik und Physik als Wahlfach. Eine der mathematischen Fragen war eine Aufgabe, welche ich bereits durch das Vorbereitungsbuch auf die Aufnahmeprüfung gelöst hatte. Später hörte ich, dass ich in Mathematik die höchste Punktzahl aller Bewerber bekommen hatte. Auch in der Physikprüfung erreichte ich die volle Punktzahl. Es war reine göttliche Gnade, dass ich unter den Bewerbern die meisten Punkte erzielte.

Meine vierte Schwester hatte mich 1969 immer wieder dazu ermuntert, die Kirche zu besuchen. Ich hatte ihr einmal geantwortet, dass ich erst nach der Aufnahmeprüfung die Kirche besuchen würde. Nachdem ich die Aufnahmeprüfung mit der höchsten Punktzahl bestanden hatte, fand ich keine Ausrede mehr, sondern musste mein Versprechen einlösen. Am 22. Februar, dem letzten Sonntag im Februar 1970, nahm ich mit meiner vierten Schwester am Sonntagsgottesdienst der Shinryewon-Kirche teil. Der Pastor predigte laut. Das war mir fremd. Ich dachte, dass ich mit meinem einmaligen Besuch der Kirche mein Versprechen eingelöst hätte. Nach dem Gottesdienst gab der Pastor mir einen Empfehlungsbrief an einen Pastor in Daejeon. Ich soll ihn seinem befreundeten Pastor überbringen, der in der Kirche in Munchang-dong, Daejeon, arbeitete. Am folgenden Sonntag, dem 1. März, besuchte ich den Gottesdienst der Kirche in Munchang-dong und gab dem Pfarrer den Brief. Danach ging ich nie wieder zu dieser Kirche.

Doch erhörte Gott die Gebete meiner dritten und vierten Schwester. Er erhörte auch das Gebet des Pastors in Shinryewon und führte mich zum Bibelstudium in einer Studentengemeinde in Daejeon, damit ich den Glauben an das Evangelium als Geschenk Gottes empfangen konnte. Gott führt uns manchmal auf den Weg, den wir uns kaum vorstellen können, und segnet uns überreich. Halleluja!

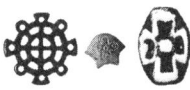

# Dritte Story: Wie das Evangelium Korea und mein Heimatdorf erreicht

„Kommet her zu mir alle, die ihr mühselig und beladen seid; ich will euch erquicken."
(Matthäus 11,28)

„Der Geist des Herrn ist auf mir, weil er mich gesalbt hat, zu verkündigen das Evangelium den Armen; er hat mich gesandt, zu predigen den Gefangenen, dass sie frei sein sollen, und den Blinden, dass sie sehen sollen, und die Zerschlagenen, dass sie frei und ledig sein sollen, zu verkündigen das Gnadenjahr des Herrn."
(Lukas 4,18–19)

## 1. Der Nestorianismus erreicht Korea

Das Christentum erreichte Korea erstmals im 8. Jahrhundert in der Form des Nestorianismus. Es gibt noch immer nicht genügend dokumentarische Beweise, um festzustellen, wann der Nestorianismus erstmals die koreanische Halbinsel erreichte. Aufgrund der Steinkreuze, die auf den 751 erbauten Tempelgeländen von Bulbuksa ausgegraben wurden, kann jedoch davon ausgegangen werden, dass das Christentum die koreanische Halbinsel in der ersten Hälfte des 8. Jahrhunderts erreichte. Das war etwa 100 Jahre später, als der Nestorianismus im Jahr 635 n. Chr. erstmals China erreichte.

## 2. Verbreitung des katholischen Christentums in Korea und in meiner Heimat

Das katholische Christentum erreichte Korea erstmals Ende des 16. Jahrhunderts. Gregory De Sesphedes, ein Jesuitenpriester in Japan, besuchte Korea als begleitende Person der japanischen Armee während des japanischen Angriffskrieges auf Korea von 1593 bis 1598.

Aber das katholische Christentum wurde am Ende der Herrschaft von König Yeongjo(영조) der Joseon-Dynastie von Koreanern wie z. B. Byeok Lee(이벽), Il-Shin Kwon(권일신), Ga-Hwan Lee(이가환) und Yak-Yong Jeong(정약용) richtig eingeführt, die die katholischen Bücher aus China fleißig erforscht hatten.

Gwangam Byeok Lee(이벽, 李檗), der als Begründer der koreanischen katholischen Kirche gilt, wurde 1754 in Gwangju, Gyeonggi-do(경기도 광주시) geboren. Er las westliche wissenschaftliche Bücher, die aus der Qing-Dynastie importiert worden waren. Diese Bücher wurden von seinem Ururugroßvater Gyeong-Sang Lee(이경상) nach Korea gebracht, als er nach einem achtjährigen Aufenthalt in China als Eskorte für Joseons Kronprinz So-Hyeon(소현 세자) nach Korea zurückkehrte. Diese in chinesischer Schrift geschriebenen wissenschaftlichen Bücher enthielten umfangreiche Inhalte über westliche

Wissenschaften, Astronomie, Geografie und Religion. Die Bücher weckten in Byeok Lee Interesse für die westliche und geistliche Kultur.

1777 nahm Byeok Lee an Vorträgen und Diskussionen junger Wissenschaftler teil und bezog sich dabei auf Bücher westlicher Missionare. Von dieser Zeit an hat er bekanntlich bereits ein grundlegendes Glaubensleben geführt.

1779 hielten die Gelehrten der Südpartei(남인) aus der Region Kiho(기호지방, d. h. Gyeonggi-do und Chungcheong-do), wie Cheol-Sin Kwon(권철신) und Yak-Jeon Jeong(정약전), Vortragstreffen im Haus „Cheonjin-am"(천진암) und im buddhistischen Tempel „Jueosa"(주어사) in Gwangju, Gyeonggi-do ab. Dort hielt Byeok Lee den Vortrag über den katholischen Glauben.

Im Winter 1783 hörte Byeok Lee, dass sein Freund Seung-Hoon Lee(이승훈) mit seinem Vater nach China reisen werde. Byeok Lee besuchte Seung-Hoon Lee, stellte ihm westliche Wissenschaften(auf Koreanisch „Seohak", 서학) vor und bat ihn darum, dass er in Peking westliche Missionare treffen, die Lehre des katholischen Christentums kennenlernen und sich taufen lassen sollte. So wurde Seung-Hoon Lee im Frühjahr 1784 in Peking von Pater Grammont, einem Franzosen, als Erster der Koreaner getauft. Danach brachte er viele Bücher, wie z. B. den katholischen Katechismus und die Grundlagen der Geografie, und Gegenstände wie Kruzifixe und sakrale Gemälde mit. Daraufhin mietete Byeok Lee ein abgelegenes Haus und studierte dort eingehend die katholische Lehre und meditierte darüber.

Byeok Lee wurde schließlich im Oktober(oder November) 1784 von

Seung-Hoon Lee in seinem Haus in Seoul getauft. Damit begann die Versammlung katholischer Christen und Byeok Lee fing an, das Evangelium aktiv zu verbreiten.

Die Verbreitung des katholischen Christentums in Chungcheong-do erfolgte durch Jon-Chang Lee(이존창, 1759–1801) aus Yeosaul(derzeit Sinsong-ri, Sinam-myeon, Yesan-gun, Chungcheongnam-do).

Jon-Chang Lee wurde in Yeosaul in einer bürgerlichen Familie, die als Mittelschicht Koreas galt, geboren. Im Alter von 25 Jahren(1776) besuchte er Seoul und ließ sich taufen, nachdem er im Haus von Beom-Woo Kim den katholischen Katechismus und die Richtlinien für das tägliche Leben von den Leuten der „Süd-Partei" wie Cheol-Shin Kwon, Il-Shin Kwon(dem jüngeren Bruder von Cheol-Shin) und Beom-Woo Kim gelernt hatte. Danach kehrte er, den Anweisungen seiner Lehrer folgend, in seine Heimatstadt zurück und verbreitete in Chungcheong-do eifrig das Evangelium. Obwohl Jon-Chang Lee der bürgerlichen Mittelklasse angehörte, konnte er viele Menschen aus allen Schichten erfolgreich evangelisieren, weil er zu allen gute Beziehungen hatte. Durch seine Aktivitäten wurde in Yeosaul eine Kirche gegründet und der katholische Glaube wurde in der Region Chungcheong-do um Yeosaul am weitesten verbreitet.

Jon-Chang Lee wurde 1791(im 15. Jahr von König Jeongjo) verhaftet. Danach wurde er freigelassen, weil er den Glauben verleugnete. Er tat aber Buße für seine Verleugnung, zog nach Buyeo um und wirkte wieder aktiv für das Evangelium. 1795 wurde er nochmals verhaftet und musste 6 Jahre im Gefängnis bleiben. Als die Shinyou-Verfolgung 1801 ausbrach, wurde er nach Seoul gebracht. Er hielt trotz aller Folter an seinem Glauben fest, wurde zusammen mit dem inhaftierten Yak-

Jong Jeong zum Tode verurteilt und am 9. April 1981 auf dem Storchen-Felsen vor der jetzigen Gongju Middleschool hingerichtet, als er gerade 50 Jahre alt war.

Dae-Geon Kim(김대건), der 1845 zum ersten koreanischen katholischen Priester geweiht wurde, war der Enkel von Jon-Chang Lees Nichte; und Yang-Eop Choi(최양읍), der nach Dae-Geon Kim als zweiter zum Priester geweiht wurde, war ein Enkelsohn des Schwestersohns von Jon-Chang Lees Sohn. Auf diese Weise wurde die Heimatstadt von Jon-Chang Lee eine Schule zur Ausbreitung der koreanischen katholischen Kirche. Deshalb wird Jon-Chang Lee als der „Apostel von Naepo" bezeichnet.

Die Küstengebiete von Naepo(내포) in Chungcheong-do, darunter Yeosaul(여사울), Sinri(신리) und Solmoe(솔뫼), gelten als Tor zur Verbreitung des katholischen Christentums in Korea.
Zur Zeit der Sinyu-Verfolgung(신유사화, 1801) gab es in Naepo etwa 1.700 katholische Gläubige, die entweder als Märtyrer starben oder in andere Regionen Koreas flohen. Die meisten der in Naepo Verbliebenen gehörten unteren Ständen an, und unter ihnen verbreitete sich das Evangelium erneut.

* Koreanische Katakomben
Die heiligen Stätten Sinri, Yeosaul und Solmoe sind wichtige Wallfahrtsorte der katholischen Christen in Korea. Yeosaul(여사울) ist der Geburtsort von „Apostel" Jon-Chang Lee, der in den frühen Tagen des koreanischen Katholizismus die Verbreitung des katholischen Glaubens anführte. In Sinri befindet sich die „Katakombe von Joseon",

wo die Gläubigen während der Verfolgungszeit im Verborgenen lebten und heimlich Gottesdienst feierten. Hier wurden Daveluys <Notizen zur Geschichte der koreanischen Märtyrer> geschrieben, die zur Grundlage der „Geschichte der Katholischen Kirche Koreas und der Märtyrer" wurde. Das Dorf Solmoe ist das Geburtsdorf des ersten koreanischen Priesters Dae-Geon Kim. Solmoe war ein Zufluchtsort für Märtyrer, die an dem katholischen Glauben festhielten und furchtlos ihr Leben opferten.

Unter den heiligen Stätten war das <Haus des Bischofs Daveluy> in Sinri der Ort, an dem Bischof Daveluy aus Frankreich bis zu seinem Märtyrertod in Kalmaemot(갈매못) im Jahr 1866 blieb, nachdem er am 12. Oktober 1845 zusammen mit Dae-Geon Kim zum ersten Mal koreanischen Boden(Ganggyeong, Jeollado) betreten hatte. In Sinri verfasste er ein Memorandum zur Geschichte der koreanischen katholischen Kirche, Memoiren der koreanischen Märtyrer und ein koreanisch-französisches Wörterbuch. Nachts spendete er den Gläubigen die Sakramente und unterhielt sich mit ihnen.

„Viele Leute sind dorthin gelaufen, wo ich bin. Stillende Mütter, ältere Menschen und Jungfrauen scheuten sich nicht, den langen Weg drei, sechs oder acht Tage lang zu laufen, um die Segnungen des Abendmahls zu empfangen. Trotz der Kälte überquerten sie die schneebedeckten Berge. Als sie ankamen, waren sie erschöpft und ihre Füße bluteten."(aus Daveluys <Notizen zur Geschichte der koreanischen Märtyrer>)

Als die Verfolgungszeit vorüber war, bildete sich in Naepo und

Chungcheong-do wieder eine Gemeinschaft von katholischen Gläubigen. In den frühen 1880er Jahren lebten dort etwa 10.000 Gläubige.

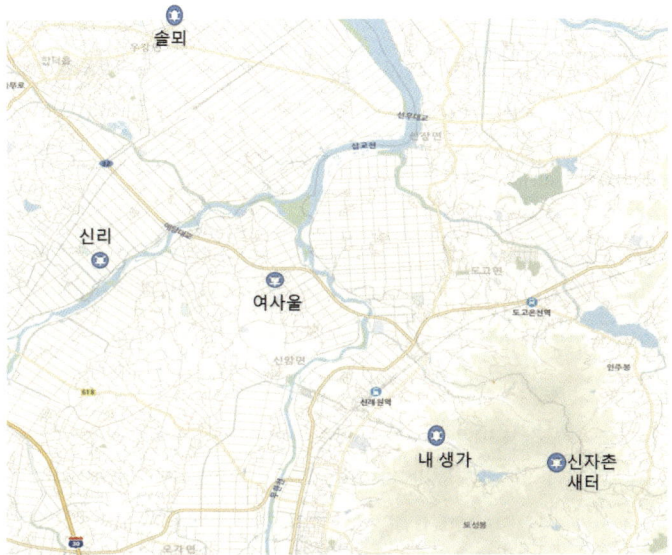

**Mein Geburtshaus und historische katholische Stätten**
내 생가(Mein Geburtshaus), 신자촌 새터(Saeteo, katholikendorf), 여사울(Yeosaul, Jon-Chang Lees Dorf), 솔뫼(Solmoe, Geburtsort von Pater Dae-Geon Kim), 신리 (Sinri, Dorf der katholischen Märtyrer)

Sinryewon-ri in Yesan, wo ich geboren und aufgewachsen war, liegt in unmittelbarer Nähe der katholischen heiligen Stätten, die mit der Verbreitung des Christentums in Korea zusammenhängen: Solmoe, Yeosaul und Sinri. Von Teojinmok, meinem Geburtsdorf, nach Yeosaul sind es nur etwa sechs Kilometer Luftlinie.

In Deoksan-myeon, Yesan-gun, Chungcheongnam-do befindet sich das Grab des Prinzen Gu Lee(이구). Dieser war der Vater von Daewongun(대원군), und Daewongun war wiederum der Vater von König Gojong(고종), dem 26. König der Joseon-Dynastie(조선 왕조). Als Daewongun Regent war, versuchte der Deutsche Ernst Jakob Oppert zusammen mit dem französischen Priester Feron und dem Amerikaner Jenkins, das Grab von Prinz Namyeongun Gu Lee zu öffnen, um den Leichnam des Prinzen als Druckmittel für Verhandlungen mit der Joseon-Dynastie zu nutzen. Der Raub scheiterte jedoch an der festen Kalkschicht über dem Grab.

Weil Katholiken in Sinri an diesem Raubversuch beteiligt waren, gab es eine vernichtende Verfolgung gegen sie und viele katholische Gläubige wie z. B. Ja-Seon Thomas Son(손자선) wurden zu Tode gemartert. Die Familienangehörigen von Ja-Seon Son und seine Verwandten, die seit Generationen dort gelebt hatten, wurden während der Flucht in alle Himmelsrichtungen zerstreut. Wegen dieser Verfolgung flüchteten auch Jeong-Ho Son(손정호) und Young-Taek Son(손영택), Nachkommen des katholischen Se-Dang Son(손세당), nach Sucheol-ri Saeteo(수철리 새터), gründeten dort ein katholisches Dorf und bauten eine sogenannte „Gongso"(공소). „Gongso" war eine kleine katholische Kirche, in der der Priester nicht ständig blieb, sondern ab und zu dort die Messe hielt und den Christen die Sakramente spendete.

Nach der japanischen Kolonialzeit wurde die Gongso in Sucheol-ri zu einer Zentrale der nahegelegenen Gongsos in Ganyang-gol, Gwolgok-ri(Gosaeul) und Songseok-ri(Sugol).

Als ich in Shinryeon, Yesan wohnte, zog die Familie meines Heimatfreundes Eun-Chun Lee(이은춘) von Saeteo in Sucheol-ri nach Bangjuk(방죽) in der Nähe meines Geburtshauses. Sein Vater heißt

Byung-Ha Lee. Der Vater von Byung-Ha Lee hieß Jae-Hyun John Lee(이재현), der in den 1910er-Jahren in einer katholischen Christenfamilie in Seosan geboren wurde. Als die Eltern starben, musste Jae-Hyun Lee mit 12 Jahren bei einem Haus in Saeteo, Sucheol-ri als Hausdiener arbeiten und sein älterer Bruder namens Geun-Myeong Lee(이근명) mit 14 Jahren in Ganyang-ri. Obwohl Jae-Hyun Lee arm war und eine Zeit lang als Hausdiener bei einer anderen Familie arbeiten musste, trat er in die Fußstapfen seines Vaters und führte ein fleißiges und frommes Leben. Von seinem Arbeitslohn kaufte er ein kleines Feld in Saeteo und heiratete eine katholische Christin namens Cecilia Yun und zeugte neun Kinder(fünf Töchter und vier Söhne). Byeong-Ha Lee ist sein sechstes Kind von 9 Kindern und der Dritte von seinen 4 Söhnen.

Byung-Ha Lee trat in die Fußstapfen seiner Eltern und war als gläubiger Katholik, fromm und fleißig. Die anderen 8 Kinder von Jae-Hyun Lee waren ebenfalls fromm und fleißig. Sieben von neun Kindern Jae-Hyun Lees gründeten Glaubensfamilien. Der zweite Sohn namens In-Ha Lee(이인하) wurde Priester. Hee-Ha Lee(이희하), die das siebte Kind bzw. die vierte Tochter von Jae-Hyun Lee war, wurde Ordensschwester.

Der Glaube der Christen in Saeteo, Sucheol-ri trug dazu bei, dass ich später selbst ein Christ wurde. Denn Gott führte Eun-Chun Lee, der der zweite Sohn seines Vaters Byung-Ha Lee war, von Saeteo nach Bangjuk, das nur etwa 400 Meter von meinem Geburtshaus entfernt lag.

Als ich die Universität in Chungnam besuchte, war Pater In-Ha Lee der Direktor des Marienhospitals in Daejeon. Um die Universität in Daejeon besuchen zu können, brauchte ich ab März 1970 ein Zimmer in Daejeon. Im Winter 1969/1970 zog Eun-Chuns Familie nach Daejeon um und sein Vater arbeitete als Verwalter eines ehemaligen katholischen Waisenhauses in Gayang-dong, Daejeon. Eun-Chuns Eltern stellten mir und meinem Freund, Yong-Seong Seo(서용성), ein leeres Zimmer des Waisenhauses kostenlos zur Verfügung. Ich war sehr dankbar für ihre Freundlichkeit.

Während meiner Middleschoolzeit hatte ich mit meinem Freund Jae-Beom Lee(이재범), einem katholischen Christen, ernsthafte Diskussionen über die Möglichkeit der Existenz Gottes geführt.

Auch Yeon-Soo Park(박연수), ein Klassenkamerad und evangelischer Christ, der die Evangelische Kirche in Shinryewon besuchte, hatte bei mir einen guten Eindruck hinterlassen, weil er fröhlich war und nicht log. Auf diese Weise bereitete Gott mich durch meine Freunde darauf vor, an Jesus zu glauben.

Die oben erwähnten christlichen Freunde sind Früchte der katholischen und protestantischen Missionen. Nun möchte ich über die protestantische Mission in Korea erzählen.

### 3. Beginn der protestantischen Missionsarbeit in Korea

Nun möchte ich euch erzählen, wie das Evangelium durch die protestantischen Missionare Korea erreichte und wie Gott mich zum Glauben an Jesus Christus führte.

1832 kam der deutsche Pfarrer Carl Friedrich August Gützlaff auf die Insel Gogeum-do, Chungcheong-do und predige dort 40 Tage lang das Evangelium. Dieses Jahr gilt als Beginn der evangelischen Missionsarbeit in Korea.

1865 kam der in Peking stationierte englische Pastor Robert Jermain Thomas an der Westküste Koreas an und blieb dort zweieinhalb Monate. Nach seiner Rückkehr nach Peking kehrte er im Juli des folgenden Jahres mit dem US-Handelsschiff „General Sherman" an den Oberlauf des Taedong-Flusses in Pjöngjang zurück. Aber er wurde dort von den Militärs und Zivilisten Pjöngjangs angegriffen und wurde der erste Märtyrer unter den evangelischen Missionaren in Korea.

In Korea wurde der Protestantismus wie der Katholizismus als westliche Irrlehre betrachtet und durfte nicht verbreitet werden. Deshalb halfen protestantische Missionare wie John Ross, John McIntyre und Williamson, die sich zu dieser Zeit in der Mandschurei, China aufhielten, junge Koreaner zum Glauben zu führen. Dabei begannen John Ross und John McIntyre, die Bibel ins Koreanische zu übersetzen.

### 4. Die Tür zur Evangelisierung Koreas öffnet sich weit: der Gapsin-Putsch und der Deutsche „von Möllendorff"

Damit sich das Christentum in einem Land richtig verbreiten kann, muss es von den Herrschern des Landes zugelassen und vom Volk begrüßt werden. Der Katholizismus wurde in Korea schwer verfolgt, weil diese beiden Bedingungen noch nicht erfüllt waren.

Nachdem diese beiden Bedingungen für den Protestantismus in Korea erfüllt waren, konnte er sich ohne nennenswerte Hindernisse im ganzen Land ausbreiten.

Als Daewongun(대원군), der eine Politik der Isolation des Landes verfolgt hatte, 1873 von der Regentschaft zurücktreten musste und König Gojong(고종) begann, selbst zu regieren, übte der Min-Clan(민비 일족), Verwandte der Königin, starken Einfluss auf den König aus. Sie verfolgten die Politik der Öffnung des Landes im Gegensatz zur Isolationspolitik von Daewongun. Infolgedessen unterzeichnete die königliche Regierung Handelsabkommen mit den USA, Japan, England und anderen Ländern.

Der erste Vertrag Koreas mit den westlichen Ländern:

| Friedens- und Handelsvertrag zwischen Korea und den USA | 1882(19. Jahr des Königs Gojong). Vertrag zwischen Korea und den USA durch die Vermittlung von Hongzhang Li, dem starken Mann in der Qing-Dynastie und Minister des Nordozeans. |
|---|---|

Die herrschenden Leute vom Min-Clan waren jedoch immer noch von der antiwestlichen konservativen Ideologie besessen. Zudem widersetzten sich konfuzianistische Gelehrte(유림, 儒林), die zu jener Zeit vom Volk angesehen waren, der westlichen Lehre. Als Gegenreaktion darauf unternahmen junge Reformer wie Ok-Gyun Kim(김옥균, 金玉均), Young-Hyo Park(박영효, 朴泳孝) und Gwang-Beom Seo(서광범, 徐光範) am 4. Dezember 1884 einen Putsch, welcher „Gapsin-

Putsch"(갑신정변) heißt(„Gapsin" bedeutet das Jahr 1884), stürzten den Min-Clan und übernahmen die Macht. Sie versuchten, das Feudalsystem zu durchbrechen und die Nation in einen modernen Staat umzugestalten. Aber ihre Reformversuche endeten schon nach drei Tagen und der Min-Clan gewann seine Macht zurück.

**Paul Georg von Möllendorff in Amtstracht als koreanischer Vizeminister**

Schon vor dem Gapsin-Putsch war Paul Georg von Möllendorff, ein Deutscher, 1882 auf Empfehlung des Chinesen Hongzhang Li(이홍장) nach Seoul gekommen. Er gewann als Beamter in der Joseon-Regierung dadurch das königliche Vertrauen, dass er Yeong-Ik Min(민영익), den Kommandanten der königlichen Eskorte und zweitmächtigsten Mann Joseons, vom drohenden Tod rettete, denn Min war während des Gapsin-Putsches durch das Messer eines Attentäters tödlich am Kopf verletzt worden, sodass sein Leben in Gefahr gewesen war. Möllendorff ließ Yeong-Ik Min schnell in sein Büro bringen und holte Horace Newton Allen(안련, 安連, 1858–1932), einen US-amerikanischen Arzt und Missionar, um ihn zu behandeln. Anfang Februar 1885 war Min fast vollständig geheilt. Durch die Heilung Mins erlangte Möllendorff großes Vertrauen der königlichen Familie.

Horace Newton Allen wurde 1883 als Missionar der Northern Presbyterian Church in den USA nach China geschickt. Als er hörte, dass in Joseon, wo es noch keine Missionsfreiheit gab, ein Arzt benötigt wurde, meldete er sich freiwillig und kam am 20. September 1884 mit seiner Familie in Incheon, Korea an und arbeitete als Arzt im US-Konsulat in Seoul. Er war der erste protestantische Missionar, der sich in Korea niederließ.

Möllendorff schlug der Regierung vor, ein Krankenhaus namens Gwanghyewon(광혜원) zu errichten und Allen zum Leiter des Krankenhauses zu ernennen. Gwanghyewon wurde am 14. April 1885 eröffnet, und König Gojong verlieh am 26. April des Jahres dem Krankenhaus einen neuen Namen: Jejungwon(제중원). In diesem Krankenhaus wurden in einem Jahr mithilfe von Scranton(einer Methodistin) und Heron(einem Presbyterianer) etwa 10.000 Patienten mit bösartigen Erkrankungen wie Syphilis und Lepra behandelt. Das trug entscheidend dazu bei, dass das koreanische Volk begann, westlichen Missionaren zu vertrauen und ihre Herzen für das Evangelium zu öffnen.

Am 5. August 1885 wurde eine medizinische Schule eröffnet, die zu diesem Jejungwon-Krankenhaus gehörte. Fünf Halbweltmädchen wurden am 29. März 1886 die ersten Medizinstudentinnen. Diese Schule war die Vorgängerin des heutigen Séverine-Krankenhauses der Yonsei-Universität.

Da Möllendorff aktiv Missionare nach Korea einlud, landeten H. G.

Underwood und H. G. Appenzeller am 5. April 1885 in Jemulpo(제물포) und kamen nach Seoul. Durch die verbesserte medizinische Behandlung machte Gott das Christentum zu einer Religion, die von der Joseon-Regierung und der breiten Öffentlichkeit akzeptiert wurde. Aus diesem Grund konnten nun protestantische Missionare ohne große Hindernisse nach Korea einreisen und wirken, sodass sich die Tür des Evangeliums in Korea weit zu öffnen begann.

Während seines Aufenthalts in Joseon diente Möllendorff als Berater des Königs und half bei der Modernisierung Joseons, d. h. Koreas, indem er das Schul-, Krankenhaus-, Währungs-, Post- und Rechtssystem einführte, um die Unabhängigkeit Koreas zu stärken. Er verteilte auch Bibeln aktiv.

Dann berief ihn Hongzhang Li aus der Qing-Dynastie in China Ende 1885 nach China zurück, weil Möllendorff anstatt Chinas Interessen zu verfolgen, Korea half und versuchte, Koreas Unabhängigkeit zu stärken. Die Institutionen und die Evangelisierung des Joseons, für die er sich einsetzte, wurden auch ohne ihn fortgesetzt und trugen viele Früchte.

Wie in anderen Ländern geschah das Werk der Evangelisation in Korea durch die Hingabe ausländischer Missionare sowie durch die aktive Annahme und Verbreitung des Evangeliums durch die Koreaner selbst. Deshalb versuche ich nun auch, einen kurzen Überblick darüber zu geben, wie Koreaner das Evangelium aktiv empfingen und es verbreiteten.

통화(Tonghua, 通化) und 지안(Jian): Wo sich John Ross und John MacIntyre
auf die Koreamission vorbereiteten.
소래교회(Sorae-Kirche) in 소래, 황해도(Whanghae-do) war die erste
evangelische Kirche in 북한(Nordkorea)

Im August 1872 sandte die Scottish Presbyterian Church Alexan-
der Williamson als Missionar nach Shandong, China, und danach
John Ross und John MacIntyre. Die beiden Letzteren wechselten ihr
Missionsfeld nach Tonghua in der Mandschurei, China. Die Stadt
Tonghua war das Handelstor zwischen der Qing-Dynastie(China) und
Joseon(Korea), sodass sie dort viele Koreaner treffen konnten. Zu
dieser Zeit hinderte Daewongun durch seine Isolationspolitik Missionare daran, Korea zu betreten und zu missionieren. Also beschlossen
die beiden, die Bibel für Koreaner zu übersetzen. Als sie einen Mann
namens Eung-Chan Lee(이응찬) trafen, lernten sie von ihm Koreanisch, veröffentlichten das Koreanischlehrbuch „Corean Print", über-
setzten die Bibel mithilfe von Hong-Jun Bae(배홍준), Jin-Gi Kim(김

진기) und Seong-Ha Lee(이성하) ins Koreanische und tauften diese drei Personen.

Inzwischen wurde Su-Jeong Lee(이수정) am 29. April 1883 in Japan getauft und schrieb Nongjeongshinpyeon(농정신편, 農政新編) zur Einführung in das Christentum.

Die Sorae-Kirche(소래교회), die erste protestantische Kirche in Korea, wurde 1883 in Sorae, Daegu-myeon, Jangyeon-gun, Hwanghae-do gegründet. Das war ein Jahr eher, als H. N. Allen in Korea eintraf.

Bei der Gründung dieser Kirche spielte Sang-Ryun Seo(서상륜, 1848–1926) eine wichtige Rolle. Er wurde in Uiju(의주) geboren, einer Stadt an der Grenze zwischen Korea und China. Er reiste in die Mandschurei(die Nordprovinz Chinas), um Ginseng zu verkaufen. Aber sein Geschäft war erfolglos. Und er wurde mit Typhus angesteckt und befand sich in akuter Todesgefahr. Doch mithilfe der schottischen presbyterianischen Missionare Pastor Ross und MacIntyre wurde er geheilt. Als er vom Krankenbett aufstand, wurde er zusammen mit seinem Bruder Kyung-Jo Seo(서경조) gläubig und half Pastor Ross, die Bibel ins Koreanische zu übersetzen. Er blieb bei ihm, bis die Übersetzung abgeschlossen war.

Im Oktober 1882 wurde Sang-Ryun Seo, als er mit Broschüren und koreanischen Bibeln nach Korea kam, von der koreanischen Polizei verhaftet und eingesperrt. Er konnte aber fliehen und gründete 1883 in seiner Heimat Sorae, Jangyeon-gun, Hwanghae-do(황해도 장연군 소래 마을. Heute: Sorae-dorf in Gumi-ri, Ryongyeon-gun, Hwanghae-nam-do) eine strohgedeckte Kirche namens „Sorae-Kirche".

Sorae-Kirche: Die erste Kirche mit Strohdach und die umgebaute Kirche mit Ziegeldach.
Quelle: Incheonin.com, 26. April 2012

In seinem Dorf missionierten die beiden Brüder Seo die Leute eifrig, sodass die Mehrheit der Dorfbewohner gläubig wurde und die Kirche besuchte. Diese Sorae-Kirche spielte eine herausragende Rolle in der Anfangsgeschichte des koreanischen Protestantismus.

Zwei Beispiele davon: Als Underwood Anfang 1887 die Sae-moonan-Kirche(새문안교회) in Seoul gründete, waren 13 von 14 Gründungsmitgliedern aus der Sorae-Kirche. Und Kyung-Jo Seo, Sang-Ryun Seos jüngerer Bruder, absolvierte das Pjöngjang Presbyterian Seminary und war einer der ersten sieben Koreaner, die zu protestantischen Pastoren ordiniert wurden.

Wenn man die Geschichte der koreanischen protestantischen Kirche kennenlernt, erkennt man, dass Gott die Zusammenarbeit der ausländischen Missionare und einiger Koreaner gesegnet und Korea evangelisiert hat. Gott sei gepriesen!

## 5. Ausbreitung von Kirchen in Shinryewon, meiner Heimatstadt

Ich möchte nun die Kirchen in meiner Heimatstadt Shinryewon(신례원) vorstellen. Als ich in der Grundschule und danach in der Middleschool war, gab es in Shinryewon nur eine einzige Kirche, die Shinryewon Holiness Church(신례원성결교회), an der Drei-Wege-Kreuzung von Shinryewon. Sie wurde 1938 als Zweig der Sapgyo-Heiligkeitskirche(von 1923) und der Yesan-eup-Heiligkeitskirche(von 1932) gegründet. Die Heiligkeitskirche(성결교회) wurde ursprünglich „Eastern Mission Church"(동양선교회) genannt. 1943 wurden alle Heiligkeitskirchen in Korea durch die Japaner wegen deren Verweigerung der Anbetung des japanischen Schreins gewaltsam geschlossen.

Nach der Befreiung Koreas wurde die Shinryewon-Heiligkeitskirche im Oktober 1945 wieder geöffnet und etwas später bei der Yonggulcheon-Eisenbahnbrücke nahe der alten Drei-Wege-Kreuzung neu errichtet. Meine dritte und vierte Schwester besuchten diese Heiligkeitskirche, bis sie heirateten. Auch mein Bruder besuchte diese Kirche und erlebte große Freude am Glauben. Nachdem meine Mutter im Januar 1979 gestorben war, zog die Familie meines Bruders nach Seoul.

Im Oktober 1985 zog die Kirche erneut an die Ostseite der Shinryewon-Grundschule.

Gott erhörte die Gebete meiner dritten und vierten Schwester, die seit meiner Grundschulzeit für mich gebetet hatten, und mein Herz wurde durch meine christlichen Freunde für das Evangelium vorbereitet. Und Gott führte mich in meinem ersten Jahr an der Universität zum Glauben an Jesus.

🔴 Ev. Kirchen in Shinryewon  ⬜ 신례원성당 Katholische Kirche

🔴 저의 생가(mein Geburtshaus),  🅱 신례원역(Eisenbahn-Bahnhof Shinryewon),

⚫ 신례원초등학교(Shinryewon-Grundschule)

Laut Gidoknews vom 5. Juli 2006 liegt die Evangelisierungsrate in Yesan-gun, einschließlich Shinryewon, bei etwa 25%, etwas höher als die aller Christen in Korea.

---

# Vierte Story: Esther wird in Deutschland ein Gotteskind und strahlt vor Freude

„Und Maria sprach: Meine Seele erhebt den HERRN und mein Geist freut sich Gottes, meines Heilands."
(Lukas 1,46–47)

### 1. Esther kommt als Krankenpflegehelferin nach Westdeutschland

Esther in ihrem Zimmer im Schwesternwohnheim des Krankenhauses Witten, 1971

Esther war eigentlich ein fröhliches Kind. Doch als sie im ersten Jahr der Middleschool mitten im Unterricht von der Schule nach Hause geschickt wurde, weil sie ihr Schulgeld nicht rechtzeitig bezahlt hatte, war sie zutiefst verletzt. Sie war verzweifelt über ihr Schicksal, dass sie in eine arme Familie hineingeboren worden war.

Sie schrieb in ihrem Glaubenszeugnis bei der Sommerbibelkonferenz, die im September 1974 in Seewis, Schweiz, stattfand, folgendes:

Ich bin als jüngstes von drei Kindern in einer armen Bauernfamilie aufgewachsen. Mein Bruder und ich sind 14 Jahre auseinander und ich war das geliebte Kind der Familie, weil ich die Jüngste war. Ich konnte die Middleschool besuchen, obwohl unsere Familie arm war. Als ich im zweiten Semester meines ersten Middleschool-Jahres war, wurde ich während des Unterrichts nach Hause zurückgeschickt, weil ich die Schulgebühr nicht innerhalb des Fälligkeitsdatums bezahlen konnte. Danach hatte ich keine Freude mehr zur Schule zu gehen und ich verlor die Motivation zum Lernen. Ich dachte mir immer: „Warum bin ich in eine arme Familie hineingeboren?", und „sollte ich trotz der Verachtung weiter zur Schule gehen?" Ich war freudlos und voller Unzufriedenheit. Natürlich konnte ich keine Highschool besuchen. Und ich vergoss heimlich viele Tränen.

Ich hatte beim Musikunterricht im vierten Jahr der Grundschule ein Lied gelernt, das mir die Motivation gegeben hatte, eine Krankenschwester zu werden:

„Auf dem Schlachtfeld, wo Kugeln fliegen,

die blutenden Leute pflegen
die Krankenschwester mit weißer Schwesternhaube.
Du bist heilig wie ein Engel!"

Mein Wunsch war es, eine Krankenschwester zu werden und Patienten zu pflegen. Aber ich konnte nicht auf die Highschool gehen und deshalb auch nicht auf die Krankenpflegeschule. Die Kluft zwischen meinem Traum und meiner Realität war so groß, dass ich innerlich große Schmerzen hatte. Ich begann, mich über die Armut und die Welt zu beschweren und sogar meinen Eltern die Schuld zu geben: „Wenn ihr mich nicht zur Schule schicken könnt, warum habt ihr mich dann geboren?" Mit solchem Wort verletzte ich jeden Tag meine Mutter, und meine Mama und ich weinten zusammen.

Aber ich sollte nicht tatenlos nur weinen. Da ich in einer armen Bauernfamilie lebte, musste ich bei allen Arbeiten helfen, von der Aussaat bis zur Ernte. Ich dachte mir: „Ja, lasst uns fleißig arbeiten, um die Armut zu überwinden." Ich arbeitete so hart, wie ich nur konnte. Außerdem arbeitete ich als Einkäuferin für eine landwirtschaftliche Genossenschaft, als Kindermädchen in einer Kindertagesstätte und verdiente nebenbei Geld mit Nähen und Stricken. Einen Strickbetrieb konnte ich aber aus Geldmangel nicht eröffnen. Schließlich arbeitete ich ohne Berufsausbildung als Arzthelferin in einer Arztpraxis. Eines Tages, als ich dort ungefähr anderthalb Jahre gearbeitet hatte, las ich in einer Zeitung eine Anzeige mit dem Titel „Anstellung der Krankenpflegehelferinnen in Westdeutschland".

„Ja, ich will nach Westdeutschland fliegen!" Ich beschloss, die Arztpraxis zu verlassen, überredete meine Eltern und absolvierte die 9-monatige Ausbildung zur Krankenpflegehelferin. Nach der Ausbildung verabschiedete ich mich von meinen Eltern, die sich hartnäckig gegen meinen Westdeutschlandflug wehrten, und kam 1970 nach Westdeutschland.

Im Jahr 1969 besuchte Esther für etwa 9 Monate(5. März – 12. Dezember) die Krankenpflegehelferin-Schule in Gwangju und wurde Krankenpflegehelferin. 1970 war Korea noch ein unentwickeltes Land, und die Gehälter in den meisten Berufen waren im Vergleich zu Deutschland sehr niedrig. Das Monatsgehalt einer Krankenpflegehelferin in Westdeutschland lag um 1970 bei etwa 600 Mark, was für eine koreanische Frau recht viel war.

Am 8. August 1970 flog Esther nach Westdeutschland. Nach ihrer Ankunft in Deutschland wurde sie schon ab dem 19. August im Evangelischen Krankenhaus in Witten, einer Nachbarstadt von Bochum, eingesetzt, obwohl sie durch einen zweiwöchigen Deutschkurs in Korea nur minimale Deutschkenntnisse erworben hatte. Während ihres Dienstes musste sie nebenbei Deutsch und medizinische Fachbegriffe lernen. Den größten Teil ihres Gehalts schickte sie an ihre Familienangehörigen in Korea.

Esther kam nach Deutschland, weil sie dachte, dass sie glücklich werden könnte, wenn sie genug Geld hätte, damit ihre Familienangehörigen in Korea bei Bedarf ins Krankenhaus gehen und glücklich leben könnten, ohne jemandem um Geld bitten zu müssen. Aber Geld machte sie nicht wirklich glücklich. Sie musste wegen der fremden Kultur zunächst gegen Einsamkeitsgefühle kämpfen. Sie war einsam und traurig.

## 2. Esther glaubt an das Evangelium und ist voller Freude

Esther hatte um 1964 herum in ihrer Heimatstadt Jangheung eine Schneiderei-Schule besucht, die von Frau Jung-Hi Park(박정희) geleitet wurde. Jung-Hi Park war die Frau von Pastor Nam-Young Jeong(정남영) der Jangheung-Kirche. Esther hatte ihre Kirche bereits zwei oder drei Mal auf Einladung von Frau Jung-Hi Park besucht. Und Esther hatte Frau Jung-Hi Park bei der schwierigen Entbindung ihrer jüngsten Tochter geholfen, daher war Frau Jung-Hi Park ihr dankbar.

Als Esther nach Deutschland kam, bat Jung-Hi Park, ihre jüngere Schwester Ok-Hi Park(박옥희), die bereits 1960 als Krankenpflegeschülerin nach Deutschland gekommen war, Esther dabei zu helfen, zum Glauben an Jesus zu finden. Deshalb begann Ok-Hi Park 1970 damit, Esther Daily-Bread-Broschüren(eine tägliche Bibellesehilfe) zu verschicken, die von der University Bible Fellowship in Korea herausgegeben wurden.

Anfang 1973 besuchte Ok-Hi Park Esther und lud sie zur Bibelkonferenz ein, die vom 29. Dezember 1973 bis zum 5. Januar 1974 stattfand. Diese Konferenz fand in einer Baptistenkirche in Witten/Ruhr, einer Nachbarstadt von Bochum, statt. Zum Schluss dieser Konferenz trugen 19 koreanische Krankenschwestern, darunter auch Esther, ihre Stellungnahmen zum Bibeltext vor und wurden am 5. Januar 1974 von Pastor Eikel, einem Baptistenpastor, getauft.

Happy Esther nach ihrer Wiedergeburt während eines Ausflugs mit Missionarinnen in den Niederlanden am 3. Juni 1974

Zu dieser Zeit arbeitete Esther im Allgemeinen Krankenhaus in Hagen. Ab Februar 1974 lernte sie das Buch Genesis von Ki-Hyang Lee(이기향), die im Bergmannsheil in Bochum arbeitete.

Als Esther Ende April 1974 Korea besuchte, lernte sie vom 3. bis 28. Mai 1974 in der UBF-Gemeinde Jongno in Seoul die Bibel. Danach wurde sie zur Missionarin ernannt und kehrte nach Westdeutschland zurück. Als sie zur Missionarin ernannt wurde, legte sie ihr Glaubenszeugnis unter dem Titel „Gott hat mich, eine Sünderin, gerufen" ab. Nach ihrer Koreareise lernte sie von Ki-Hyang Lee weiterhin die Bibel, darunter den Römerbrief und das Johannesevangelium.

Esther nahm vom 16. bis 22. September 1974 an der Westdeutschen Sommerkonferenz in Seewis, Schweiz, teil. Dort hörte sie Chang-Woo Lees(이창우) Predigt „Das Licht der Menschen" und nahm Gottes Wort aus Johannes 1,4 an. Sie bekannte später, dass sie durch dieses Wort

Jesus persönlich angenommen hatte. Anschließend begann Esther in Deutschland koreanischen Krankenschwestern wie Soo-Hyeon Kim(김수현), Kyung-Sun Moon(문경순), Soo-Yeon Kim(김수연), Bu-Young Kim(김부영), Ok-Hee Kim(김옥희) und Kyung-Sook Oh(오경숙) mit dem Bibelstudium zu helfen.

1976 wechselte Esther ihre Stelle in das Evangelische Krankenhaus in Rheda-Wiedenbrück und half dort und in anderen Städten koreanischen und deutschen Krankenschwestern mit dem Bibelstudium.

Die Krankenhäuser, in denen Esther arbeitete:

- 19. August 1970 – 31. Juli 1973 : Evangelisches Krankenhaus in Witten
- 30. Juni 1973 – 30. Juni 1976 : Allgemeines Krankenhaus in Hagen.
- 1. Juli 1976 – 31. März 1978 : Evangelisches Krankenhaus in Rheda-Wiedenbrück
- 1. April 1978 – 10. April 1979 : Evangelisches Pflegeheim in Schwerte

  Unbezahlter Urlaub für etwa 8 Monate zur Betreuung von Baby Stephen
- 1. Januar 1980 – 31. August 1991 : Evangelisches Krankenhaus Bethanien, Dortmund-Hörde
- 1. September 1991 – 31. August 2009 : St. Elisabeth-Hospital in Bochum
- Ab 1. September 2009 : Frührente

# Fünfte Story: Meine Wiedergeburt und mein freudvolles Universitätsleben

„Und das Wort wurde Mensch und wohnte unter uns, und wir sahen seine Herrlichkeit, eine Herrlichkeit als des eingeborenen Sohnes vom Vater, voller Gnade und Wahrheit."
(Johannes 1,14)

## 1. Mein neues Leben in Daejeon, Korea

### * Immatrikulation an der Universität

Ende Februar 1970 ging ich zur Universitätskasse, um die Eintritts-studiengebühr zu bezahlen und mich für die Universität einzuschrei-ben. Damals erhielt ich 30.000 Won von der Yesan Highschool als Stipendium und weitere 30.000 Won von der Technischen Fakultät der Chungnam Universität. Die Studiengebühren betrugen damals etwa 30.000 Won pro Semester. Mir blieben also noch etwa 30.000 Won. Als ich an der Kasse stand, stand Y.-J. Kim vor mir, die sich gerade für das Englische Literaturstudium einschreiben wollte. Sie fragte den Kassierer, einen älteren Herrn, ob sie die Gebühr etwa eine

Woche später bezahlen könne. Da antwortete der Kassierer, das sei nicht möglich. Da bot ich ihr spontan an, ihr mein Geld zu leihen. Der Kassierer empfahl ihr daraufhin, ihm das Geld nach einer Woche zu bringen, damit er es mir zurückgeben könne. So bekam ich mein Geld eine Woche später zurück.

Ich bin normalerweise kein hilfsbereiter Mensch. Aber Gott gab mir die Gnade, zwei Stipendien von der Highschool und von der Technischen Fakultät zu erhalten. (Danach stellte die High School die Zahlung des Stipendiums ein, als sie herausfand, dass ich ein Stipendium von der Universität erhielt.) Gott gab mir auch das Herz, ihr in diesem Moment das Geld zu leihen, da ich direkt hinter ihr stand und das Gespräch mithörte.

**\* Ein Zimmer für mich und Yong-Seong Seo im Waisenhaus in Daejeon**

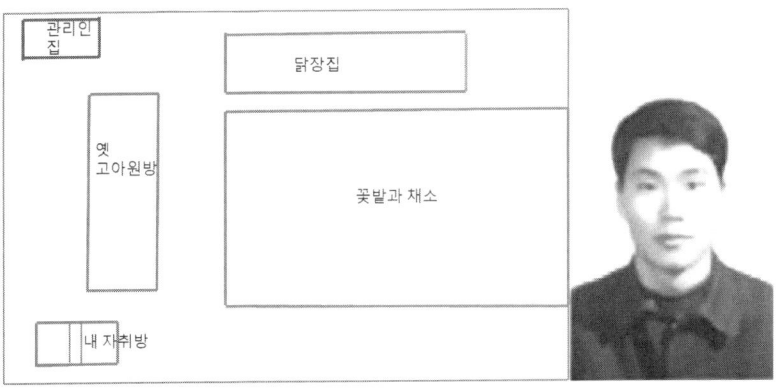

Eun-Chuns Haus und mein Zimmer in Daejeon und mein Passfoto der Universitätszeit

관리인 집: Haus des Verwalters

옛 고아원방: leeres Waisenhaus

내 자취방: Mein Zimmer
닭장집: Hühnerstall
꽃밭과 채소: Blumen- und Gemüsegarten

Wenn ein Student aus einem Dorf eine Universität in einer Großstadt wie Daejeon besuchen wollte, musste er zwei finanzielle Probleme lösen, nämlich die Studiengebühren und die Zimmermiete. Das Stipendium, das ich damals erhielt, entsprach in etwa der Höhe der Studiengebühren. Doch damit wäre das Problem der Zimmermiete ungelöst geblieben, weil meine Familie die Miete meines Zimmers in Daejeon nicht hätte bezahlen können. Dann half mir Gott. Die Familie meines Heimatfreundes Eun-Chun Lee zog etwa im Dezember 1969 nach Daejeon um. Der Onkel von Eun-Chun Lee, ein katholischer Priester, war zu dieser Zeit Direktor des Marienhospitals in Daejeon. Die Eltern von Eun-Chun Lee unterzeichneten einen Pachtvertrag mit der katholischen Kirche für ein ehemaliges Waisenhaus und zogen dort als Verwalter des leerstehenden Waisenhauses in 92 Gayang-dong, Jung-gu, Daejeon um. Dieses Haus war für die Waisenkinder bestimmt, die durch den Koreakrieg von 1950 bis 1953 ihre Eltern verloren hatten. Dort gab es ein Haus für die Familie des Verwalters, ein weiteres Haus mit vielen Zimmern für Waisenkinder und ein kleines Apartment mit zwei separaten Zimmern. Eun-Chuns Eltern stellten mir ein Zimmer des Apartments zur Verfügung und ich teilte es mit meinem Heimatfreund Yong-Seong Seo, der ebenfalls die Chungnam National Universität besuchte. Eun-Chuns Eltern waren Katholiken, die an Gott glaubten und barmherzig waren.

Meine Mutter brachte mir Reis und Beilagen wie Kartoffeln, rote Chilipaste(Gochujang) und Sojabohnenpaste. Ich danke Gott, dass er mich durch meine Mutter, meinen Bruder und meine Familie großgezogen hat.

Yong-Seong Seo, der mit mir das Zimmer teilte, studierte Physik. Daneben lernte er auch fleißig dafür, das Staatsexamen in Jura zu bestehen. Wenn man das Staatsexamen bestand, wurde man Staatsanwalt, Richter oder Anwalt. Auf meine Einladung hin besuchte Yong-Seong Seo einige Male die Bibelstunden in unserer Gemeinde. Leider hörte er auf, weiter unsere Gemeinde zu besuchen. Er lernte eine Studentin kennen, heiratete sie nach seinem Studienabschluss und wurde anschließend zum Militärdienst berufen. Später erfuhr ich dann bedauerlicherweise, dass er beim Militär durch einen Unfall ums Leben gekommen war. Das muss ein riesiger Schock für seine Familie und seine frisch vermählte Frau gewesen sein. Gott möge seine Eltern, Geschwister und vor allem seine Frau trösten und ihnen durch den Glauben an Jesus Christus ewiges Leben schenken.

### * Bok-Nam Ha

Nachdem Yong-Seong Seo jahrelang in meinem Zimmer gelebt hatte, zog er in eine Mietwohnung in der Nähe der Chungnam National Universität. Bok-Nam Ha, der jüngste Bruder meiner Schwägerin, wurde daraufhin mein neuer Mitbewohner. Er war ungefähr sieben Jahre jünger als ich. Er hatte die Yesan Middleschool absolviert und besuchte anschließend in Daejeon die Technische Schule für eine fünfjährige Berufsbildung zum Techniker. Normalerweise kam ich spät von unserer Gemeinde nach Hause. Deshalb schenkte ich Bok-Nam damals kaum Aufmerksamkeit. Das tat mir leid. Aber Gott kümmerte sich um ihn und führte ihn zu YFC(Youth for Christ), einer christlichen Jugendgruppe. Der Gründer dieser Gruppe war Pastor Jang-Hwan Kim(engl.: Billy Kim) von einer Baptistenkirche. Bok-Nam Ha wurde durch diese Gruppe ein treuer Christ. Er schloss seine Ausbildung erfolgreich ab und wurde nach seinem Abschluss ein guter Elektriker. Er diente dem Herrn treu in der Daeheung Baptistenkirche in Daejeon, heiratete eine gläubige Frau und führt ein glückliches Eheleben. Gott erhörte die Gebete meiner dritten und vierten Schwester, sodass Bok-Nam Christ wurde und einen guten Glaubenseinfluss ausübte, sodass meine Schwägerin und seine anderen Schwestern Christinnen wurden.

Ich danke Gott, dass er mir, Yong-Seong Seo und Bok-Nam Ha durch die Eltern von Eun-Chun Lee ein Zimmer in Daejeon kostenlos zur Verfügung stellte und mich und Bol-Nam zum Glauben an Jesus Christus führte. Gottes Vorsehung ist sehr gut.

**\* Eintrittszeremonie an der Universität**
In Korea gab es zu dieser Zeit eine Eintrittszeremonie der neuen Studenten. Die Eintrittszeremonie an der Chungnam National Universität fand am 2. März 1970 statt. Alle 580 neuen Studenten versammelten sich abteilungsweise im Sportkomplex der Universität in Munhwa-dong, Daejeon, und die Professoren standen davor. Der Universitätspräsident gratulierte uns zum Beitritt zur Universität. Als Vertreter der Studienanfänger trat ich vor und las das Studienanfänger-Manifest vor. Der Inhalt dieses Manifestes war, glaube ich, das Versprechen, dass wir uns an die Regeln der Universität halten und uns auf das Studium konzentrieren würden. Dadurch wurde ich bei allen Erstsemestern und vielen Professoren bekannt, weil ich hinkte. Ich glaube, dass Gott mich bei dieser Zeremonie als Segensverteiler für

die Studenten und für die Welt bekanntgab.

Das Wort „Universität" kommt ursprünglich aus dem Lateinischen „universus", was „die ganze Welt" bedeutet. In der Vergangenheit hatte ich mich weder für ganz Korea noch für die ganze Welt interessiert, sondern nur für meine kleine Welt. Nach meiner damaligen Vorstellung war es für mich, einen armen Menschen, zu groß, an das ganze Land Korea oder gar an die ganze Welt zu denken. Aber Gott berief mich dazu, ein Mensch zu sein, der die Welt mit seinem Herzen betrachtet und den Menschen der Welt die frohe Botschaft des Segens bringt.

Im selben Jahr unternahm Gott einen weiteren wichtigen Schritt in seinem Werk für uns: Er schickte Esther nach Deutschland. Natürlich hatte ich damals keine Ahnung von Gottes Plan. So wie der Beginn meines Studiums für mich ein großer Schritt zum Segen für die Welt war, war Esthers Flug nach Deutschland ein großer Sprung zum Segen für Deutschland und die Welt. Gottes Puzzle, sein großer Plan für mich und Esther, wurde im Laufe der Jahre Stück für Stück zusammengesetzt.

### * Meine Kommilitonen im Fachbereich

Als Hauptfach wählte ich Chemietechnik. Rechtswissenschaften oder Wirtschaftswissenschaften sind Fächer, die sich mit zwischenmenschlichen Beziehungen nach dem Studium beschäftigen, zum Beispiel als Staatsanwalt oder Unternehmer. In einem solchen Beruf, dachte ich, könnte ich mich nicht ehrlich verhalten. Deshalb entschied ich mich für das Ingenieurwesen, insbesondere das Chemieingenieurwesen, weil ich dachte, dass die Berufsaussichten für Leute mit einem naturwissenschaftlichen Abschluss schlechter wären als für Leute mit einem Ingenieurabschluss. Weil Gott im Verborgenen wirkte, wählte ich Chemieingenieurwesen als Hauptfach, heiratete nach meinem Abschluss Esther und kam mithilfe von Professor Bo-Sung Rhee als studentischer Missionar der Fakultät für Chemieingenieurwesen nach Deutschland.

In meinem Fachbereich an der Universität Chungnam waren wir etwa 40. Damals besuchten Studenten desselben Fachbereichs gemeinsam die Vorlesungen. Dadurch entstand eine gewisse Verbundenheit unter den Kommilitonen. Die meisten meiner Kommilitonen kamen von der Chungnam Highschool oder von der Daejeon Highschool in Daejeon. Der Rest kam von der Gongju Highschool oder anderen Highschools. Zu Beginn des ersten Semesters wurde der Fachbereichssprecher gewählt. Da die meisten meiner Kollegen aus der Chungnam Highschool kamen, wurde Yoon-Gi Choi, ein Absolvent der Chungnam Highschool, unser Sprecher. Er war von fröhlichem, geselligem und rücksichtsvollem Charakter, sodass er als Fachbereichssprecher gut geeignet war. Nach dem Studienabschluss bewies er in seiner Firma seine Führungsqualitäten, sodass er zum Geschäftsführer befördert wurde.

Im zweiten oder dritten Jahr übernahm Hwan-Young Kim, ein Absolvent der Daejeon Highschool, die Aufgabe als Fachbereichssprecher. Er war ein freundlicher, ruhiger und treuer Mitstudent.

Einige meiner Fachbereichskollegen, wie z. B. Soo-Young Kim, Jun-Taek Sim, Jin-Woong Kim und Jae-Wook Yoo, waren bereits Christen, als sie ihr Studium begannen. Jin-Woong Kim war von ruhigem Charakter und schon von jungem Alter an gläubig. Sein Glaube war deshalb wohl ziemlich gefestigt. Er besuchte eine Zeit lang unsere Studentengemeinde. Ich hatte eine gute Beziehung zu ihm und schätze unsere Freundschaft sehr. Jun-Taek Sim war ein Absolvent der Highschool der Pädagogischen Hochschule Gongju. Er war aktiv und fröhlich. Dae-Young Choi, ein Absolvent der Daejeon Highschool, besuchte auf meine Einladung hin eine Weile unsere Gemeinde und nahm auch an einer Konferenz teil. Ich vermisse sein freundliches Gesicht.

Soo-Young Kim war ein aufgeweckter und fröhlicher Freund. Er besuchte unseren Gottesdienst ebenfalls eine Zeit lang. Jong-Chan Sim aus meinem Fachbereich besuchte ebenfalls eine Zeit lang unsere Gemeinde. Ich glaube, dass Gott ihn gesegnet hat.

Ho Kang, ein Absolvent der Daejeon Highschool, war ein sehr fröhlicher Freund. Er war in der UNESCO-Gruppe aktiv. Er war damals kein Christ und trank Alkohol. Er kam auf Einladung von Eun-Kyung Ahn, die ebenfalls Mitglied der UNESCO war, zu unserer Gemeinde und lernte mit ihr eine Zeit lang die Bibel kennen. Nach seinem Universitätsabschluss wurde er Militäroffizier und heiratete Ki-Nam Lee, die er in der Studienzeit kennengelernt hatte. Das Paar flog in die USA, wo Ho Kang promovierte. Dort wurde er von einem seiner Senioren der Daejeon Highschool zum Bibelstudium eingeladen, wodurch er, gemäß seiner eigenen Worte, auf dramatische Weise zum Glauben kam. Eines Tages, als er vom Bibelstudium nach Hause kam und wie üblich einen Schluck Alkohol trank, hatte er das Gefühl, als würde der Alkohol in ihm brennen. Von diesem Tag an hörte er mit dem Trinken auf und erlebte eine dramatische Bekehrung, wie Saulus zu Paulus.

Nach seiner Promotion in den USA besuchte er mich in Bochum und erzählte mir von diesem für ihn einschneidenden Ereignis. Kurz nach diesem Besuch wurde er zum Professor an den neu gegründeten Fachbereich Umwelttechnik der Chungnam National Universität berufen. Er lud Pastor Dong-Myeong Kim, den Ehemann der entschlafenen Yi-Suk Ahn, Autorin von „If I die, I die", aus den USA ein und gründete eine Gemeinde im Daedeok-Forschungskomplex. Viele Akademiker mit Doktortitel aus diesem Forschungskomplex besuchen den Gottesdienst dieser Kirche.

Als Professor unterrichtete Ho Kang seine Studenten mit großem Engagement. Darüber hinaus forschte er gewissenhaft und veröffentlichte seine Ergebnisse in wissenschaftlichen Zeitschriften. Er besuchte abends ein theologisches Seminar und wurde zum Pastor ordiniert. Zudem engagiert er sich aktiv für Missionen in den Nachbarländern und in Afrika.

Myung-Hee Han hatte drei Jahre früher mit seinem Studium begonnen als ich. Nach zwei Jahren des Studiums wurde er zum Militärdienst einberufen. Als er nach seinem Militärdienst an die Universität zurückkehrte, besuchte er Vorlesungen mit uns. Ich lud ihn zum Bibelstudium ein und er kam zum Glauben an das Evangelium. Anschließend heiratete er Young-Seo Kim, die als Missionarin in Deutschland gearbeitet hatte, und wurde mit seiner Frau als Laienmissionar nach Chicago in die USA ausgesandt.

## 2. Meine dankbaren Professoren

### * Byung-Woo Kim, Philosophieprofessor

Zu jener Zeit belegten Uni-Studenten in ihrem ersten Jahr viele allgemeinbildende Kurse der Geisteswissenschaften. Zu diesem Zweck wurde ein Hörsaalgebäude als Fakultät für Allgemeinbildung errichtet. Zu den Fächern der Allgemeinbildung gehörten Koreanisch, Englisch, Ethik, Philosophie, Weltkulturgeschichte, eine zweite Fremdsprache, sowie Sport und eine Militärausbildung.

Professor Byung-Woo Kim unterrichtete uns in Philosophie. Unter anderem hielt er eine Vorlesung über den französischen Philosophen Descartes und erklärte, wie Descartes an die Existenz Gottes glauben konnte. Descartes zweifelte zunächst an allem, insbesondere an der Existenz Gottes, konnte aber nicht daran zweifeln, dass es ein „Ich" gab, das diese Zweifel hatte. Ironischerweise betrachtete er dies als Beweis für die Existenz Gottes. Durch diese Vorlesung wollte Professor Kim Studenten dazu verhelfen, an Gott zu glauben. Er riet den Studenten, falls sie von irgendjemandem eine Bibel geschenkt bekämen, sie nicht wegzuwerfen, sondern darin zu lesen.

Etwa im Mai 1970, als mein Glaube noch jung war, ging ich nach der Philosophievorlesung ins Zimmer von Professor Byung-Woo Kim und fragte ihn, wie man an die Wundergeschichten in der Bibel glauben könne. Er antwortet mir: „Die Wundergeschichten in der Bibel sind dazu da, dass wir an Jesus glauben." Überraschenderweise wurde meine Frage durch seine einfache Erklärung beantwortet. Seitdem habe ich keinen Widerspruch mehr zwischen den biblischen Geschichten und meinem wissenschaftlichen Denken empfunden.

Aus irgendeinem Grund hatte ich das Gefühl, dass Professor Byung-Woo Kim der Sohn des berühmten koreanischen Dichters Dong-Myeong Kim sein müsse. Ich hatte diesen Dichter während meiner Vorbereitung auf die Universitätsaufnahmeprüfung aus der Geschichte der koreanischen Literatur kennengelernt. Als ich den Professor fragte, ob er sein Sohn sei, antwortete er mit „Ja". Er erklärte, dass sein Vater ein Protestant und er selbst ein Katholik sei. Als ich ihn weiter fragte, warum er kein Protestant war wie sein Vater, antwortete er, dass die katholische Kirche die tragende Säule des Christentums sei. Darauf ging ich aber nicht mehr ein. Für mich war es egal, ob jemand ein evangelischer oder ein katholischer Christ ist. Entscheidend war für mich, dass man wirklich an Jesus Christus glaubt.

Dong-Myeong Kim(1901–1968) studierte während der japanischen Kolonialzeit Theologie an der Aoyama-Gakuin Universität in Japan und wirkte danach als Dichter in Korea. Er weigerte sich, seinen koreanischen Namen ins Japanische zu ändern, zog aufs Land und schrieb Gedichte. Nach der Befreiung Koreas von Japan wurde er Professor an der Ewha Universität in Seoul.

Etwa zwei Jahre später sah ich, dass Professor Byung-Woo Kim unsere Gemeinde besuchte und demütig von Eun-Kyung Ahn, einer Englischstudentin, das erste Buch der Bibel, die Genesis, lernte. Ich fragte ihn, wie er, ein Philosophieprofessor, von ihr demütig Gottes Wort lernen könne. Er antwortete mir: „Ich bin ein Schüler."
Später hörte ich, dass er an die Hannam-Universität in Daejeon, eine

protestantische Universität, gewechselt war.

## * Sportprofessor Chang-Gi Min, Koreanischprofessor Jae-Dong Sa, Englischprofessor Young-Eui Park

Gott ermutigte mich auch durch Sportprofessor Chang-Gi Min. Er erzählte beim Sportunterricht über mein Prüfungsergebnis bei der Aufnahmeprüfung. Vielleicht hatte er die Prüfungspapiere der Studienbewerber benotet und kannte daher auch meine Note. Am Ende des Semesters gab er mir trotz meiner Hüftgelenkverrenkung die Note A(Bestnote) und erklärte allen Kommilitonen, dass meine aktive Teilnahme am praktischen Sportunterricht der Grund dafür sei. Seine Bewertungskriterien waren damals revolutionär, da die meisten Professoren ihre Noten auf der Grundlage von Vergleichen zwischen den Studenten vergaben. Seine Begründung ermutigte mich sehr.

Bei der Koreanischvorlesung hielt Professor Jae-Dong Sa Vorträge über seine Forschungsergebnisse über die alten Volkslieder in der Region Chungcheong-do. Seine Meinung über die Herkunft der Volkslieder war anders als die vorherrschende Meinung vieler Wissenschaftler. Er lobte auch das Trinken von Alkohol. Ich recherchierte im Internet und fand heraus, dass er einmal buddhistischer Mönch werden wollte.

Professor Young-Eui Park unterrichtete in meinem ersten Studienjahr Englisch. Er war sehr freundlich zu mir. Als ich ihm später meine Masterarbeit „A Study on Pyrolysis of Oak Trees" zeigte, die ich auf Englisch geschrieben und ohne Korrekturen durch Dritte eingereicht hatte und die bereits angenommen worden war, sagte er mir, er hätte die Sprache korrigiert, wenn ich sie ihm vorher gezeigt hätte. Ich bin ihm für seine Freundlichkeit sehr dankbar.

## * Professoren für Chemietechnik

Vor dem Umzug nach Yuseong befand sich die Chungnam National University in Munhwa-dong, Daejeon, mit Ausnahme der medizinischen Fakultät, die sich heute zusammen mit dem Universitätskrankenhaus am ehemaligen Standort der Fakultäten für Geistes- und Naturwissenschaften befindet.

Als ich studierte, war die Universität noch nicht nach Yuseong umgezogen. Nach dem vierjährigen Bachelorstudium arbeitete ich in derselben Abteilung als Wissenschaftlicher Assistent und half Herrn Hyuk-Jong Joo bei der Vorbereitung der Dokumente für den Transport der Versuchsgeräte der Abteilung nach Yuseong.

Während meiner Dienstzeit als Wissenschaftlicher Assistent war Prof. Hong-Bin Lim, ein Absolvent der Gyeonggi Highschool und Seoul National Universität, der Dekan. Er war sehr nett. Man könnte ihn als einen Gentleman mit internationaler Gesinnung beschreiben.

Professor Won-Pyo Hong unterrichtete Industrielle Chemie und half den Studenten, nach dem Abschluss eine Anstellung zu finden.

Professor Jin-Seon Kim lehrte Anorganische Chemie und arbeitete für akademische Angelegenheiten der Universitätszentrale. Leider verstarb er, als ich noch ein Wissenschaftlicher Assistent war.

Prof. Ki-Seok Maeng war ein Polymerexperte, der mit einem Doktortitel von der McGill Universität in Kanada zurückgekehrt war und uns Organische Chemie und Polymertechnik lehrte.

Professor Bo-Sung Rhee, ein Absolvent der Yonsei Universität, hatte an der Universität Karlsruhe promoviert. Er lehrte uns Thermodyna-

mik und Unit Engineering. Er war der Betreuer meiner Masterarbeit.
Mehr über ihn erzähle ich euch später.

Professor Hong-Sik Choi war einer der ersten Absolventen meiner
Abteilung. Er lehrte uns in meinem ersten Universitätsjahr Chemie
und Physikalische Chemie und war bemüht, keine Vorlesungen ausfall-
en zu lassen. Er forschte auch fleißig experimentell. Während meiner
Promotion in Dortmund verbrachte er ein Jahr zu Forschungszwecken
an der Universität Dortmund. Obwohl er noch jung war, starb er unerwartet in Korea, während ich in Dortmund promovierte.

Hyuk-Jong Joo war Assistent in unserer Abteilung, als ich Wissenschaftlicher Assistent war. Er hatte sein Bachelorstudium drei oder
vier Jahre früher abgeschlossen als ich. Er war für mich wie ein älterer
Bruder. Als ich im Januar 1978 zum Studium an die Universität Dortmund kam, arbeitete er dort bereits an einem experimentellen For-
schungsprojekt. Dort traf ich ihn am 2. Januar 1978 in der Abteilung
Chemietechnik. Er, Esther und ich lasen gemeinsam die Bibel und
beteten, dass Gott die Studenten der Universität segnen möge. Damals
glaubte er noch nicht an Jesus. Nach dieser Forschungsarbeit kehrte er
nach Korea zurück und wurde Professor an der Chungnam National
Universität in der Abteilung Polymertechnik.

### 3. Von meiner Wiedergeburt bis zur Taufe

**\* Mein geistlicher Baumpflanztag: 5. April 1970**
Die Eintrittszeremonie der Studienanfänger fand am Montag, dem

2. März 1970, im Universitätsstadion statt. Nach dieser Zeremonie ging ich über den Hügel der Uni zur Universitätsbibliothek. Auf diesem Hügel sprach mich Peter Suh, der Leiter der UBF-Gemeinde Daejeon(jetzt CMI Daejeon), an. Er sagte mir, dass er mich kenne, weil Herr Soo-Min Lee von mir erzählt hatte. Soo-Min Lee war mein Deutschlehrer an der Yesan Highschool. Peter Suh lud mich zur UBF ein, woraufhin ich ihm antwortete: „Dafür habe ich leider keine Zeit!", und ging in die Bibliothek. Ich war damals fest entschlossen, mich ausschließlich auf mein Studium zu konzentrieren.

Etwa ein Monat verging. In dieser Zeit fällten die Koreaner Bäume in den Bergen und nutzten sie als Brennholz, um Reis zu kochen und ihre Zimmer zu heizen. Deshalb blieben die Berge weitgehend kahl und baumlos. Deshalb erklärte die Regierung den 5. April zum Baumpflanztag und förderte das Pflanzen der Bäume. Der Baumpflanztag fiel in jenem Jahr auf einen Sonntag. Ich ging gegen 9 Uhr morgens mit einer Hacke zur Universität, weil die Universitätsverwaltung den Studenten gesagt hatte, sie sollten zur Baumpflanzung kommen. Ich beobachtete, wie hinter der Bibliothek einige Bäume gepflanzt wurden. Danach machte ich mich auf den Weg in die Universitätsbibliothek. Dort traf ich Peter Suh wieder. Diesmal war auch Herr Soo-Min Lee da.

Nach seinem Abschluss an der Hannam University(damals Daejeon College) arbeitete Herr Lee als Lehrer an der Yesan Highschool. Darüber hinaus schrieb er sich im Masterkurs bei Professor Ki-Seok Maeng in der Abteilung Chemietechnik der Chungnam National Universität ein. Aus Höflichkeit fragte ich Soo-Min Lee, wo ich ihn persönlich treffen könnte. Er antwortete, dass wir uns um 15 Uhr in der UBF-Gemeinde treffen könnten. Damals hielt die UBF-Studentengemeinde in Daejeon sonntags um 15 Uhr einen Gottesdienst ab. Also ging ich in diese Gemeinde, um Soo-Min Lee zu treffen. Die Gemeinde befand sich in der Nähe des östlichen Zauns der Daejeon Highschool. Alle Leute in der Gemeinde waren freundlich zu mir. Peter Suh predigte mit ruhiger Stimme, ohne zu schreien. Daher war seine Predigt für mich angenehm, anders als bei meinem Gottesdienstbesuch in meiner Heimatstadt.

Am Ende des Gottesdienstes sollten alle zu zweit beten, und ich mit Kyoung-Sook Cho, einer Studentin im zweiten Jahr an der Daejeon Krankenschwesterschule. Sie erklärte mir freundlich, wie man betet:

„Zu Beginn des Gebets rufst du Gott an, zum Beispiel mit ‚Lieber Gott!‘, damit Gott weiß, dass du ihn ansprichst. Dann sagst du deine Dankbarkeit gegenüber Gott oder sprichst darüber, welche Hilfe du von Gott brauchst. Am Ende des Gebets sagst du ‚Im Namen Jesu Christi bete ich, Amen!‘, denn nur durch Jesus Christus kannst du zu Gott kommen. So beendest du das Gebet.“

Nach dieser freundlichen Erklärung betete ich zum ersten Mal in meinem Leben zu Gott. In diesem Moment, begann ich, an Gott und Jesus Christus zu glauben. So wurde dieser Tag zu meinem geistlichen Baumpflanztag.

**\* Mein Glaube an Jesus als menschgewordenen Gott: 6. April 1970**

Nach dem Sonntagsgottesdienst lud mich Peter Suh zum Englisch-Konversationskurs ein, der wochentags abends in der Gemeinde stattfand. Obwohl ich viel Englisch gelernt hatte, war meine Aussprache nicht gut. Daher wollte ich meine englische Aussprache verbessern. Also besuchte ich ab dem darauffolgenden Montagabend den Englisch-Konversationskurs. Zuerst übten wir etwa 30 Minuten lang die englische Aussprache, dann das Johannesevangelium auf Koreanisch.

Am ersten Tag lernten wir Johannes 1,1–18. Überraschenderweise konnte ich durch Johannes 1,1 und 14 daran glauben, dass Jesus ursprünglich Gott war und als Mensch auf die Erde kam.

„Im Anfang war das Wort, und das Wort war bei Gott, und Gott war das Wort."

(Johannes 1,1)

„Und das Wort wurde Mensch und wohnte unter uns, und wir sahen seine Herrlichkeit, eine Herrlichkeit als des eingeborenen Sohnes vom Vater, voller Gnade und Wahrheit."

(Johannes 1,14)

Diese Entdeckung schien nichts Besonderes zu sein, doch sie war ein wichtiges Ereignis in meinem Leben. Nach einer ernsthaften Diskussion mit meinem katholischen Freund Jae-Beom Lee in der Middleschoolzeit darüber, wie man von der Existenz Gottes wissen könne, war ich damals zu dem Schluss gekommen, dass ich weder seine Existenz noch seine Nichtexistenz beweisen könne.

Nun fand ich durch das erste Kapitel des Johannesevangeliums die richtige Antwort auf die Frage nach der Existenz Gottes, denn Gott wurde Mensch mit dem Namen Jesus und wohnte unter den Menschen, sodass wir durch Jesus Gott erkennen können.

## * Große Freude bei der Bulkwangdong-Bibelkonferenz in Seoul: Mitte Mai 1970

Mitte Mai sollte Eun-Chun Lee, mein Heimatfreund, dessen Familie mir ein kostenloses Zimmer zur Verfügung gestellt hatte, zur Armee eingezogen werden. Also plante ich am Wochenende mit meinem Mitbewohner Yong-Seong Seo eine Abschiedsparty für ihn. Peter Suh schlug mir jedoch vor, dass ich zusammen mit Young-Ja Kwon vom Daejeon College an der Studentenkonferenz in Seoul am selben Wochenende als Gast teilnehmen sollte. Ich bat Eun-Chun Lee um sein Verständnis und nahm an der Konferenz teil, die in einer Konferenzanlage in Bulgwang-dong, Eunpyeong-gu, in Seoul stattfand. Das war eine sehr bedauerliche Entscheidung für meinen Freund Eun-Chun Lee.

Die meisten Teilnehmer dieser Konferenz waren Studenten der Seoul National Universität aus UBF Jongno. Alle waren freundlich und strahlend. Kang-Bok Lee(jetzt Abraham Lee in Köln), der damals Student im zweiten Jahr an der Seoul National Universität war, war auch dort und war sehr freundlich zu mir.

Am 5. und 6. April des Jahres glaubte ich zunächst verstandesmäßig an Jesus. Während dieser Konferenz öffnete Gott durch ihre Freundlichkeit und das Wirken des Heiligen Geistes mein Herz, sodass ich mit großer Freude an Jesus glaubte. Bis zu diesem Zeitpunkt hatte ich den Sonntagsgottesdienst nicht besucht. Aber nach dieser Konferenz begann ich, mit Freude den Sonntagsgottesdienst der Studentengemeinde in Daejeon zu besuchen. Im Juni nahm ich auch gerne an der

Frühjahrskonferenz der Gemeinde in Maepo, einem Vorort von Dae-jeon, teil.

## * Mein Wechsel vom egozentrischen Glauben zum gottzentrierten Glauben: Bibelschule, Ende Juli 1970

Die Sommerferien der Universität begannen um den 10. Juli des Jahres. Ich hatte vor, diese Zeit in meinem Heimatdorf zu verbringen und am Berg Yonggol intensiv zu lernen, wie ich es bei der Vorbereitung auf die Aufnahmeprüfung der Universität getan hatte. Peter Suh schlug mir jedoch vor, in Daejeon zu bleiben und Englisch mit dem englischen Wochenmagazin TIMES zu lernen. Nachdem wir etwa eine Woche lang Englisch gelernt hatten, begann die Bibelschule für eine Woche und Missionarin Sarah Barry kam aus Seoul, um über die Apostelgeschichte zu predigen. Wir sollten jeden Tag einen Fragebogen zum Bibeltext persönlich beantworten, uns gemeinsam über die Fragen austauschen und danach die Predigt von Sarah Barry hören. Anschließend sollte jeder eine Stellungnahme zu dem Text schreiben, um sie am nächsten Tag in der Gruppe vorzutragen. Ich sollte also den ganzen Tag und die ganze Woche nur mit der Arbeit an dieser Bibelschule verbringen, womit ich vorher nicht gerechnet hatte. Ich hatte ein starkes Gefühl von Zeitverlust, sodass mir nach ein paar Tagen die Tränen über das Gesicht liefen. Doch gleichzeitig öffnete sich durch diese Tränen mein Herz weit für die geistliche Welt Gottes. Ich spürte die große Liebe Gottes zu mir und erlebte große Freude. Durch diese Erfahrung lernte ich, dass Gott mich von einem egozentrischen Menschen zu einem gottzentrierten Menschen verwandeln will.

Gott hatte mir zunächst am 5. und 6. April dabei geholfen, Jesus mit meinem Verstand als Sohn Gottes anzunehmen. Dann hatte er mir durch die Frühlingskonferenz in Seoul emotional große Freude über Jesus geschenkt. Schließlich verwandelte Gott mich während der Sommerbibelschule von einem ichzentrierten Menschen in einen gottzentrierten Menschen, der die Freude des göttlichen Reiches voll genießen kann.

### * Sommerbibelkonferenz: Anfang August 1970

Die Sommerbibelkonferenz fand Anfang August an der Soong-sil-Universität in Seoul statt. Weil ich bei der Sommerbibelschule große Freude erlebt hatte, lud ich meine Kommilitonen mit Freude dazu ein. Also nahm Dae-Young Choi, ein Absolvent der Daejeon Highshool, daran teil. Er war ein Mensch mit einem warmen Herzen für andere. Gott möge ihn und seine Familie segnen. Ich lud auch Gu-Hee Jung ein, eine Studentin der Krankenpflegeabteilung und Absolventin der Yesan Girls' Highschool, und sie nahm daran teil.

Nam-Sik Woo kam aus Dangjin, einer Nachbarstadt von Yesan. Wie ich besuchte er seit März oder April 1970 unsere Studentengemeinde. Bis dahin kannte er weder Jesus Christus noch das Christentum. Durch das Bibelstudium wurde er jedoch ein Christ und war voller Freude über sein Leben in Christus. Er lud einige Kommilitonen seines Fachbereichs zur Sommerkonferenz ein. Gemäß meiner Teilnehmerliste der Konferenz nahmen Han-Woo Lee, Sang-Do Hwang und Jong-Jin Park daran teil.

### * Freude des irdischen Paradieses

Im Frühlingssemester 1970 wurde ich von Gott reich gesegnet, sodass meine Augen Schritt für Schritt für die geistliche Welt geöffnet wurden und ich ein ganz neuer Mensch in Jesus Christus wurde. Ich erlebte wegen der großen Liebe Gottes zu mir große Freude. Und der Glaube an Jesus Christus gab mir eine völlig neue Sicht auf die Welt. Meine Umgebung mit dem Unicampus empfand ich als paradiesisch. Für mich war das Leben auf dem Campus wie ein Spaziergang im Paradies. Mir wurde klar, dass Studenten, die noch nicht an Jesus Christus glaubten, das Evangelium der Erlösung und Gottes Segen dringend brauchten.

Also begann ich etwa ab Juni 1970 Studenten zum Gottesdienst in unsere Gemeinde einzuladen. Nach den Sommerferien lud ich sie noch eifriger ein, angefangen mit Studenten aus unserem Fachbereich. In unserem Fachbereich Chemietechnik gab es etwa 40 Studenten. Etwa die Hälfte von ihnen wurde mindestens einmal in unsere Gemeinde eingeladen.

Ich kam aus einem kleinen Dorf und kannte daher, abgesehen von meinen Kommilitonen aus meinem Fachbereich, nur wenige Student-en persönlich. Ich besorgte mir also eine Liste aller Erstsemesterstu-dentinnen und -studenten des Jahrgangs. Darin erfuhr ich, dass Gu-Hee Jung, die die Krankenpflegeabteilung besuchte, von der Yesan Girls' High School in meiner Heimatstadt kam. Ich betrat mutig den Krankenpflege-Vorlesungssaal und lud sie zur Gemeinde ein. Sie kam tatsächlich, besuchte unsere Gemeinde etwa ein Jahr lang und kam zum Glauben an Jesus.

Während der Winterferien 1970/71 lernten wir die Genesis, das erste Buch der Bibel, kennen. Das erste Kapitel der Genesis berichtet, dass Gott, nachdem er die gesamte Schöpfung und den Menschen geschaffen hatte, seine Geschöpfe und Menschen ansah und sagte: „Es ist sehr gut(bzw. schön!)"(Genesis 1,31). Weil Gott jeden von uns so schön und gut geschaffen hat und weil er uns so sehr schätzt, haben alle Menschen in Gottes Augen eine absolut gute Daseinsbedeutung und alle Menschen sind sehr würdig. Selbst wenn jemand eine Verletzung hat und etwas unnatürlich aussieht, gibt es absolut keinen Grund, sich minderwertig zu fühlen, denn Gott hat ihn auch sehr schön gemacht und gesagt, dass er sehr schön ist.

Da ich in meiner Kindheit eine Verletzung am rechten Bein hatte und hinkte, litt ich unter Minderwertigkeitskomplexen. Doch durch Gottes Wort aus Genesis 1,31 erkannte ich, dass Gott mich für sehr schön und würdig hält. Dieses Wort der Bibel hat mich von meinem Minderwertigkeitsgefühl befreit und mir unbeschreibliche Freude bereitet. Darüber hinaus lehrte mich die Geschichte von Josef in der Genesis (und sein Verkauf als Sklave nach Ägypten), dass Gott mein Leben auf den besten Weg geführt hatte und führen werde.

In den 1960er Jahren waren etwa 90 % der koreanischen Bevölkerung Bauern. Die Armen hatten kaum Chancen, besser bezahlte Arbeit zu finden. Ohne meine Hüftverletzung hätte ich die Grundschule zwei Jahre früher abschließen können. Danach hätte ich als Bauer oder Holzfäller arbeiten müssen und hätte keine Chance gehabt, die Middleschool zu besuchen, geschweige denn eine Universität.

Während meiner Grundschulzeit pausierte ich aufgrund meiner Hüftverletzung vier Jahre und kam zwei Jahre später als meine Altersgenossen in die 5. und 6. Klasse. Aufgrund dieser Verzögerung konnte ich in der 6. Klasse So-Hee Yeon als meinen Klassenlehrer haben. Er half mir, an der Aufnahmeprüfung für die Middleschool teilzunehmen, die ich mit Bestnoten bestand, und dank des Stipendiums konnte ich trotz der Armut meiner Familie die Middleschool besuchen. Nach dem Abschluss der Middleschool besuchte ich zwei Jahre die Yesan Landwirtschaftsschule.

Nach zwei Jahren verließ ich dann diese Schule und wechselte zur Yesan Highschool. Der Direktor der Yesan Highschool, Seung-Tak Baek, erließ mir das Schulgeld und versprach mir ein Stipendium für die Universität. Ohne dieses Versprechen hätte ich es aus finanziellen Gründen nicht gewagt, eine Universität zu besuchen.

Vor allem darf ich die Hilfe meiner Mutter, meines Bruders und meiner Schwestern nicht vergessen. Obwohl meine Familie arm war, haben sie mich alle mit Liebe und Hingabe großgezogen und unterstützt. Ich sehe das als Gottes Liebe und seine beste Führung.

Gott ermutigte mich auch durch die Freundlichkeit meiner Freunde wie Yeon-Soo Park, Jae-Beom Lee und Eun-Chun Lee. Durch Su-Min Lee, Peter Suh und Kyoung-Sook Cho half Gott mir, an Jesus zu glauben.

Ich möchte allen Professoren der Abteilung Chemietechnik, insbesondere Prof. Bo-Sung Rhee, dem Betreuer meiner Masterarbeit, für seine Hilfe und Freundlichkeit danken. Darüber hinaus möchte ich mich bei allen Kommilitonen der Abteilung Chemietechnik bedanken.

Gott mobilisierte so viele Menschen, um mich zu retten und zu segnen. Natürlich bin ich trotz meines Glaubens ein gewöhnlicher schwacher Mensch geblieben. Manchmal glaubte ich nicht an Gottes

Fürsorge und machte mir Sorgen um meine Zukunft. Doch weil Gott mir half, meinen Glauben an seine Fürsorge stets zu stärken, konnte ich schon nach kurzer Zeit mutig, voller Freude und Zuversicht voranschreiten. Diese Freude steht jedem offen, der Jesus angenommen hat und ihm vertraut. Deshalb ist das Evangelium auch in dieser Hinsicht eine Hilfe für alle, die daran glauben.

Natürlich hilft Gott jedem Menschen anders. Zum Beispiel schickte Gott Esther als Krankenpflegehelferin nach Deutschland, als sie nach dem Abschluss der Middleschool aufgrund der finanziellen Situation ihrer Familie nicht die Highschool besuchen konnte. Und in Deutschland führte Gott sie zum Glauben an Jesus und später dazu, mich zu heiraten. Die Arten, wie Gott hilft, sind vielfältig, aber die grundlegende Wahrheit ist dieselbe: Gott hat jeden sehr gut erschaffen, liebt jeden Menschen sehr und möchte jedem das ewige und glückliche Leben schenken.

**\* Meine Taufe: Sommer 1971**
Damals fand der Sonntagsgottesdienst unserer Studentengemeinde nachmittags um 15 Uhr statt. Deshalb besuchte ich jeden Sonntagmorgen mit Peter Suh den Gottesdienst der Daeheung Baptistenkirche in der Nähe unserer Gemeinde. Im Sommer 1971 besuchte ich zwei- oder dreimal den Taufvorbereitungskurs von Pastor Jong-Man Ahn in dieser Kirche. Er fragte mich, welche Bibelstellen mir die Gewissheit gegeben hätten, gerettet zu sein. Ich hatte mir bis dahin keine Gedanken darüber gemacht. Da erinnerte ich mich an die Bibelverse vom ersten Tag des Bibelstudiums in unserer Gemeinde und antwortete ihm: „Johannes 1,1.14.18."

Johannes 1,1 lautet: „Im Anfang war das Wort, und das Wort war bei Gott, und Gott war das Wort."

Vers 14: „Das Wort ward Mensch und wohnte unter uns…"

Vers 18: „Niemand hat Gott je gesehen; der Eingeborene, der Gott ist und in des Vaters Schoß ist, der hat ihn uns verkündigt."

Diese Worte sind mir seitdem im Gedächtnis geblieben. Nach dem Unterricht wurde ich am 25. Juli 1971 getauft. Der Pfarrer tauchte mich vollständig ins Wasser ein und richtete mich wieder auf. Dieser Taufvorgang zeigt, dass ich mit Jesus für meine Sünden gestorben und mit Jesus auferstanden bin.

Esther wurde ebenfalls in einer Baptistenkirche getauft. Für mich ist das ein weiterer Beweis dafür, dass Gott Esther für mich als Ehefrau vorbereitet hat.

### 4. Glückliche und gesegnete Studienjahre(1970–1974)

**\* Die wöchentliche studentische Bibelstudiengruppe der Chungnam National Universität**

Zu dieser Zeit gab es in Daejeon zwei allgemeine Universitäten: Chungnam National Universität und Daejeon College(heute Hannam Universität). Außerdem gab es die Daejeon-Krankenschwesterschule, deren Ausbildung drei Jahre dauerte. Zu Beginn des Herbstsemesters 1970/71 organisierte Peter Suh eine wöchentliche Bibelstudiengruppe(auf Koreanisch „Yohi") der Studenten der Chungnam National Universität, eine zweite der Studenten des Daejeon College und eine dritte der Studentinnen der Krankenschwesterschule. Er ernannte für jede Bibelstudiengruppe einen studentischen Leiter. Ich wurde zum Leiter der Studentengruppe der Chungnam Universität ernannt. Als im März 1971 das neue Semester meines zweiten Studienjahres begann, lud ich aktiv Studenten zum Bibelstudium und zu den Sonntagsgottesdiensten ein.

Hye-Min Seo, eine Studentin des Daejeon College, erzählte mir von Young-Gi Yoon, einer Jurastudentin der Chungnam Universität, die ihre Klassenkameradin an der Holston Girls' Highschool gewesen war. Ich ging also zu ihr und lud sie zu unserer Gemeinde ein. Sie antwortete mir aber, dass sie keine Zeit dafür hätte. Zu dieser Zeit hielt sich Do-Yeol Chung(Caleb Chung) aus Daegu als ein Praktikant des Leiters in unserer Gemeinde auf. Mit ihm besuchte ich sie erneut. Bei dem Treffen erklärte ihr Do-Yeol Chung: „Jeder möchte erfolgreich sein. Leider scheitern viele, weil sie ihre Zeit nicht für die richtigen Prioritäten nutzen. Wer erfolgreich sein will, muss nach den richtigen Prioritäten handeln."

Dieser Rat verhalf ihr zur Einsicht. So kam sie zu unserer Gemeinde und lernte von Do-Yeol Chung die Genesis. Sie erlebte Gottes Liebe und große Freude und lud daraufhin einige ihrer Freundinnen wie Jang-Won Son, Seong-Ja Park und Seok-Hee Choi zu unserer Gemeinde ein.

Nam-Sik Woo und ich kamen aus den Dörfern Dangjin und Yesan. Unsere Sprache und unser Verhalten verrieten das. Aber das erkannten wir selbst nicht. Young-Gi Yoon, Seong-Ja Park und Jang-Won Son kamen aus Daejeon, einer Großstadt. Sie unterhielten sich und lachten über unser Verhalten und unsere Sprache. Später erzählte uns Seong-Ja Park davon.

Als ich im zweiten Studienjahr war, besuchte ich ein- oder zweimal den Gottesdienst der Kirche, die Jang-Won Son und ihre Mutter besuchten. Dann sah ich jemanden in einer Sprache beten, die ich nicht verstand. Jang-Won Son erklärte mir, dass er(oder sie) in Zungen betete. Damals wusste ich noch nichts über das Zungenreden.

Jang-Won Sons Mutter war fromm und freundlich. Jang-Won Sons Vater war Filialleiter einer Bank. Gott segnete den Glauben und die Gebete von Jang-Won Sons Mutter, sodass ihre Kinder von klein auf im Glauben aufwuchsen. Später glaubte auch ihr Mann an Jesus. Jang-Won Sons älterer Bruder, Jang-Gwon Son, studierte an der Korea Universität und arbeitete dort als Soziologieprofessor. Seine Frau arbeitete damals in der Passabteilung des Außenministeriums in Seoul. Als ich Ende 1977 einen Pass für Deutschlandreise beantragte, half sie mir, meinen Pass schneller zu bekommen. Für ihre freundliche Hilfe bin ıch sehr dankbar. Gott begann das Werk des Segens durch Jang-Won Sons Mutter, und dieses Werk des Segens wird durch Jang-Won Son fortgesetzt.

Seong-Ja Park war die älteste Tochter ihrer Familie und kümmerte sich gut um andere; sie arbeitete gemeinsam mit anderen für die Mission. Nach ihrem Studienabschluss heiratete sie Yeol-Soo Eim und setzte sich hingebungsvoll für die Studentenmission ein. Später, nachdem sie mit ihrem Mann an einem Seminar in den Vereinigten Staaten studiert hatte, gründete sie mit ihrem Mann eine Gemeinde in Seoul und diente als stellvertretende Pastorin. Ihr Mann, Yeol-Soo Eim, wurde der erste Präsident einer evangelischen theologischen Universität in Korea.

Seok-Hee Choi begann im selben Jahr wie ich ihr Betriebswirtschaftsstudium an der Chungnam Universität. Sie war bescheiden und half mehreren Studentinnen mit dem Bibelstudium, darunter Myung-Ja Kim und Hyun-Sook Kim. Nach ihrem Studienabschluss arbeitete sie in der Zentrale der Korea Exchange Bank in Seoul.

Eun-Kyung(Maria) Ahn konnte anderen helfen, ohne sie zu verletzen, da sie die Gefühle anderer gut verstand. Außerdem war sie treu. Vom ersten Tag an blieb sie unserer Gemeinde und diente dem Herrn treu. Mit ihrer Freundlichkeit lud sie auch Professor Byung-Woo Kim, einen Philosophie-Professor, ein und lehrte ihn die Genesis zu zweit. Nach ihrem Studienabschluss arbeitete sie eine Zeit lang als Englischlehrerin. Seit Dezember 1976 diente sie dem Herrn vollzeitlich und hingabevoll in der Gemeinde, heiratete Nam-Sik Woo und unterstützte ihn gut. Das Paar gründete eine neue Studentengemeinde in Incheon, diente den Studenten mit dem Evangelium und sandte viele Missionare aus.

Nam-Sik Woo begann etwa zur gleichen Zeit wie ich, die Gemeinde zu besuchen. Er lud Yong-Dae Kim ein, der ein Jahr später als Woo sein Studium begonnen hatte. Yong-Dae Kim war ein talentierter Student. Er hatte die Daejeon Highschool absolviert und die Marineakademie besucht. Aus irgendeinem Grund musste er die Akademie verlassen und trat in den Fachbereich für Technische Pädagogik der Chungnam Universität ein. Er hatte ein gutes Verständnis für andere, deshalb mochte jeder ihn. Auch Jeong-Hee Han mochte ihn und heiratete ihn später. Yong-Dae Kim wurde Highschoollehrer, Schulleiter und ging in den Ruhestand. Er ist einer der beiden Ältesten der Daejeon in der Missionskirche für alle Nationen. Seine Frau, Jeong-Hee Han, hat ein gutes Verständnis für andere Menschen, hilft verschiedenen Menschen als Ermahnerin(권사) und dient treu in der Kirche.

**\* Die Studentengruppe der drei Fakultäten Medizin, Landwirtschaft und Jura & Betriebswirtschaft der Chungnam-Universität**

Im Herbst 1970 hatte unsere Gemeinde zum ersten Mal wöchentliche Bibelstudiengruppen eingeführt. Peter Suh, der Gemeindeleiter, hatte mich zum Leiter der Studentengruppe der Chungnam-Universität ernannt und Nam-Sik Woo zum Leiter der Weltmissionsabteilung.

Zu Beginn des Herbstsemesters 1971/72 teilte Peter Suh die Bibelschüler der Chungnam-Universität in zwei Gruppen auf und ernannte Nam-Sik Woo zum Leiter der Studentengruppe der Technischen Hochschule, der Geisteswissenschaftlichen und der Naturwissenschaftlichen Hochschule. Ich wurde zum Gruppenleiter der Medizinischen Hochschule, der Landwirtschaftlichen Hochschule und der Hochschule von Jura und Betriebswirtschaftlichen. Peter Suh teilte die Studenten der Chungnam-Universität in zwei Gruppen ein, weil viele Studenten zur Gemeinde kamen. Aber auch die folgende Episode spielte bei dieser Teilung eine Rolle.

Zu Beginn des Herbstsemesters 1971 trafen Nam-Sik Woo und ich uns zufällig im Flur unserer Technischen Hochschule. Er schlug mir vor, Yong-Dae Kim, der mit ihm zu zweit die Bibel lernte, als Nachfolgerleiter für die Studentengruppe der Chungnam Universität zu ernennen. Ich entgegnete ihm jedoch, dass ich vorhatte, In-Seop Lim[2], der mit mir die Bibel lernte, zu meinem Nachfolger zu ernennen.

Als wir uns nicht einigen konnten, begannen wir gemeinsam darüber zu beten, wer für die Position besser geeignet wäre. Ich betete für die Ernennung von In-Seop Lim und Nam-Sik Woo für die von Yong-Dae Kim.

Als diese Geschichte Peter Suh irgendwie zu Ohren kam, teilte er die Gruppe der Chungnam Universität in zwei Gruppen und ernannte Nam-Sik Woo zum Leiter für eine Gruppe und mich für die andere Gruppe. Jang-Won Son wurde daraufhin die Mitarbeiterin für Nam-Sik Woos Gruppe und Seok-Hee Choi für meine Gruppe. Später wurde Yong-Dae Kim tatsächlich Leiter der Gruppe von Nam-Sik Woo und In-Seop Lim wurde der Leiter meiner Gruppe. Dieser Vorfall zeigt, wie unreif mein Glaube und wie egozentrisch ich war. Und Gott machte das Beste aus meiner Unreife, indem er aus einer Gruppe zwei machte und durch zwei Gruppen noch mehr Studenten zum Glauben führte.

Im Frühjahr 1971 lud ich einen Studienanfänger namens In-Seop Lim von der Landwirtschaftshochschule zum Bibelstudium ein. Er glaubte damals noch nicht an Jesus. Als er zum Bibelstudium unsere Gemeinde besuchte, brachte er die Bibel in Zeitungspapier eingewickelt mit, sodass andere Studenten sie nicht sehen konnten. Einmal ging ich während einer Vorlesungspause in seinen Vorlesungssaal hinein und betete mit ihm laut, obwohl andere Studenten im Saal waren.

---

2  In-Seop Lim: „Singen auf der Toilette"(koreanische Ausgabe), Coram Deo, South Korea, 2000, S. 198–202

Später erzählte er mir, dass er sich damals wegen seiner Kommilitonen geschämt hatte. Doch nachdem er Jesus als seinen Retter persönlich angenommen hatte, wurde er mutig, lud andere Studenten aktiv zum Glauben ein. Und er wurde mein Nachfolger als Gruppenleiter und arbeitete aktiv als studentischer Evangelist. Er half Joo-Yeon Kim, Gi-Sang Yoon, Myung-Sook Yang und Soon-Ok Yoo dabei, an Jesus zu glauben und als Jünger Jesu zu leben.

Nach seinem Universitätsabschluss meldete sich In-Seop Lim zum Militärdienst. Doch nur zwei oder drei Monate später traf ich ihn auf einer Autobahnraststätte. Er erzählte mir, dass er unerwartet vom Militär befreit worden war. Und die Leute in seiner Heimat hatten ihn dazu ermutigt, Theologie zu studieren und Pastor zu werden. Er war bereits als Student des Theologischen Seminars Chongsin in Seoul eingeschrieben.

Heute ist er Pastor von drei „Jesus Full Churches": einer in Mok-dong, Seoul, einer zweiten in Ilsan und einer dritten in Paju. Diese Kirchen unterstützen aktiv Missionare auf der ganzen Welt.

Hye-Soon Kim war eine von Studentinnen, die mit mir zusammen die Bibel lernten. Obwohl ich ihr nicht gut half, lernte sie geduldig mit mir. Später wurde sie eine gute Internistin und hatte eine Praxis in Seoul.

Im vierten Jahr meines Studiums lud ich Myung-Hee Han zum Bibelstudium ein. Er hatte drei Jahre vor mir sein Studium der Chemietechnik begonnen, seinen Wehrdienst abgeleistet und war anschließend zum Studium zurückgekehrt. Er nahm meine Einladung an und fand durch das Bibelstudium zum Glauben. Später heiratete er Young-Seo Kim, die als Missionarin und Krankenschwester in Deutschland gearbeitet hatte. Das Paar flog anschließend als Missionare nach Chicago in die USA.

## * Senioren der Gemeinde, denen ich sehr dankbar bin

Ich habe auch den Senioren, die in unserer Studentengemeinde dem Herrn dienten, viel zu danken. Zunächst danke ich Seon-Il Heo. Er hatte fünf oder sechs Jahre vor mir mit dem Studium Chemietechnik begonnen, drei Jahre Militärdienst absolviert und war 1970 an die Universität zurückgekehrt. Er war wie ein guter älterer Bruder für mich. Er gab mir Begleithefte für tägliche Bibellese und stand mir mit Rat und Tat zur Seite. Er half anderen und blieb unauffällig im Hintergrund.

Hee-Young Park, ein Medizinstudent, hatte sein Studium zwei Jahre vor mir begonnen. Ich erinnere mich noch an sein freundliches, lächelndes Gesicht.

Yeol-Soo Eim war ein brillanter Englischstudent am Daejeon College. Er hatte oft Nasenbluten, weil er wenig schlief und hart für sein Studium und das Werk des Herrn arbeitete. Nach dem Abschluss arbeitete er als Englischlehrer an einer Middleschool in Daejeon. Er heiratete Seong-Ja Park aus unserer Gemeinde und bekam als erstes Kind eine süße Tochter. Als 1976 die Reformbewegung der UBF geschah, litt er einige Zeit unter dem Verlustgefühl für seine selbstlose Hingabe für die Gemeinde und verließ die Gemeinde. Shin-Ok Kim, die Pastorin und Vorsitzende der Stiftung seiner Schule, erkannte sein Talent und seinen guten Glauben und empfahl ihm, mit seiner Frau in die USA zum Theologiestudium zu fliegen. Nach seiner Promotion kam er zurück und arbeitete als Gründungspräsident der „Evangelischen Theologischen Hochschule" in Daejeon und als Pastor einer Gospel Church in Seoul. Sein Beispiel zeigt, dass Gott die Hingabe für den Herrn und seine Gemeinde sicher segnet.

Ki-Hyang Lee besuchte die Krankenpflegeschule in Daejeon. Als meine Mutter nach Daejeon kam, um mir Reis und Beilagen zu bringen, führte sie meine Mutter zu unserer Gemeinde und ermutigte sie, an Jesus Christus zu glauben. Dafür bin ich Ki-Hyang Lee sehr dankbar!

Nach dem Abschluss ihres Studiums flog Ki-Hyang Lee als Krankenschwester-Missionarin nach Deutschland. Sie heiratete dann Kang-Bok Lee von der Jongno Studentengemeinde in Seoul und arbeitete mit ihm zusammen für Deutschlandmission, nachdem er als Leiter der UBF-Studentengemeinden nach Deutschland entsandt worden war.

### * Meine Freunde in der Gemeinde in Daejeon

Young-Hwan Kim, ein Physikstudent im ersten Jahr am Daejeon College(jetzt Hannam Universität), kam an einem Frühlingstag 1970 nach dem College-Sportfest mit anderen Kommilitonen in unsere Gemeinde. Damals war er noch kein Christ. Durch das Bibelstudium kam er jedoch zum Glauben. Nach seinem Studienabschluss arbeitete er eine Zeit lang als Lehrer an der Yesan Highschool, meiner Alma Mater. Anschließend wechselte er auf eine Highschool in Daejeon. Vom ersten Tag an, als er die Gemeinde besuchte, war er ein treuer Diener: dem Herrn, der Gemeinde, seinen Eltern und der Schule. Auch seine Frau Bo-Young Lim diente dem Herrn, der Gemeinde, der Familie und den Menschen um sie herum mit unveränderlicher Treue. Das Paar liebte sich und hatte großen Respekt voreinander. Jedes Mal, wenn ich die Gemeinde in Daejeon besuchte, wurde ich von dieser Familie versorgt, mit Mahlzeiten, Gemeinschaft und einem Schlafraum. Es hat mich tief berührt, wie sehr dieses Paar seine Eltern respektierte und ihnen von ganzem Herzen diente. Es hat mich auch bewegt zu sehen, dass die drei Kinder dieses Paares ihre Eltern respektierten und liebten.

### * Beginn der Daejeon CMI

An dieser Stelle möchte ich kurz auf die Anfänge der Studentengemeinde in Daejeon eingehen, wo ich zum Glauben an Jesus Christus kam.

Der ursprüngliche Name der Studentengemeinde in Daejeon war „Christian Student Center". Nach einigen Jahren wurde der Name in „University Bible Fellowship" geändert. Nach einer späteren Reform wurde der Name 2003 erneut geändert und lautet nun „Church of Missions for All Nations" unter dem Dach der globalen Kirchenorganisation „Campus Mission International".

Sarah Barry(geboren 1930) und Melicent Huneycutt(1926–2020), Missionarinnen aus den USA, wurden Mitte der 1950er Jahre von der „Presbyterian Church" in den USA nach Korea ausgesandt.

Melicent Huneycutt-Vergeer, die später im Alter von 60 Jahren Herrn Vergeer heiratete, gründete im November 1962 zusammen mit einer Studentengruppe von sieben Studienanfängern des Daejeon College(heute Hannam University) das „Christian Student Center"(CSC) in Daejeon. Jeong-Il Kim, einer dieser sieben Studenten, diente später als Pastor der Myeongryun CMI-Gemeinde und als Präsident des „Internationalen Theologischen Seminars".

Melicent Honeycutt, die den koreanischen Namen Mi-Seong Han annahm, war ebenfalls Dichterin. Dank ihrer Freundschaft mit dem koreanischen Dichter Jeong-Ju Seo übersetzte und veröffentlichte sie 1962 dessen Gedichtsammlung „Sillacho" ins Englische.

CSC Daejeon entstand aus dem Daejeon College(jetzt Hannam Universität) und viele wichtige Personen bei CMI Daejeon kamen von dieser Universität: Bona Deok-Soon Hong(ehemaliger Pastor der Daejeon CMI), Soo-Min Lee(ehemaliger Professor der Hannam Universität) und Yeol-Soo Eim(ehemaliger Präsident der Evangelischen Theologischen Universität) sind Absolventen des Daejeon Colleges. 1970 kamen Young-Hwan Kim, Kwang-Bok Lee, Eun-Ok Kim, Hye-Min Seo, Young-Soo Woo und viele andere Erstsemesterstudenten des Daejeon College in unsere Gemeinde und lernten die Bibel.

Auch viele Studentinnen der Krankenschwesterschule Daejeon besuchten 1970 unsere Gemeinde, darunter Shin-Young Yang(die im zweiten Studienjahr in die USA auswanderte), You-Kang Hur, Young-Suk Kim und ein Jahr später Bo-Young Lim, Young-Myo Shin, Man-Woo Lee und einige andere. Sie lernten die Bibel, nahmen Jesus an und stellten sich zur Verfügung, um dem Herrn zu dienen.

---

# Sechste Story: Meine Zeit als
# Wissenschaftlicher Assistent der Uni

„Und sprach zu ihnen: Die Ernte ist groß, der Arbeiter aber sind
wenige. Darum bittet den Herrn der Ernte, dass er Arbeiter aussende
in seine Ernte."
(Lukas 10,2)

### 1. Leben als Wissenschaftlicher Assistent

**Mein Ausweis als Wissenschaftlicher Assistent(März 1974 bis Feb. 1977)**

Im Februar 1974 schloss ich mein Bachelor-Studium an der Chungnam Universität als Zweitbester ab. Im Dezember 1973 nahm ich an der Aufnahmeprüfung für das Masterstudium an der Akademie der Wissenschaften(Korea Advanced Institute of Science) in Seoul teil und fiel durch. Das war zunächst enttäuschend für mich. Später erkannte ich jedoch, dass Gott wollte, dass ich zunächst in Daejeon bleiben, später Esther heiraten und dem Herrn als Missionar in Deutschland dienen sollte.

Darum besuchte ich, wie Hwan-Young Kim und Jun-Taek Shim, Absolventen meiner Abteilung, den Masterstudiengang der Graduate School der Chungnam Universität und arbeitete von März 1974 bis Februar 1977 als Wissenschaftlicher Assistent in der Abteilung Chemietechnik. Das Monatsgehalt war 20.000 Won(damals ca. 40 DM) und die Studiengebühren im Masterstudiengang wurden für Wissenschaftliche Assistenten erlassen.

Hwan-Young Kim wählte Professor Ki-Seok Maeng als Studienbetreuer für seine Masterarbeit und arbeitete als Wissenschaftlicher Assistent in der Abteilung für Technische Pädagogik. Nach seinem Abschluss wurde er ein leitender Forscher am Korea Atomic Energy Research Institute in Daejeon. Er war ein begabter Forscher und ein freundlicher Mensch. Ich hatte nie gesehen, dass er einmal wütend wurde.

Jun-Taek Shim arbeitete als Wissenschaftlicher Assistent in der Abteilung für Textiltechnik. Er war ein guter Redner und galt als fähiger Geschäftsmann.

Der Betreuer meiner Masterarbeit war Professor Bo-Sung Rhee, ein leidenschaftlicher Forscher. Während seiner Promotion an der Universität Karlsruhe hatte er Tag und Nacht im Labor gearbeitet. Als ich im zweiten Studienjahr meines Bachelor-Studiums war, lehrte er uns Thermodynamik. Das Wort Thermodynamik leitet sich von den griechischen Wörtern „thermós" und „dýnamis" ab.

Der erste Hauptsatz der Thermodynamik ist der sog. „Energieerhaltungssatz". Er besagt, dass Energie von einer Form in eine andere umgewandelt werden kann, aber nicht verloren gehen oder vermehrt werden kann. Einfach ausgedrückt: „Nichts kommt aus dem Nichts" oder: „Nichts kann aus dem Nichts entstehen." Daher kann alles Existierende, sei es das Universum oder das Leben, nicht aus dem „Nichts" entstanden sein. Damit all dies existieren kann, muss es eine erste Ursache gegeben haben. Die Welt muss daher von einem transzendenten Gott „geschaffen" worden sein. Nur Gott, der Schöpferkraft hat, kann den ersten Hauptsatz der Thermodynamik überwinden und etwas aus dem Nichts erschaffen.

Der zweite Hauptsatz der Thermodynamik besagt, dass sich alle Systeme im Laufe der Zeit ohne äußere Einflüsse in chaotische Richtungen bewegen. Dieses berühmte Gesetz ist auch als „Gesetz der Entropie" bekannt. Entropie bezeichnet sich hier den Grad der Unordnung im System. Je größer der Grad der Unordnung im System, desto höher die Entropie. Das Entropiegesetz besagt, dass sich das gesamte Universum ohne göttliches Eingreifen unumkehrbar in Richtung Unordnung bewegt. Nach diesem Gesetz der Thermodynamik kann ohne vorheriges Leben kein weiteres Leben entstehen. Vielmehr besagt der 2. Hauptsatz, dass es einen Schöpfer geben muss, der die Macht der

Schöpfung besitzt.

Durch seinen Unterricht wurde mir klar, dass Professor Rhee nach der Wahrheit suchte. Wenn ich ihn manchmal zum Glauben ermutigte, antwortete er, dass es für ihn noch Zeit sei, sich auf die Forschung zu konzentrieren, und er nach seiner Pensionierung in die Kirche gehen werde. Eine katholische Nonne bemühte sich, ihn zum Glauben zu führen. Nach seiner Pensionierung wurde er tatsächlich ein Katholik.

Mein Schreibtisch stand im Büro des Professors. Das Chemielabor für Bachelor-Studenten befand sich in einem separaten Gebäude, etwa 40 Meter vom Haupthörsaalgebäude entfernt. Zu meinen Aufgaben gehörten die Betreuung von Experimenten der Studenten im Bachelorstudiengang und die Verwaltung der Abteilung. Daher arbeitete ich manchmal im Büro der Professoren und manchmal im Studentenlabor.

Ungefähr im zweiten Jahr meiner Wissenschaftlichen Assistentenzeit ließ Professor Bo-Sung Rhee im Laborgebäude ein kleines Zimmer für mich machen, indem man einen Teil des Flurs zu einem Zimmer umbaute. Darum übernachtete ich dort und nutzte ein Heizgerät für Laborexperimente zum Zubereiten von Mahlzeiten. Im Labor gab es auch einen Duschraum.

1974 hatte ich zusammen mit anderen Wissenschaftlichen Assistent-en ein Treffen mit dem damaligen Universitätspräsidenten Hee-Beom Park. Er war ein Wirtschaftsprofessor an der Seoul National Universi-tät, 1968 Vize-Bildungsminister unter Präsident Chung-Hee Park und anschließend ein Berater des Präsidenten für Wirtschaftsfragen gewesen. Im Februar 1973 wurde er von Präsident Chung-Hee Park zum Präsidenten der Chungnam Universität ernannt und wirkte dort bis zum Februar 1977. Ich glaube, dass er angeordnet hatte, Wissenschaftliche Assistenten einzustellen. Er traf mit der Hilfe der Regierung die Entscheidung, die Chungnam Universität von Munhwa-dong nach Yuseong zu verlegen.

Beim Treffen der Wissenschaftlichen Assistenten sagte Präsident Hee-Beom Park:

„Max Weber hat in seinem Buch <Die Protestantische Ethik und der Geist des Kapitalismus> erklärt, dass die Protestanten die wirtschaftliche Entwicklung der westlichen Länder verursacht haben. Protestanten, die Calvins Lehren folgten, arbeiteten hart, um reich zu werden, lebten aber dennoch sparsam. Das so eingesparte Geld wurde zum Kapital für die wirtschaftliche Entwicklung. Die einzige Ausnahmenation, die keine protestantische Nation ist und dennoch einen wirtschaftlichen Aufschwung erlebt hat, ist Japan. Korea kann auch ein reiches Land werden, wenn Koreaner einen fleißigen und sparsamen Geist haben."

Durch diese Geschichte über die Protestanten dachte ich, dass Gott den Protestanten Fleiß beigebracht hat und daher die wahre Quelle allen Segens ist.

Im August 1976 erlangte ich mit meiner Arbeit „Karbonisierung von Eichenholz" den akademischen Titel „Master of Engineering".

## 2. Leben für das Glück anderer Menschen

Während meiner Tätigkeit als Wissenschaftlicher Assistent engagierte ich mich weiterhin in unserer Studentengemeinde. Andere männliche Absolventen, wie Nam-Sik Woo und Young-Hwan Kim, mussten zweieinhalb Jahre Wehrdienst leisten. Jang-Won Son arbeitete als Koreanischlehrerin und Seok-Hee Choi als Bankangestellte in Seoul. Eun-Kyung Ahn und Young-Gi Yoon waren beide als Lehrerin tätig. Yeol-Soo Eim, der zwei Jahre vor mir sein Studium abgeschlossen hatte, war Englischlehrer und heiratete Seong-Ja Park.

Im Frühjahr 1975 teilte ich mir mehrere Monate lang mit Jun-Chan Cho, einem Pre-Medizinstudenten, ein Zimmer in Daeheung-dong, in der Nähe unserer Gemeinde. Es war das einzige Mal, dass ich in Korea in einer Mietwohnung lebte. Nach seinem Medizinstudium wurde Cho Arzt und eröffnete in Daegu eine Praxis. Er dient Gott treu als Ältester seiner Kirche in Daegu. Seine Frau stammt aus einer Familie, deren Mitglieder seit vier Generationen Christen sind.

Während dieser Zeit nahm ich abends entweder am Gebetstreffen in der Gemeinde teil oder führte das Zweierbibelstudium mit einem Bibelschüler. Il-Ju Lee, eine Missionarskandidatin, lernte etwa zwei Monate lang mit mir zu zweit die Bibel und Young-Sook Kang mit Jang-Won Son. Il-Ju Lee und Young-Sook Kang hatten die Gongju Krankenpflegeschule absolviert und waren extra aus Gongju gekommen, um eine Missionarsausbildung zu erhalten. Sie erhielten danach eine weitere Missionarsausbildung in der Jongno-UBF in Seoul und wurden schließlich als Krankenschwester-Missionarinnen nach Deutschland ausgesandt.

Dong-Ju Lee, der Cousin von Il-Ju Lee, kam einmal in die Gemeinde, um Il-Ju Lee zu treffen. Da begann er mit mir das Bibelstudium, kam zum Glauben an Jesus und diente danach hingebungsvoll dem Herrn. Später heiratete er Sook Kim, und das Paar wurde als Missionare in die USA ausgesandt.

Im Juni 1976 tauchte in den UBF-Gemeinden ein Problem auf. Chang-Woo Lee(bzw. Samuel C. Lee) war damals der Generalsekretär der UBF. Obwohl er nicht der Gründer der UBF war, spielte er eine wichtige Rolle beim Wachstum der UBF in Korea sowie bei der Aussendung von Missionaren nach Westdeutschland und in die USA. Nach drei gesegneten Bibelkonferenzen, nämlich der Westdeutschen Sommerkonferenz 1974 im schweizerischen Seewis, der Westdeutschen Sommerkonferenz 1975 in Frankfurt und der US-amerikanischen Sommerkonferenz 1975 in der Nähe der Niagarafälle, war Chang-Woo Lee wahrscheinlich ein wenig zu stolz auf diese Arbeit und ordnete ein übermäßiges körperliches Training für die älteren örtlichen Gemeindeleiter in Seoul an. Im Juni 1976 schrieben ihm daraufhin vier der älteren örtlichen Gemeindeleiter ein Rundschreiben mit einigen Reformvorschlägen, doch Chang-Woo Lee lehnte ab. Dies führte zu einer Abspaltung. Die Studentengemeinden, die sich von UBF abspalteten, waren vier Studentengemeinden der Hanyang-Universität, Yonsei-Universität, Korea-Universität und Jeonbuk-Universität. Sie nannten ihre neue Gruppe ESF(Evangelical Student Fellowship).

Dieser Vorfall zeigte mir, dass Fehler passieren können, wenn die Gemeinde nach der menschlichen Natur und nicht nach der Lehre der

Bibel geführt wird, unabhängig davon, ob eine Gemeinde oder ein Gemeindeverband dezentral organisiert ist oder eine zentralisierte Hierarchie hat. Man kann nicht einfach sagen, ob das zentralisierte System der katholischen Kirche besser ist oder das dezentralisierte System der protestantischen Kirche. Man muss Gottes Willen anhand der Bibel sorgfältig erforschen und dem richtigen Weg folgen. Dies erfordert Gottes Geist, das Verständnis der Meinungen und Gefühle anderer und die Weisheit, die auf biblischer Wahrheit basiert. Durch diesen Vorfall kam ich zu der Erkenntnis, dass nur Gott und nicht irgendein Mensch der wahre Leiter unserer Gemeinde sein kann.

Selbst wenn Menschen falsche Entscheidungen treffen und falsch handeln sollten, setzt Gott seinen vollkommen Willen durch. Das bedeutet natürlich nicht, dass Gott für die Lügen oder Fehler der Menschen verantwortlich ist. Menschen machen Fehler und begehen Sünden, doch Gott ist heilig, souverän und fehlerlos. Er führt diejenigen, die ihm vertrauen, trotz aller Widrigkeiten auf den richtigen Weg. Weil Gott bußfertige Sünder annimmt und ihnen vergibt, müssen wir demütig unsere Fehler eingestehen, Gottes Vergebung annehmen und auch anderen vergeben. Wenn wir unsere Fehler der Vergangenheit bereuen, vergibt uns Gott und reinigt uns durch das Blut seines Sohnes am Kreuz. Dies ermöglicht uns, positiv in die Zukunft zu blicken und voranzuschreiten.

Die Missionarinnen in Westdeutschland machten sich Sorgen über die Probleme in Korea. Deswegen wollte Chang-Woo Lee Peter Suh nach Westdeutschland senden, um die Missionarinnen zu beruhigen. Ende 1976 beantragte Peter Suh beim deutschen Konsulat ein dreimonatiges Reisevisum. Während seiner Reise nach Westdeutschland beauftragte er mich, in der Gemeinde in Daejeon zu predigen und den Mitarbeitern zu helfen. Zu dieser Zeit arbeitete ich als Wissenschaftlicher Assistent in der Abteilung der Chemietechnik. Ich erklärte Professor Hong-Bin Lim, dem damaligen Dekan der Abteilung Chemietechnik, die Situation unserer Gemeinde und bat um Verständnis, dass ich etwa drei Monate lang für die Gemeinde Vollzeit arbeiten müsste. Der Dekan erlaubte es mir, und so konnte ich die Gemeinde für drei Monate von Dezember 1976 bis Ende Februar 1977 Vollzeit bedienen.

Peter Suh konnte jedoch nicht nach Westdeutschland reisen, weil er kein Visum erhielt. Er vertraute mir die Aufgabe an, den studentischen Leitern durch persönliches Bibelstudium zu helfen. Er selbst half vor allem denen, die nach dem Studienabschluss arbeiteten. Als er unter den Schwestern eine vollzeitliche Mitarbeiterin suchte, meldete sich Eun-Kyung Ahn freiwillig. Im Dezember 1976 gab sie ihre Arbeitsstelle als Englischlehrerin auf und begann, sich ganz der Gemeindearbeit zu widmen.

Damals gab es in unserer Gemeinde etwa 20 studentische Bibellehrerinnen und Bibellehrer. Ich lehrte sie die Bibel zu zweit und diese studentischen Bibellehrer lehrten dann wiederum andere Studenten die Bibel zu zweit. Dadurch erfuhr ich durch Gottes Wort und durch meine Bibelschüler Gottes grenzenlose Liebe und war von Freude überwältigt. Wegen dieser Freude gab ich zum 1. März 1977 meine Stelle als Wissenschaftlicher Assistent auf und widmete das ganze Jahr dem Herrn, indem ich die Studenten die Bibel lehrte. Ich besuchte nicht nur die Chungnam Universität, sondern auch das Daejeon College, die

Daejeon Krankenschwesterschule und das Mokwon College, um die dortigen studentischen Bibellehrer zu ermutigen.

Die Studenten, die mit mir zu zweit die Bibel studierten, waren Su-Cheol Lee, sein jüngerer Bruder Su-Young Lee, Joo-Hoon Park und Sook-Hee Jeong vom Daejeon College; Dong-Ju Lee(Joshua Lee in Seattle), Ki-Wook Koo(Jeong-Won Koos jüngerer Bruder), Seong-Soo Han(Matthew Han in Kanada), Myung-Ja Kim(Hannah Han in Kanada) und Myung-Hee Hong von der Chungnam Universität; und Jeong-Hee Kim vom Mokwon College. Außerdem traf ich auch Bok-Soon Lee(Esther Bae in Seattle) und Kyung-Soon You von der Krankenschwesterschule(die gegenwärtig die Frau des Leiters der UBF in Cheonan ist) und andere zum Bibelstudium. Später wurden diese Bibelschüler über die ganze Welt verstreut, um das Evangelium zu verbreiten und Gottes Segen durch das Bibelstudium weiterzugeben.

# Siebte Story: Unsere Heirat und mein Flug nach Deutschland

„Da sprach der Mensch: Das ist doch Bein von meinem Bein und Fleisch von meinem Fleisch; man wird sie Männin nennen, weil sie vom Manne genommen ist. Darum wird ein Mann seinen Vater und seine Mutter verlassen und seiner Frau anhangen, und sie werden sein ein Fleisch."
(Genesis 2,23–24)

„Als sie nun das Mahl gehalten hatten, spricht Jesus zu Simon Petrus: Simon, Sohn des Johannes, hast du mich lieber, als mich diese haben? Er spricht zu ihm: Ja, Herr, du weißt, dass ich dich lieb habe. Spricht Jesus zu ihm: Weide meine Lämmer!"
(Johannes 21,15)

### 1. Unsere Heirat

Eines Tages Anfang August 1977 hörte ich zufällig, wie Peter Suh und Young-Hwan Kim über die Heirat von jemandem sprachen. Ich ahnte nicht, dass die beiden über meine Heirat sprachen. Ich führte damals viele Zweierbibelstudien und hatte so viel Freude, dass ich mir über meine Heirat kaum Gedanken machte. Die beiden sprachen jedoch über die Eheschließung zwischen mir und einer Missionarin namens Gil-Lye(Esther) Baek in Westdeutschland. Professor Bo-Sung Rhee, der Betreuer meines Masterstudiums, hatte früher an der Universität Karlsruhe promoviert. Deshalb wollte ich in Deutschland promovieren, hatte aber bisher keine konkrete Möglichkeit gefunden. Gott öffnete aber diesen Weg durch meine Eheschließung mit Esther. Missionarin Ki-Hyang Lee, die von unserer Gemeinde nach Westdeutschland ausgesandt wurde, sandte einen Brief an Peter Suh, den Leiter unserer Studentengemeinde, und schlug vor, dass ich Esther heirate, die seit 1970 in Deutschland als Krankenpflegehelferin arbeitet, und dass ich als Missionar nach Deutschland komme.

Ich hatte seit 1975 einige Male Briefe mit Missionarin Esther ausgetauscht, um sie in ihrer Missionsarbeit zu unterstützen. Daher wusste ich bereits, dass sie Jesus liebte und der Deutschlandmission diente. Ich wusste auch, dass sie eine Absolventin der Middleschool war.

Peter Suh besprach diesen Antrag zunächst mit Young-Hwan Kim und schlug mir dann diese Heirat vor.

Ich antwortete sofort mit „Ja" und schrieb ihr anschließend einen Brief. Darin schrieb ich, dass ich den Heiratsvorschlag mit „Ja" beantwortet hatte. Ich erzählte ihr auch von meiner Verletzung an der rechten Hüfte und einem leichten Hörverlust aufgrund einer früheren Mittelohrentzündung. Und ich fragte sie, ob sie mich heiraten und gemeinsam der Deutschlandmission dienen wolle.

In dieser Zeit hatte Esther, nachdem sie ihrerseits den Heiratsvorschlag von Missionarin Hwa-Ja Lee erhalten hatte, eine

Woche lang gebetet. Dann schickte sie mir ihre Antwort per Brief: „Ja, mit Gottes Hilfe!"

Nachdem wir beschlossen hatten zu heiraten, tauschten wir häufig Briefe aus. Damals dauerte es etwa eine Woche, bis wir einen Brief voneinander bekamen. Tagsüber und abends lehrte ich Studenten die Bibel zu zweit, und um Mitternacht schrieb ich Briefe an sie, etwa alle drei Tage einen. Genauso oft kamen ihre Briefe bei mir an. Nachdem wir beschlossen hatten zu heiraten, begann unsere Liebe mit dem Briefeschreiben. Unsere Liebe wurde mit jedem Brief tiefer. Unsere Briefe aus dieser Zeit habe ich als ein Buch mit dem Titel „Ich liebe Dich heiß und ewig!" veröffentlicht. Diese Briefsammlung ist ein Dokument unserer Liebeserklärungen zueinander und unserer Liebeserklärungen an den Herrn.

Nachdem wir uns entschieden hatten zu heiraten, besuchten Esther und Ki-Hyang Lee Professor Bo-Sung Rhee, der damals in der Abteilung Chemietechnik der Universität Dortmund forschte. Esther stellte sich als meine Verlobte vor und erklärte, dass sie eine Einladung von einem Doktorvater aus Deutschland für mich bräuchte. Professor Bo-Sung Rhee stellte Esther Professor Schecker von der Arbeitsgruppe „Sicherheitstechnik" als meine Verlobte vor und erklärte, dass ich gerne bei ihm promovieren würde. Professor Schecker nahm mich daraufhin als Doktoranden an und versprach ihr, mir einen Einladungsbrief zu schreiben. Damals stellte Südkorea keine Reisepässe für Koreaner aus, die auf eigene Kosten im Ausland studieren wollten, um ausländische Währung zu sparen. Also lieh sich Esther Geld von anderen koreanischen Krankenschwestern und vertraute Professor Schecker

10.000 Deutsche Mark an. Professor Schecker seinerseits schrieb im Einladungsbrief, dass er meine Flug- und Aufenthaltskosten bezahlen würde. Schließlich bezahlte Esther mein Flugticket selbst. Mit seinem Einladungsbrief konnte ich in Korea einen Reisepass beantragen und als studentischer Missionar nach Deutschland kommen. Ein Jahr später gab uns Professor Schecker die 10.000 DM abzüglich eines Jahresbeitrags für meine Krankenversicherung zurück.

Esther flog am 7. Oktober 1977 nach Korea, um mich zu heiraten. Peter Suh und ich fuhren zum Flughafen Gimpo, dem internationalen Flughafen Koreas. Ich hatte viele Briefe von ihr erhalten, sie aber noch nie persönlich gesehen. Aus Neugier schaute ich mir ihr Foto an, das in dem Buch „Das Licht der Menschen"(1974) abgebildet war. Das Buch war eine Sammlung von Zeugnissen der Krankenschwestern-Missionarinnen in Deutschland. Ihr Foto war nicht besonders schön. Als sie jedoch aus dem Flughafen kam, erkannte ich sie intuitiv als Erster und rannte zu ihr. Sie war wirklich schön und elegant, ganz anders als auf dem Foto im Buch.

Ich war leider ohne Blumen zum Flughafen gegangen, weil ich keine Ahnung hatte, dass man seiner Verlobten Blumen schenken sollte, wenn sie aus dem Flughafen kommt. Pastor John Kim flüsterte mir zu, dass ich, bevor Esther auskäme, schnell ein paar Blumen holen und sie Esther geben sollte. In meiner Eile fand ich eine Dame mit einem Blumenstrauß und bat sie um eine Blume. Freundlicherweise gab sie mir eine Blume. Ich gab sie Esther. Allerdings schien mir, dass Esther wegen dieser Blume etwas beschämt war. Gemeinsam mit Peter Suh fuhren wir dann mit dem Expressbus nach Daejeon und kamen bei unserer Gemeinde an.

Unser erstes gemeinsames Foto am 7. Oktober 1977 und ein Hochzeitsfoto vom 15. Oktober 1977

Nach dem Gemeindebesuch fuhr Esther in ihre Heimatstadt Jangheung weiter, um ihre Mutter und ihre Familie zu besuchen. Sie kehrte bald nach Daejeon zurück und übernachtete in Peter Suhs Apartment in Birae-ri. Ich wohnte damals in unserer Gemeinde in Daeheung-dong. Esther lernte tagsüber in der Gemeinde mit Peter Suh die Bibel, während ich einzelnen Studenten persönlich die Bibel lehrte. Abends aß ich mit ihr in einem Restaurant, brachte sie zum Apartment in Birae-ri und kehrte zur Gemeinde zurück.

Eines Abends aßen wir in einem japanischen Restaurant nahe dem Hauptbahnhof Daejeon und gingen dann zu Fuß in Richtung des Apartments in Birae-ri. Kurz vor der Wohnung setzten wir uns auf eine Bank in der Nähe der Autobahnkreuzung Seoul-Busan. Wir blieben dort so lange, dass es kurz vor der Sperrstunde um 24 Uhr war. Nachdem ich Esther in Peter Suhs Apartment gebracht hatte, musste ich in einem nahe gelegenen Gasthaus übernachten.

Unser Hochzeitstag war Samstag, der 15. Oktober 1977. Esthers Mutter, ihr Bruder, ihre Schwägerin, ihre ältere Schwester und ihre Verwandten kamen von Jeonnam nach Daejeon.

Von meiner Seite kamen meine Mutter, mein Bruder, meine vier Geschwister, meine Schwägerin sowie die Frau meines 2. Onkels der mütterlichen Seite.

Auch einige andere Gäste waren anwesend: So-Hee Yeon, mein Klassenlehrer der 6. Klasse, dem ich viel zu verdanken habe, und In-Seop Lim, mein ehemaliger Bibelschüler, der gegenwärtig Pastor der Jesusfull Church in Paju ist. Professor Ki-Seok Maeng kam als Vertreter der Professoren der Abteilung Chemieingenieurwesen.

Ebenfalls anwesend waren Pastor John Jeon(Generalsekretär der UBF Korea), Samuel H. Lee(Leiter der UBF Hanyang in Seoul), Kang-Bok Lee(Ehemann von Missionarin Ki-Hyang Lee) und Sook-Cheol Kim(ehemalige Leiterin der UBF in Westdeutschland) aus Seoul.

Auch Nam-Sik Woo und Young-Hwan Kim, die kürzlich aus dem Militärdienst entlassen worden waren, und viele Glaubensgeschwister der Gemeinde nahmen an der Hochzeit teil.

Auch Eun-Chun Lee(ein Heimatfreund) und Deok-Ho Lee(ein Freund aus der Middle- und Highschool, später Mathematikprofessor an der Universität Gongju) waren da.

Peter Suh hielt die Predigt und Maria Yoo sang ein Glückwunschlied. Esther und ich wählten Johannes 21,15 als unseren Hochzeitsspruch, weil wir so dankbar für Jesu Liebe zu uns waren und andere, insbesondere Studenten, zu Jesus führen wollten.

## 2. Esthers Selbstvorstellung

Hier gebe ich Esthers Selbstvorstellung wieder, die sie irgendwann nach dem Umzug nach Bochum um 1990 geschrieben hat.

### I. Teil: Mein Leben ohne Jesus(von 1948 bis 1974)

Ich bin am 15. Juli 1948 als das dritte und letzte Kind in der Provinz Jeonnam geboren. Mein Vater war ruhig und ein sogenannter „Yangban"(übersetzt „von edler Abstammung") hatte kein Einkommen. Meine Mutter hingegen war eine sehr aktive und fleißige Frau, die sich voll und ganz ihren drei Kindern widmete. Ich aber mochte meinen Vater viel lieber als meine Mutter. Obwohl ich zwei Geschwister hatte, wuchs ich praktisch als Einzelkind auf, da meine Schwester 17 Jahre älter war als ich und mein Bruder 14 Jahre älter als ich. Trotzdem, sagte mir meine Großmutter, war ich sehr lieb und gehorsam.

Als ich sieben Jahre alt war, wurde meine Mutter schwer krank, und ich musste ihre Arbeit übernehmen. Ich kochte frühmorgens Reis und ging erst dann zur Schule. Alle hatten Mitleid mit mir und lobten mich als vernünftiges Kind.

Die Mittelschule lag etwa 8 km von meinem Haus entfernt, und ich musste fast immer zu Fuß gehen. Eines Tages wurde ich mitten im Unterricht nach Hause geschickt, weil meine Eltern das Schulgeld nicht rechtzeitig bezahlen konnten. Ich war schockiert und schämte mich vor meinen Schulfreundinnen sehr. Auf dem Weg nach Hause weinte ich viel.

Meine kleine Welt war bis dahin eigentlich noch intakt gewesen. Nun beklagte ich mich bei meiner Mutter, weil sie mich trotz ihrer Armut zur Welt gebracht hatte. Dieser Vorfall hinterließ eine tiefe Wunde in meinem Herzen. Ich wurde immer schweigsamer, sodass ich kaum noch redete. Meine Antwort auf jede Frage war meist nur ein knappes „Ja" oder „Nein". Getreu dem Motto „Nicht reich sein, aber niemals Armut leiden" wurde es mein Lebensziel, Geld zu verdienen.

Als ich die Middleschool abgeschlossen hatte, wurde auch mein Vater krank. Aber wir konnten ihn nicht ins Krankenhaus bringen, weil uns das Geld fehlte. Ich versuchte, meinem Vater und meiner Familie zu helfen, indem ich verschiedene Jobs annahm und Handarbeit erlernte. Eines Tages entschloss ich mich, als Gastarbeiterin nach Deutschland zu fliegen, um schneller Geld zu verdienen. Daher besuchte ich in Korea eine Krankenpflegehelferinnenschule. Nach dem Abschluss kam ich 1970 nach Deutschland. Bis dahin war ich davon überzeugt, dass ich glücklich wäre, wenn ich Geld verdienen und meinem kranken Vater und meinen Familienmitgliedern helfen könnte. Vor allem glaubte ich, dass meine innere Wunde der Demütigung geheilt werden würde. Doch das bewahrheitete sich nicht. Das Leben in Deutschland machte mich weder glücklich noch zufrieden, denn in diesem fremden Land fühlte ich mich meist einsam und traurig. Heute weiß ich: Das war kein Leben, sondern ein verzweifeltes Umherirren in der Finsternis.

## II. Teil: Mein Leben mit Jesus(ab 1974)

1973 besuchte ich Pastorin Ok-Hi Park, die mir seit meiner Ankunft in Deutschland ständig „Täglich-Brot-Hefte" der UBF per Post geschickt und für meine Bekehrung gebetet hatte. Durch sie lernte ich Missionarin Sarah K. Lee als meine Bibellehrerin kennen, da sie in Bochum wohnte, einer Nachbarstadt meiner Stadt Witten. Mit ihr lernte ich Gottes Wort aus der Genesis. Ich wunderte mich über das Wort Gottes aus Gen 1,1 und 31:

„Am Anfang schuf Gott Himmel und Erde.";

„Und Gott sah an alles, was er gemacht hatte, und siehe, es war sehr gut."

Gott hatte mich sehr geliebt und zu seiner Freude geschaffen. Ich aber hatte das nicht erkannt und hatte nicht für Gott gelebt, sondern für mich und für meine Familie. Ich wurde sehr glücklich, weil ich in Gott den Sinn meines Lebens gefunden hatte.

Durch das Bibelstudium nahm ich aufgrund von Gen 12,1-2 an, dass Gott mich als Segen für andere angenommen hatte.

Bei der Sommerbibelkonferenz 1974 in Seewis, Schweiz, begegnete ich Jesus durch Chang-Woo Lees Predigt zu Joh. 1,4: „In ihm war das Leben und das Leben war das Licht der Menschen."

Obwohl ich bis dahin ein- und ausatmen konnte, war es kein wahres Leben gewesen. Mein Leben ohne Jesus war sinnlos. Mein Leben ohne Jesus war finster. Ich war von Gott getrennt und lebte als Sünder mit meinem egozentrischen, gottlosen und geldorientierten Leben. Aber Jesus schenkte mir ein neues Leben in ihm und machte mein

Herz froh. Ich durfte selbst erleben, wie ich glücklich und ganz frei von allen Schmerzen der Trauer und Einsamkeit wurde. Als ich Jesus als den Herrn meines Lebens und meinen Erlöser annahm, konnte ich die Gnade der Vergebung erfahren. Wegen seiner Gnade und Liebe wollte ich mein ganzes Leben für Jesus leben.

1977 gründete ich unter Gottes Führung mit Missionar Stephan Choe eine Missionarsfamilie für die Studentenmission in Deutschland. Er kam am 1. Januar 1978 als erster Studentenmissionar unserer Gemeinde nach Deutschland, sodass ich neben meiner Arbeit eine konkrete Aufgabe finden und für deutsche Studenten an den Hochschulen beten konnte.

Um dieser Mission zu dienen, gab ich 1983 meinen koreanischen Reisepass ab und erhielt einen deutschen Personalausweis. Meine wahre Heimat ist jedoch weder Korea noch Deutschland, sondern das Himmelreich. Gott, der gnädige und geduldige Vater, hat mich für neun Jahre an der Uni Dortmund gebraucht und möchte nun für die Studenten in Bochum gebrauchen. Ich spreche nicht gut Deutsch und war nie eine Studentin gewesen. Aber der allmächtige Gott will mich dennoch als treue Dienerin des Gebets für sein Erlösungswerk gebrauchen. Möge Gott mir helfen, meine Lebensaufgabe gut zu erfüllen.

„In ihm war das Leben, und das Leben war das Licht der Menschen."

(Johannes 1,4)

### 3. Flitterwochen auf der Insel Jeju

Dank der Unterstützung der Gemeindemitglieder konnten wir die Hochzeit ohne finanzielle Sorgen feiern und auch unsere Hochzeitsreise antreten. Am Abend des Hochzeitstages übernachteten wir im Yoo-Seong Soldier Hotel und besuchten am darauffolgenden Sonntag den Gottesdienst. Nach dem Gottesdienst fuhren wir mit dem Zug und anschließend mit der Fähre zur Insel Jeju, unserem Ziel für die Flitterwochen. Wir machten kurze Stopps auf dem Campus der Kyungpook-Universität in Daegu und dem Campus der Busan-Universität in Busan, bevor wir mit der Autofähre von Busan zur Insel Jeju fuhren.

Als wir im Morgengrauen auf der Insel ankamen, suchten wir uns zunächst ein Motelzimmer, lasen gemeinsam in der Bibel und beteten. Anschließend bestiegen wir den 1995 Meter hohen Vulkanberg Halla. Wir fuhren zunächst mit dem Bus bis zur Endstation auf halber Höhe des Berges. Von dort aus erklommen wir den Gipfel zu Fuß. Esther trug passende Wanderkleidung, während ich noch meinen Hochzeitsanzug anhatte. In Gipfelnähe mussten wir einen steilen, steinigen Pfad hinaufsteigen.

Auf dem Gipfel des Berges gab es nur niedrigwachsende Pflanzen. Der Vulkansee „Baekrokdam" auf dem Gipfel war aufgrund des warmen Wetters ausgetrocknet.

Gott segnete uns mit herrlichem Wetter für unsere Flitterwochen im Herbst. Vom Gipfel des Hallabergs hatten wir einen weiten Blick. Ich rief Richtung Westen nach Deutschland: „Deutschland ist unser Brot!" Das bedeutete: „Wir geben den Deutschen das Brot des ewigen Lebens!" Dank Gottes Gnade waren wir beide erfüllt von Liebe, Freude und der Vision für die Weltmission.

Auf dem Gipfel des Berges Halla am 20. Oktober 1977 und vor dem Cheonji-yeon-Wasserfall in Seogwipo am 21. Oktober 1977

Am zweiten Tag, nach unserem Abstieg vom Berg Halla, fuhren wir mit dem Bus nach Seogwipo, um den Cheonjiyeon-Wasserfall zu besuchen. Zu dieser Zeit war die Insel Jeju touristisch noch weitgehend unerschlossen. Es gab nur wenige Besucher und die Reisekosten waren niedrig, sodass wir ohne finanzielle Bedenken reisen konnten.

Wir hatten vor, nach der Jeju-Reise das Elternhaus Esthers zu besuchen, um ihre Familienangehörigen in Jangheung zu begrüßen. Esthers Bruder wollte jedoch, dass wir später dort vorbeikamen, um mit den Verwandten zu feiern. Daher besuchten wir Esthers Heimatstadt nicht, was ich im Nachhinein bereue.

Auf dem Rückweg von der Insel Jeju fuhren wir nach Shinryewon, um meine Mutter und meine Familie zu besuchen. Wir stiegen in Shinryewon aus dem Zug, nahmen zum ersten Mal in meinem Leben ein

Taxi und fuhren zu meinem Geburtshaus. Bevor ich die Universität besucht hatte, hatte mein Geburtshaus drei Zimmer gehabt. Nun gab es ein viertes Zimmer direkt neben dem Eingangstor. Esther und ich übernachteten im vierten Zimmer. Damals hatten wir im Geburtshaus keine elektrischen Lampen, sondern nur Öllampen, weil es zu teuer war, eine Stromleitung vom Nachbardorf zu unserem zu verlegen. Esther machte sich über mich lustig, weil ich aus einem mittelalterlichen Dorf käme. In gewisser Weise hatte sie Recht, denn ich hätte damals ein einfacher Holzfäller auf dem Yonggol-Berg sein können. Doch unser Gott war mir gnädig. Er hatte mich von Armut und vom Fluch der Sünde befreit und zu einem Menschen gemacht, der Gottes Segen mit vielen Menschen teilte und noch weiter teilen wollte.

Am Samstag unserer Flitterwochen kehrten wir nach Daejeon zurück, nachdem wir die Freitagnacht in Shinryewon übernachtet hatten. Eine Woche lang hatten wir unsere Hochzeitsreise gemacht. Nach dieser Hochzeitsreise wohnten wir, Frischvermählten, in einem Zimmer in Peter Suhs Wohnung in Birae-ri, bis Esther nach Deutschland zurückkehrte.

Ich meldete unsere Eheschließung bei der Stadtverwaltung in Daeheung-dong mit der Anschrift „488-17 Daeheung-dong, Jung-gu, Daejeon City" an. Damals wurde in Korea das Datum der Anmeldung der Eheschließung als Heiratsdatum erfasst, daher ist unser Hochzeitsdatum als „xx. Oktober 1977" eingetragen.

Esther kehrte am 8. November nach Deutschland zurück.

## 4. Beantragung des Reisepasses zur Einreise nach Deutschland

Nach Esthers Rückflug wollte ich einen Reisepass und ein Visum beantragen, um als Student nach Deutschland zu fliegen. Professor Bo-Sung Rhee empfahl mir, Reisepass und Visum durch ein Reisebüro zu beantragen. Der Mann im Reisebüro in Seoul sagte aber, dass es schwierig sei, mit einem Einladungsbrief aus Deutschland einen Reisepass und ein Einreisevisum zu bekommen. Als ich das hörte, beschloss ich, keine Hilfe von negativ gesinnten Menschen anzunehmen, sondern selbst zu handeln, um meinen Reisepass und mein Visum zu bekommen.

Und Jang-Won Son stellte mir ihre Schwägerin Myung-Soo Kim vor, die in Seoul in der Passabteilung des Außenministeriums arbeitete. Mithilfe von Frau Myung-Soo Kim erhielt ich meinen Reisepass. Mit ihrer Hilfe bekam ich auch den Stempel gemäß dem Vertrag zwischen der koreanischen und deutschen Regierung, da es zu lange dauern hätte, wenn ich das Einreisevisum vom deutschen Konsulat erhalten hätte. Ich danke Frau Myung-Soo Kim für ihre Hilfe.

Ich flog am 31. Dezember 1977 nach Deutschland ab.

# Achte Story: Unsere Studentenmission und Hausgemeinde in Dortmund

„Und Gott schuf den Menschen zu seinem Bilde, zum Bilde Gottes schuf er ihn; und schuf sie als Mann und Frau. Und Gott segnete sie und sprach zu ihnen: Seid fruchtbar und mehret euch und füllet die Erde und machet sie euch untertan und herrschet über die Fische im Meer und über die Vögel unter dem Himmel und über alles Getier, das auf Erden kriecht."

(1. Mose 1,27-28a)

„Ihr seid das Licht der Welt. Es kann die Stadt, die auf einem Berge liegt, nicht verborgen sein."

(Matthäus 5,14)

## 1. Vorbereitung auf die Studentenmission in Dortmund

**\* Beginn der Deutschlandmission durch Krankenschwestern und mein Flug nach Deutschland**

Bevor ich von unserer Missionsarbeit unter den Studenten in Dortmund berichte, möchte ich kurz auf die Anfänge der Missionsarbeit durch koreanische Krankenschwestern in Deutschland eingehen.

Die Missionsarbeit unserer Studentengemeinde in Deutschland begann am 17. Juli 1969 damit, dass die drei Krankenschwester-Missionarinnen In-Kyung Seo, Dong-Ran Seol und Hwa-Ja Lee von der Gemeinde in Daejeon nach Westdeutschland ausgesandt wurden. Ihnen folgten am 12. Mai 1972 Sook-Cheol Kim und am 29. Juni 1972 Ki-Hyang Lee, beide ebenfalls von der Gemeinde in Daejon.

Ki-Hyang Lee war durch das Bibelstudium mit Bona Hong in Daejeon zum lebendigen Glauben an Jesus Christus gekommen und wurde als Missionarin nach Deutschland ausgesandt. Sie arbeitete ab Juli 1972 etwa drei Jahre lang im Krankenhaus Bergmannsheil in Bochum und half einigen Krankenschwestern wie Sun-Hee Lee, Kwan-Yeon, Jae-Gwan Yoo und Mi-Ae Lee, die in Hagen oder in anderen Städten arbeiteten, mit dem Bibelstudium. Anfang 1976 zog Ki-Hyang Lee nach Wuppertal um und arbeitete dort in einem Krankenhaus.

Am letzten Tag des Jahres 1977 um 13:24 Uhr nahm ich ein Korean Air-Flugzeug vom Flughafen Gimpo nach Tokio, Japan. In Tokio wartete ich acht Stunden und stieg dann in das japanische JAL-Flugzeug um. Zu dieser Zeit herrschte gerade die Ära des Kalten Krieges zwischen den demokratisch-liberalen und den kommunistischen Ländern, weshalb Flüge über China und die Sowjetunion verboten waren. Mein Flugzeug machte einen Tankstopp in Anchorage, Alaska, wo es mit Schnee bedeckt war, und landete dann am 1. Januar 1978 um 8:34 Uhr auf dem Frankfurter Flughafen. Da bis dahin in Westdeutschland ausschließlich koreanische Missionarinnen tätig waren, war ich der erste männliche Missionar unserer Gemeinde.

| Mo | Tu | We | Th | Fr | Sa | Su |
|----|----|----|----|----|----|----|
|    |    |    |    |    |    | 1  |
| 2  | 3  | 4  | 5  | 6  | 7  | 8  |
| 9  | 10 | 11 | 12 | 13 | 14 | 15 |
| 16 | 17 | 18 | 19 | 20 | 21 | 22 |
| 23 | 24 | 25 | 26 | 27 | 28 | 29 |
| 30 | 31 |    |    |    |    |    |

Januar 1978 und meine Ankuft am So, 1. Januar 1978

Weil im Morgengrauen des 1. Januar kaum Züge fuhren, war Esther, die zu der Zeit in Rheda wohnte, bereits am Abend des 31. Dezembers mit dem Zug zum Frankfurter Flughafen gefahren und hatte im Wartebereich des Flughafens geschlafen, um mich zu empfangen.

Zu meiner Ankunft kamen Ki-Hyang Lee und Sook-Hee Kim mit einem VW Käfer von Wuppertal nach Frankfurt, obwohl Ki-Hyang Lee zuvor Nachtdienst im Krankenhaus gehabt hatte. Als wir mit dem Auto im Missionszentrum in Wuppertal ankamen, kam auch Hwa-Ja Lee und begrüßte uns herzlich.

Nachdem wir gemeinsam Gott gedankt hatten, fuhren Esther und ich mit dem Zug nach Lippstadt zum Krankenhauswohnheim, wo Hwa-Soon Lee arbeitete. Lippstadt liegt in der Nähe von Rheda-Wiedenbrück, wo Esther arbeitete. Hwa-Soon Lee hatte für uns und andere aus Rheda Übernachtungsplätze im Schwesternwohnheim reserviert. Das Treffen mit einigen Missionaren diente diesmal zugleich als Weihnachtsfeier, die aufgrund meines Ankunftsdatums auf Neujahr fiel. Zu dieser Zeit arbeiteten drei Schwesternmissionarinnen in Rheda und Lippstadt. Die beiden Städte lagen unterhalb der Arbeitsorte unserer Missionarinnen im nördlichsten Teil Deutschlands und wurden daher als Nordbezirk bezeichnet, mit Hwa-Soon Lee als Bezirksleiterin.

## * Die erste Gebetsstunde an der Universität Dortmund

Am Nachmittag des nächsten Tages, Montag, dem 2. Januar 1978, besuchten Esther und ich die Universität Dortmund und begrüßten Prof. Dr. Schecker, meinen Doktorvater. Wir trafen auch Prof. Hyuk-Jong Joo, der mein Oberassistent in der Abteilung Chemietechnik der Chungnam Universität gewesen war. Zu dieser Zeit forschte er an der Universität Dortmund. Wir drei, Esther, Prof. Joo und ich, hielten eine Gebetsstunde ab. Ich las Markus 1,1 und dankte Gott auf Deutsch für den Beginn der Evangelisationsarbeit an der Universität Dortmund und bat Gott um seinen Segen für die Studentenmission an dieser Universität. Anschließend beteten wir zu dritt. Esther und ich waren Gott sehr dankbar, weil wir endlich das „Heilige Land" erreichten, das Gott uns versprochen hatte, und insbesondere die Universität Dortmund, wo wir mit der Evangelisation beginnen konnten.

Unsere Dankbarkeit gegenüber Gott damals lässt sich mit Abrahams Dankbarkeit vergleichen, als er das verheißene Land Kanaan erreichte. Als Abraham von Gott gerufen wurde, verließ er seine Heimat und kam nach Kanaan. Abraham war Gott so dankbar, dass er dort einen Altar errichtete.

Wir könnten unsere Dankbarkeit auch mit der von den Pilgervätern Nordamerikas vergleichen, als sie Nordamerika betraten. Die Pilgerväter, die 1620 auf der Suche nach religiöser Freiheit mit dem Schiff „Mayflower" von Europa nach Amerika kamen, erlebten einen so kalten Winter, dass etwa die Hälfte von ihnen im ersten Jahr an Kälte und Krankheiten starb. Dennoch feierten sie im Herbst 1621 mit dankbarem Herzen ein dreitägiges Erntedankfest und lobten Gott. Dies markierte den Beginn des amerikanischen Erntedankfestes, das in den USA noch heute drei Tage lang als einer der wichtigsten Feiertage gefeiert wird.

Ich war Gott so dankbar, dass er Esther und mich von der Macht des Todes und der Hölle gerettet und uns als Prinzen und Prinzessin des Himmelreichs herzlich willkommen geheißen hatte. Gott hatte uns nach Deutschland geführt, um den himmlischen Segen mit den Deutschen zu teilen. Natürlich war ich auch überglücklich, weil ich nun gemeinsam mit Esther Gott dienen konnte.

### * Der erste Gottesdienst in Rheda und der Bibelkreis
Bis dahin hatten die Missionarinnen in Westdeutschland keine regelmäßigen Sonntagsgottesdienste abgehalten, da sie über verschiedene Städte in Deutschland verstreut lebten und jedes zweite Wochenende arbeiten mussten. Für mich, der ich sonntags in Daejeon, Korea ausnahmslos Gottesdienst gefeiert hatte, war es unvorstellbar, sonntags keinen Gottesdienst zu feiern.

Wir begannen also ab dem 8. Januar 1978 jede Woche sonntags Gottesdienst zu feiern.

Wir waren nur zwei. Wir aber begannen, am 8. Januar in unserem Zimmer im Schwesternwohnheim in Rheda Gottesdienst zu feiern. Da Esther an dem Tag Spätschicht hatte, begann unser Gottesdienst erst um 21 Uhr. Ich predigte auf Deutsch mit dem Titel „Der Anfang des Evangeliums", basierend auf Markus 1,1-9. Mein Deutsch war nicht gut, aber Esther hörte meiner Predigt so aufmerksam zu, als wäre es eine ausgezeichnete Predigt. Danach trug Esther ihre Stellungnahme zu Römerbrief, Kapitel 1 vor. Bei diesem Gottesdienst dankten wir Gott dafür, dass wir am 2. Januar den Erschließungsgottesdienst mit Herrn Joo an der Universität feiern konnten und dass wir am 4. Januar ein zweites Zimmer im Schwesternwohnheim bekommen konnten. In Erinnerung an Abraham im Alten Testament waren wir Gott sehr dankbar. Auch Abraham feierte viele Jahre lang hauptsächlich mit seiner Frau Gottesdienst. Und Gott nahm seinen Gottesdienst an und segnete seine Familie als Segen für alle Menschen auf der Erde.

Esther wohnte damals im Schwesternwohnheim des Evangelischen Krankenhauses in Rheda, wo sie arbeitete. Am 4. Januar mietete sie eigens für meine Anmeldung bei der Stadt ein zusätzliches Zimmer(Nr. 318). Als sie jedoch sah, dass ich das zweite Zimmer kaum gebrauchte, gab sie es nach einem Monat zurück.

Früher, als Sarah Ki-Hyang Lee in Daejeon/Korea das Bibelstudium mit Bona Hong begonnen hatte, wurde sie eines Tages krank und blieb in ihrem Zimmer im Studentinnenwohnhaus. Nach den damals geltenden Regeln waren Männer im Wohnhaus nicht erlaubt. Doch Bona Hong ging mutig ins Wohnhaus und lehrte Ki-Hyang Lee in ihrem Zimmer die Bibel. Bis dahin hatte sie sich noch nicht entschieden, in unserer Gemeinde mitzuarbeiten. Aber nach diesem Bibelstudium beschloss sie, aktiv mitzuwirken. Da ich nun im Schwesternwohnheim wohnte, fand ich das etwas ungewöhnlich. Aber als ich mich an die Geschichte von Ki-Hyang Lee erinnerte, war ich dankbar.

An manchen Wochentagen hielten wir unter Esthers Leitung Bibelstunden mit einigen Krankenschwestern ab. Daran nahmen einige Arbeitskolleginnen Esthers wie z. B. Marion, Ellinor, Purin, Gaby, Wilfriede, Dong-Ok Kim, Hie-Za Kim und einige andere teil. Doo-Kyoo Kim, Dong-Oks Mann, kam ab und zu mit dazu. Ellinor war eine Arbeitskollegin von Esther und damals etwa 35 Jahre alt. Purin, eine Philippinerin, war etwa 25 Jahre alt. Dong-Ok Kim und Hie-Za Kim waren Koreanerinnen.

Zusätzlich zu diesen Gruppentreffen lehrte Esther Purin das Markusevangelium und Hie-Za Kim die Genesis und den Römerbrief durch Zweierbibelstudium. Ich danke Gott, dass er Esther als treue Bibellehrerin und Beterin für sie gebrauchte. Sie diente Gott treu als seine kostbarste Tochter.


Ich fing an, für einige Leute an der Uni Dortmund zu beten, darunter Horst Glenz(Assistent im Fachbereich Chemietechnik), Bernd Pilger(Techniker), Gert Keller(Techniker des Lehrstuhls Technische Chemie B), Hyuk-Jong Joo und andere.


### * Besuch der Deutschkurse an der Uni Münster und der Uni Bochum

Ab Montag, dem 13. Februar 1978, besuchte ich täglich den Deutschkurs an der Universität Münster von Rheda aus. Dafür musste ich früh um 5:30 Uhr aufstehen und mit dem Bummelzug nach Münster fahren. Einmal, im Februar 1978, reiste Prof. Hans-Georg Schecker extra nach Münster, um für mich ein Zimmer im Studentenheim zu beantragen. Er gab sich also viel Mühe für mich. Gott möge ihn, seine Familie und seine Nachkommen segnen. Ich pendelte jedoch weiter von Rheda nach Münster, da mir die Zusammenarbeit mit Esther wichtiger war als in Münster zu wohnen.

Die Teilnehmer des Deutschkurses in Münster waren international. In den Pausen hörte ich ein Gewirr aus verschiedensten Sprachen aus aller Welt: Türkisch, Persisch, Französisch usw. Jeder sprach seine eigene Sprache oder gebrochenes Deutsch. Es war einfach verwirrend.

Am Donnerstag, dem 16. Februar, sprach ich einen deutschen Studenten in Münster an. Er hieß Heinz und studierte Medizin im ersten Semester. Ich freute mich so sehr, als hätte ich die ganze Welt gewonnen, obwohl ich mit ihm nicht einmal über das Bibelstudium gesprochen hatte. Es ist wahr, dass in Gottes Augen ein einzelner Mensch wertvoller ist als die ganze Welt. Am 5. März traf ich Alfred Krusenbaum und betete für ihn.

Unter den Deutschkursteilnehmerinnen war auch eine koreanische Studentin namens Jung-Ran Yoo. Sie erzählte mir, dass der Deutschkurs an der Uni Bochum deutlich besser sei als der in Münster. Daraufhin teilte ich Herrn Schmidt im Akademischen Auslandsamt der Uni Dortmund meinen Wechselwunsch mit. Kurz darauf erhielt ich die Zusage, ab April den Deutschkurs an der Universität Bochum besuchen zu können. Damals war Deutschland im Vergleich zu heute wirtschaftlich noch wohlhabend. Die Universitäten boten kostenlose Deutschkurse ab der Grundstufe an. Der Deutschkurs der Uni Bochum sollte etwa Mitte April beginnen.

Esther versuchte, eine neue Arbeitsstelle in einem Krankenhaus in Dortmund zu finden, um dort ab April 1978 zu arbeiten. Weil sie aber zunächst keine Stelle finden konnte, nahm sie ein Stellenangebot des Evangelischen Altenpflegeheims in Schwerte an, einer südlich von Dortmund gelegenen Nachbarstadt. Ab dem 1. April 1978 sollte sie dort arbeiten. Marion, eine Arbeitskollegin Esthers in Rheda, brachte uns mit ihrem VW Polo nach Schwerte. Obwohl ihr Auto klein war, konnten wir all unsere Sachen mitnehmen und dorthin ziehen, da Esther keine Möbel hatte. In Schwerte wohnten wir wieder in einem Zimmer im Schwesternwohnheim. Esther ging dort 100 m zu Fuß zu ihrer Arbeitsstelle im Pflegeheim. Dort wurde sie Mitte Mai mit Stephan Jr. schwanger.

Nun möchte ich euch von meiner Begegnung mit Soon-Ki Yoon erzählen. Ende März oder Anfang April fuhr ich nach Bochum, um eine Wohnung für meinen Deutschkurs zu finden. Dort traf ich Soon-Ki Yoon, einen Absolventen der Jungang-Universität in Seoul. Er war vor kurzem aus Korea angekommen und blieb im Studentenwohnheim „Auf der Papenburg", während sein Freund Jun-Young Kim, der eigentliche Mieter des Zimmers, abwesend war. Das Wohnheim lag ganz in der Nähe unserer jetzigen Wohnung.

Ich blieb eine Nacht bei ihm und ging am nächsten Tag gemeinsam mit ihm auf Wohnungssuche. Ich hatte damals keine Ahnung, wie ich eine Wohnung finden sollte. Am Ende des Tages war unsere Wohnungssuche erfolglos. Ich verstand dies so, dass Gott wollte, dass ich bei Esther bleiben und gemeinsam mit ihr zu Gott beten sollte, bevor wir mit der Studentenmission beginnen. Also kehrte ich nach Schwerte zurück, lebte mit Esther im Schwesternwohnheim in Schwerte und pendelte ab Anfang April täglich von Schwerte über Dortmund nach Bochum zum Deutschkurs.

Irgendwann im Mai bekam ich vom Studentenwerk der Uni Dortmund die Zusage, dass ich zum 1. Juni desselben Jahres in das Zimmer Nr. 142 des Studentenwohnheims an der Ostenbergstraße 99 einziehen könnte, da Prof. Schecker beim Studentenwerk ein Zimmer für mich beantragt hatte. Ich ging zum Wohnheim und fand es zu weit von der Uni entfernt. Daher lehnte ich das Angebot ab und blieb in Schwerte.

Das Studentenwohnheim an der Ostenbergstraße lag unweit von der Uni. Von dort aus waren es zu Fuß fünf Minuten. Mir war es damals allerdings zu weit von der Uni entfernt, da ich die Vorstellung hatte, dass ein Studentenwohnheim, ähnlich wie in Korea, auf dem Universitätscampus liegen sollte. Angesichts dieser Entfernung dachte ich über den Willen Gottes nach und kam zu dem Schluss, dass Gott wollte, dass ich bei Esther bleibe und wir uns durch das gemeinsame Gebet auf die Rettung der Studenten vorbereiten sollten. Ich lebte also weiter in Schwerte und betete zusammen mit ihr.

Die Deutschkurse bestanden aus einer Grund- und einer Mittelstufe, die jeweils ein Semester dauerten. Frau Dr. Stratmann lehrte unseren Grundkurs. Nach etwa einem Monat schlug sie mir vor, in die Mittelstufe zu wechseln. Frau Hälmemann(?) und Frau Kunau unterrichteten die Mittelstufe. Ich pendelte mit Freude zum Deutschkurs.

### * Grund der Namensänderung von Esther und mir

Die meisten Koreaner mit dem Familiennamen „최" transkribieren ihn mit „Choi". Ich aber schrieb auf meinem Antrag für den Reisepass „Choe" als meinen Familiennamen, damit Deutsche ihn richtiger aussprechen könnten. Mein Verbesserungsversuch gelang aber nur teilweise, denn „Ch" wird im Deutschen ähnlich wie „h" ausgesprochen,

„Choe" wird also oft als „hoi" oder „hoe" ausgesprochen.

Ich hatte an den englischen Konsonanten „ch" gedacht und deshalb Choe geschrieben. Aber wenn man den koreanischen Konsonanten „ㅊ" auf Deutsch richtig aussprechen will, muss man „tsch" schreiben. Infolgedessen sprechen Deutsche, die mich zum ersten Mal treffen, unsere Nachnamen nicht richtig aus.

Mein koreanischer Vorname ist Myeong-Hwan, den ich persönlich mag. Bei der Aussendung hatte Peter Suh mir vorgeschlagen, mich in Deutschland „Stephan" zu nennen. Er schlug deshalb diesen Namen vor, weil ich einmal eine Predigt über den Glauben von Stephanus aus der Apostelgeschichte gehalten hatte. Stephanus war der erste Märtyrer der Christen. Ich freute mich jedoch nicht über seinen Tod, sondern darüber, dass er vom Heiligen Geist erfüllt war und den Herrn Jesus Christus sehen konnte. Außerdem hatte ich Angst, als Märtyrer zu sterben.

Aus diesem Grund gefiel mir sein Vorschlag zunächst überhaupt nicht. Ich benutzte also weiterhin den Namen Myeong-Hwan Choe. Als ich jedoch einen Deutschkurs in Bochum besuchte, traf ich einige Deutsche und stellte mich ihnen als „Myeong-Hwan" vor.

Sie konnten meinen Namen jedoch nicht richtig aussprechen oder sich nicht gut merken. Als ich mich als „Stephan" vorstellte, begrüßten sie mich sofort mit „Hallo, Stephan!". Da verstand ich, warum europäische Missionare koreanische Namen annahmen, wenn sie in Korea arbeiteten. Seitdem benutze ich „Stephan" als meinen Vornamen.

Der deutsche Diplomat, der bei der Öffnung Koreas für die Mission Koreas eine große Rolle gespielt hatte, hieß Paul Georg von Möllendorff. Er stellte sich den Koreanern als In-Deok Mok(목인덕) vor, um ein Freund der Koreaner zu werden.

Nachdem ich die Bedeutung einer Namensänderung für die Deutschlandmission begriffen hatte, schlug ich Peter Suh vor, meine Frau Esther zu nennen, sodass sie diesen Namen aus der Bibel angenommen hat.

Als unser erster Sohn geboren wurde, nannten wir ihn „Siseong". Esther und Siseong wurden zuerst eingebürgert, und Siseong wurde in Stephan umbenannt. Ich musste noch etwas warten, bis ich meine Promotion abgeschlossen hatte. Als ich eingebürgert wurde, änderte ich meinen Vornamen in „Stephan Myeong-Hwan", um ihn von dem Namen unseres ersten Sohnes zu unterscheiden.

Da die Deutschen jedoch vorwiegend den ersten Vornamen verwenden, kam es häufig zu Verwechselungen zwischen mir und unserem ersten Sohn. Dies betraf auch Dokumente wie unsere Stimmzettel, auf denen für mich und meinen Sohn „Stephan Choe" stand.

### 2. Erste Hausgemeinde in Dortmund: Ostenbergstraße 22(15.8.1978 – 28.9.1981)

**\* Umzug nach Dortmund**

Wir zogen am 15. August 1978 vom Schwesternwohnheim in Schwerte in eine Wohnung an der Ostenbergstraße 22 in Dortmund um. Es war ein Dienstag, der katholische Feiertag „Mariä Himmelfahrt". Da wir bis dahin in einem Wohnheim gewohnt hatten, mussten wir nicht viel transportieren. Unsere neue Wohnung gehörte der Familie Karius, dem Inhaber von „Blumen Karius", einem Blumengeschäft mit Gewächshaus.

Unsere Wohnung, etwa 40 Quadratmeter, befand sich in der ersten Etage des Hauses und bestand aus zwei miteinander verbundenen Zimmern, einem kleinen Duschbad mit Toilette und einer winzigen Küche(siehe Skizze unten). Dieses kleine Bibelhaus war wie eine Krippe, in der Jesus nach der Geburt lag. Doch wir waren Gott sehr dankbar für diese kleine Wohnung. Dieses Haus war das erste Haus von Stephan, unserem ersten Sohn. Hierher kamen die ersten Bibelschüler, wie Martin Nachtrodt und Ludger Sickelmann, zum Bibelstudium, und sie lehrten ihrerseits andere die Bibel.

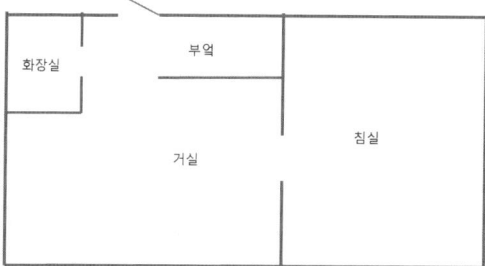

Unsere Hausgemeinde an der Ostenbergstraße 22 in Dortmund:
화장실(WC), 부엌(Küche), 거실(Wohnzimmer), 침실(Schlafzimmer)

Auf der rechten Seite des ersten Stocks dieses Hauses befand sich unsere Wohnung bzw. Hausgemeinde.

Ich fuhr täglich von Dortmund-Barop mit der Straßenbahn zum Dortmunder Hauptbahnhof und anschließend mit der Bahn zum Bochumer Hauptbahnhof. Von dort fuhr ich mit der Straßenbahn zu meinem Deutschkurs an der Universität Bochum. Ich kannte mich damals noch nicht mit dem Fahrkartensystem des öffentlichen Nahverkehrs aus. Darum kaufte ich mir jeden Tag eine neue Straßenbahnfahrkarte zum Dortmunder Hauptbahnhof, eine Bahnfahrkarte zum Bochumer Hauptbahnhof und eine Straßenbahnfahrkarte zur Universität Bochum. Weder Esther noch ich wussten, dass es eine günstigere Monatskarte gab. Obwohl Esther seit 1970 in Deutschland lebte, hatte sie öffentliche Verkehrsmittel nur gelegentlich benutzt. Einige Zeit später erfuhren wir von der Monatskarte und ich kaufte drei Monatskarten: eine für die Straßenbahn in Dortmund, eine für die Bahn und eine für die Straßenbahn in Bochum. Heute reicht für Fahrten mit Straßenbahnen oder Regionalzügen in ganz Deutschland eine günstige Deutschland-Monatskarte.

## * Beginn der Zusammenarbeit für die Studentenmission in Essen, Bochum und Dortmund

Am 15. Mai 1978 begannen Esther und ich auf Anweisung von Abraham Lee und You-Kang Hur(geb. Cho) mit You-Kang Hur, Sara Oh und Bok-Eum Lee, Missionarinnen aus Essen, zusammenzuarbeiten. Wir wollten unsere Missionsarbeit auf einige Großstädte konzentrieren, darunter Dortmund, Köln, Frankfurt und Stuttgart. Dies führte zur Entstehung der Missionszentren in Dortmund, Köln, Frankfurt und Stuttgart.

You-Kang Hur war eine koreanische Krankenschwester und Missionarin, die heute in Seoul lebt. Sie begann 1970, im selben Jahr wie ich, ihr Krankenpflegestudium in Daejeon, Südkorea, und kam durch das Bibelstudium in unserer Gemeinde in Daejeon zum Glauben. Während ihres Studiums engagierte sie sich als studentische Leiterin der Missionsgruppe an ihrer Hochschule. Nach Abschluss ihres dreijährigen Studiums kam sie am 8. Januar 1974 als Krankenschwester nach Deutschland. Während viele koreanische Krankenschwestern nach Westdeutschland kamen, um Geld zu verdienen, kam sie für die Mission, denn ihr Herz brannte für die Rettung von Seelen. Sie arbeitete als Nachtschwester und lud tagsüber junge Menschen zum Bibelstudium ein.

Ebraim Analonyi, ein iranischer Student der Universität Essen, nahm auf ihre Einladung hin an der Sommerkonferenz 1978 in Seewis teil. Sie brachte auch eine Studentin namens Eli(Ellenore Beter) mit. Die Sommerkonferenz fand vom 19. bis 22. September in Seewis, Schweiz, statt. You-Kang betete auch lange für Barbara Hebenstreit, eine Erstsemesterstudentin der Universität Essen. Sie lud 1978 weitere

Studentinnen, darunter Regine und Gabrielle, zum Bibelstudium und Gottesdienst ein.

Soon-Ki Yoon, der damals mit mir den Deutschkurs in Bochum besuchte, arbeitete mit uns. Er nahm auch an der Sommerbibelfreizeit in Seewis teil.

Sara Houngum Oh(verh. Sara Chang) kam als Krankenpflegehelferin nach Deutschland.

Zum Glauben kam sie 1975 durch das Bibelstudium mit Yang-Nim Hwang. 1978 arbeitete sie in Essen-Kupferdreh und betete für ihre Freundinnen, wie Ae-Sik(애식) und Young-Hee(영희) Kornowski in Essen, sowie für einige andere.

Young-Hee war eine weise Frau mit einem Talent für koreanischen Tanz. Deshalb begann sie ein Tanzstudium an der Musikhochschule in Essen. Nach ihrer Heirat mit Peter Kornowski brach sie das Studium jedoch ab, um für ihre Familie da zu sein. In ihrer freien Zeit entwickelte sie jedoch ihr Tanztalent weiter. Ihr Mann hatte ein gutes Verständnis für sie. Er und seine Frau engagieren sich bis heute für die koreanische Kultur. Frau Kornowski leitet den Kulturbund in Essen, der sich für die koreanische und asiatische Kultur einsetzt.

Anfang Oktober 1978 fand eine Deutschprüfung namens PNdS(Prüfung zum Nachweis der deutschen Sprache). Diese Prüfung umfasste Grammatik, Diktat, Textwiedergabe und mündliche Prüfung. Ich bestand sie ohne Schwierigkeiten. Als ich aber nach dieser Prüfung Vorlesungen im Fachbereich Chemietechnik der Universität Dortmund besuchte, konnte ich den Vortrag der Professoren kaum noch verstehen und bekam Kopfschmerzen. Daher fragte ich mich, ob es für mich nicht besser gewesen wäre, den Deutschkurs länger zu besuchen.

## * Heimgang meiner Mutter

Im Februar 1979 erwarteten wir, dass unser erstes Kind, Stephan, zur Welt kommt. Da Esther zu diesem Zeitpunkt in Dortmund keine Arbeit gefunden hatte, musste sie weiterhin mit dem Zug nach Schwerte zur Arbeit fahren. Als Abraham Lee uns einmal besuchte, schlug er vor, das Kind nach der Geburt zu meiner Mutter nach Korea zu schicken, damit sie sich um es kümmern könne. Tatsächlich taten einige Missionarinnen dies mit ihren kleinen Kindern. Ich war jedoch entsetzt über seinen Vorschlag und lehnte ihn sofort ab, da ich davon überzeugt war, dass Esther und ich unsere Kinder selbst großziehen sollten. Und ich bat meine Mutter, als Babysitterin nach Deutschland zu kommen. Sie sagte zu, obwohl sie eigentlich in Korea auf die kleinen Kinder meines Bruders aufpassen sollte. Also warteten wir auf meine Mutter. Doch Ende Januar erhielten wir überraschend einen Anruf von meinem Bruder. Er teilte uns mit, dass meine Mutter am 16. Januar 1979(nach dem Mondkalender am 18. Dezember 1978) an einem Schlaganfall gestorben war. Mein Bruder erzählte mir erst später von ihrem Tod, damit ich mir den teuren Flug nach Korea sparen sollte.


Erst im Januar 2000 konnte ich ihr Grab besuchen, als ich wegen Samuel Cheon-Gi Park, der krank geworden war, zusammen mit der Ärztin Dr. Renate Schmeinck nach Korea flog. Wir brachten ihn in ein Krankenhaus in Seoul. Danach blieb ich etwa einen Monat in Korea. Am 7. Januar besuchte ich dann meine vierte Schwester in Daeryul, Yesan. Ich fuhr dann mit ihr zum Grab meiner Eltern. Es befindet sich in Dongmak, Sinryewon-ri, Yesan, in der Nähe meines Geburtsortes.

Meine Mutter, die durch den frühen Tod unseres Vaters eine junge Witwe geworden war, hatte hart auf den Feldern gearbeitet, um sechs Kinder großzuziehen. Sie nahm mithilfe meiner dritten und vierten Schwester den Glauben an Jesus Christus an. Und sie schlief friedlich ein.

Einige Jahre später starben auch meine zweite Schwester und etwas später meine erste Schwester an Schlaganfällen und gingen zum himmlischen Vater. Meine dritte Schwester hatte ihnen vor ihrem Tod ihr Zeugnis von Jesus weitergegeben, und beide glaubten an Jesus.

Meine vierte Schwester, die durch meine dritte Schwester schon in jungen Jahren zum Glauben gekommen war, war ein liebevoller Mensch, der andere sanft ermutigte, an Jesus zu glauben.

Nachdem meine vierte Schwester und ich das Grab meiner Eltern besucht hatten, besuchten wir unser Geburtshaus in Teojinmok. Dort lebten eine alte Frau und ihr Sohn. Ich wuchs in diesem Haus auf und lebte dort bis zu meinem Highschoolabschluss.

### * Umzug von Sara Oh nach Dortmund und Abflug von You-Kang Cho nach Korea

Ab Juni 1978 luden wir aktiv Studenten aus Essen, Bochum und Dortmund zum Bibelstudium und zum Gottesdienst ein. You-Kang Cho kam nach ihrer Nachtwache nach Dortmund, betete mit uns für die Studenten und fuhr dann zu ihrer Wohnung in Essen, um zu schlafen. Viele der eingeladenen Studenten zeigten Interesse daran, die Bibel zu studieren.

Mit der Zeit erkannten wir, dass es effektiver wäre, unsere Arbeit zunächst auf die Studenten in Dortmund zu konzentrieren, da die Anreise von anderen Städten nach Dortmund für die Studenten zu zeitaufwendig war. Sara Oh, die zuvor in Essen gearbeitet hatte, zog daher am 29. Dez. 1978 nach Dortmund, nachdem sie eine neue Stelle im Marienhospital in Dortmund-Hombruch erhalten hatte.

You-Kang Cho kehrte am 4. April 1979 nach Korea zurück, um zusammen mit ihrem Mann Seong-Ki Cho für die Studentenmission an der Seoul National Universität zu arbeiten.

Nachdem Sara Oh nach Dortmund umgezogen war, half sie vielen Studenten aktiv mit dem Wort Gottes. Auf ihre Einladung hin kam Adi Satria am 21. Januar 1979 zum ersten Mal zum Gottesdienst, lernte die Bibel und arbeitete mit uns.

Sara half auch Ae-Sik Kim, ihrer Freundin, Sook-Bin Lee, einer Musikstudentin der Musikhochschule Essen, Detlef Hauerkampf in Dortmund und Y.-H. Kornowski, ihrer Freundin in Essen, mit dem Bibelstudium.

Sook-Bin Lee begann im Frühling 1979 mit dem Bibelstudium und nahm an der Sommerkonferenz teil. Detlef Hauerkampf begann am 23. Juni 1979 mit Sara Oh das Johannesevangelium zu studieren. Sara half auch Martina, Hee-Sook, Gaby, Theo und anderen.

Als Martin R., der direkt neben uns gewohnt hatte, nach seinem Studienabschluss 1980 aus seiner Wohnung auszog, zog Sara Oh dorthin ein. Sie passte gelegentlich auf den kleinen Stephan auf, während Esther nach ihrer Nachtwache schlief. Einmal, als sie in ihrer Wohnung auf Stephan aufpasste und kurz mit etwas anderem beschäftigt war, kletterte er auf das Fensterbrett und stürzte aus dem ersten Stock. Gott sei Dank, dass er unverletzt blieb, da der Boden weich war und keine gefährlichen Gegenstände herumlagen.

Während dieser Zeit studierte ich an der Uni Dortmund. Prof. Schecker, mein Doktorvater, leitete eine Arbeitsgruppe „Physikalisch-Chemische Verfahrenstechnik und Sicherheitstechnik" in der Abteilung Chemietechnik der Universität Dortmund. Er stellte mir einen Tisch in einem Zimmer der Uni zur Verfügung, damit ich dort lernen konnte. Um mein koreanisches Diplom anerkennen zu lassen, musste ich drei Anerkennungsprüfungen in Thermodynamik, Thermischer Verfahrenstechnik und Technischer Chemie ablegen. Ich lernte ein Jahr lang für diese Anerkennungsprüfungen und bestand sie.

### * Geburt unseres ersten Sohnes und Babysitting durch die Eheleute Steinecke

Mitte Februar 1979 ahnte Esther, dass sie bald unser erstes Kind zur Welt bringen würde, als der errechnete Termin. Also packte sie noch am selben Tag ihre Sachen und fuhr zur Städtischen Klinik Dortmund. Nach der Untersuchung sagte ihr der Arzt, sie solle nach Hause gehen und wiederkommen, wenn sie Wehen verspüre. Doch Esther flehte darum, im Krankenhaus bleiben zu dürfen. Es war ein Dienstag, an dem Sara Oh und ich um 19 Uhr einen Bibelabend hatten. Nach dieser Bibelstunde ging Sara nach draußen und rief von der Telefonzelle aus das Krankenhaus an. Damals hatten wir zu Hause kein Telefon. Durch den Anruf erfuhr sie, dass Esther bereits das Baby geboren hatte. Darum fuhren wir sofort ins Krankenhaus.

Damals dauerte der Mutterschaftsurlaub nach der Geburt etwa einen Monat. Da wir keinen Babysitter hatten, war es für Esther sehr umständlich, schon einen Monat nach der Geburt wieder zur Arbeit nach Schwerte zu pendeln. Esther meldete sich daher für einige Monate arbeitslos, und ich ging zum Sozialamt in Dortmund-Hombruch, um Sozialhilfe zu beantragen. Eine Sozialarbeiterin dort riet mir, mich um ein Stipendium zu bewerben. Prof. Schulz schrieb eines der beiden notwendigen Gutachten für das Stipendium, weil ich bei ihm die mündliche Thermodynamikprüfung für die Anerkennung meines Diploms in Korea bestanden hatte. Prof. Schecker schrieb ein weiteres Gutachten aufgrund meiner Tätigkeit als wissenschaftliche Hilfskraft bei ihm. Also bekam ich im ersten Jahr etwa 800 DM pro Monat und im zweiten Jahr 300 DM weniger, weil Esther wieder arbeitete.

Nach mehreren Monaten Arbeitslosigkeit fand Esther eine neue Anstellung im Evangelischen Krankenhaus Bethanien in Dortmund-Hörde. Sie arbeitete in der Nachtschicht, weil sie sich tagsüber möglichst selbst um das Baby kümmern wollte. Nach der Nachtwache musste sie jedoch erst schlafen, wenn sie morgens nach Hause kam.

Esther versuchte, mit dem Baby neben sich zu schlafen, wachte aber immer wieder auf, wenn das Kleine Lärm machte oder Hunger hatte. Also musste ich zu Hause bleiben und auf das Baby aufpassen. Ich ging eine Zeitlang nicht zur Uni, sondern kümmerte mich im Wohnzimmer um das Baby, damit Esther im anderen Zimmer schlafen könnte. Früher hatte ich kleine Kinder nicht gemocht, weil sie mich gestört hatten. Jetzt aber hielt ich es für wichtiger, mich um mein Kind zu kümmern, als mich auf meine Promotion vorzubereiten.

Ich versuchte, das Baby möglichst ruhig spielen zu lassen, was aber nicht einfach war, da es in unserer Wohnung keine Tür zwischen den beiden Zimmern gab. Esther wurde oft von den Geräuschen geweckt. Als Stephen laufen konnte, fiel es ihr noch schwerer zu schlafen. Deshalb nahm ich den Kleinen sogar ein paar Mal mit ins Uni-Labor. Prof. Schecker und die Assistenten mochten Stephan und hatten viel Verständnis für unsere Situation. Dafür danke ich Gott und ihnen. Ich bin Gott auch sehr dankbar, dass ich beim Babysitten nicht das Gefühl hatte, meine Zeit für die Promotion zu verschwenden. Vielmehr hatte ich große Freude daran, auf unser Kind aufzupassen. Für mich war das Babzsitten unseres Kindes viel wichtiger als meine Doktorarbeit.

Dachgeschosswohnung der Familie Steinecke, die unsere Kinder betreute

Eines Morgens im Frühherbst 1980 ging ich wegen Stephans Babysitting wieder einmal nicht zur Universität. Stattdessen lief ich mit dem kleinen Stephan auf der Ostenbergstraße hin und her. Dies fiel Ilse Steinecke, einer Nachbarin aus der Ostenbergstraße 21, auf und sie bot spontan an, unentgeltlich auf Stephan aufzupassen. Sie war für uns wie ein Engel. Ihr Mann, Dr. Volkmar Steinecke, arbeitete in den

Hoesch-Werken in Dortmund-Hörde. Außerdem lehrte er Statistik an der Universität Clausthal. Nach Stephan betreute sie auch die Kinder unserer Missionarsehepaare unentgeltlich, wie Mira, die Tochter von Sara & Paul Chang, Maria, die Tochter von Rebecca & Joseph Han, und unseren zweiten Sohn Timothée. Auch ihre Tochter Helga half bei der Betreuung der kleinen Kinder. Frau Steinecke brachte unseren Kindern bis zu ihrem 18. Geburtstag zu jedem Geburtstag selbstgebackene Geburtstagskuchen mit. Mit Maria Han, die jetzt als Ärztin in Berlin arbeitet, blieb sie bis zuletzt in Kontakt.

Die Eheleute Steinecke mochten nordeuropäische Länder wie Island und Skandinavien. Sie machten dort gerne Urlaub und förderten den kulturellen Austausch zwischen der Stadt Dortmund und den skandinavischen Ländern. Herr Steinecke war bis zu seinem Tod 1995 der erste Vorsitzende der Deutsch-Isländischen Gesellschaft. Obwohl er bei Hoesch eine hohe Position hatte, lebte seine Familie in einer Dachgeschosswohnung mit drei kleinen Zimmern, ohne Fernseher, aber mit einem relativ großen Garten. Sie führten ein großzügiges, hilfsbereites Leben und hatten einen offenen, barmherzigen Charakter. Sie waren bescheiden, freundlich und fröhlich.

Als ich im Dezember 1983 wegen einer Bibelfreizeit verreist war, blieb Esther zu Hause, da sie zum zweiten Male hochschwanger war. Diesmal kamen die Wehen auch schneller als erwartet. Herr Steinecke brachte sie mit seinem Auto ins St. Johannes Hospital in Dortmund zur Entbindung. Doch der Pförtner hielt ihn für einen Taxifahrer. Dort konnte Esther Timothée schnell und ohne Komplikationen zur Welt bringen.

1995 starb Herr Steinecke an einer Krankheit. Zwei oder drei Tage vor seinem Tod rief mich seine Frau an und bat mich um seine letzte Seelsorge. Nur er und ich waren in seinem Krankenzimmer. Ich erklärte ihm die Bedeutung des Todes Jesu für unsere Sünden und die Auferstehung Jesu für unsere Auferstehung. Und ich fragte ihn, ob er an dieses Evangelium glaube. Er nickte und sprach ein wenig über seine Reue, obwohl er keine konkrete Geschichte erzählte. Etwa zwei Tage später hörte ich durch seine Frau, dass er den Himmel offen und Engel gesehen hatte. Er war friedlich zu seinem himmlischen Vater gegangen. Ich danke Gott, dass Er ihm Frieden schenkte und ihn in sein Himmelreich willkommen hieß.

Nach seiner Beerdigung versammelten sich viele Menschen aus Deutschland und den skandinavischen Ländern zu einer Gedenkstunde in der Waldorfschule in Dortmund-Stockum. Sie erzählten davon, wie freundlich und hingebungsvoll er gewesen war und wie er anderen gerne geholfen hatte.

### 3. Zweite Hausgemeinde in Dortmund: Baroper Bahnhofstraße 73(29.9.1981 – 31.5.1984)

**\* Grund des Umzugs**

Wir wohnten seit dem 15. August 1978 an der Ostenbergstraße 22 in Dortmund. Inzwischen waren einige Missionare aus Korea gekommen. Außerdem hatten wir auch einige deutsche Mitarbeiter. Da die Wohnung für unsere Gemeindearbeit zu klein war, wollten wir in eine größere Wohnung umziehen. In der Zeitung „Ruhrnachrichten" fanden wir eine Wohnungsanzeige für eine Vierzimmerwohnung. Wir bezogen am Samstag, dem 26. September 1981, diese Wohnung an der Baroper-Bahnhofstraße 73.

Zweite Hausgemeinde in Dortmund an der Baroper Bahnhofstraße 73(Erdgeschoss des Gebäudes)
28. Sept. 1981 – Ende Mai 1984.

Unsere neue Hausgemeinde befand sich im Erdgeschoss. Sie lag dem alten Baroper Bahnhof gegenüber, der damals als „Fruchtbörse"-Laden diente. Die Wohnung hatte vier Zimmer, ein großes

Wohnzimmer und drei kleinere Zimmer. Rebecca Han(geb. Son) wohnte zunächst im Vorzimmer(Eingang rechts). Nach Rebeccas Auszug zog Karl-Heinz Hohmann ein und lebte dort etwa ein Jahr. Im ersten Stock des Gebäudes wohnte die Familie Danko, ein etwa älteres Ehepaar. Dieses Ehepaar war sehr lieb zu uns und kümmerte sich gelegentlich um Stephan.

Wegen einer chronischen Mittelohrentzündung war ich vom 28. September bis 8. Oktober 1981 in der Städtischen Klinik in Dortmund und wurde einer Ohrenoperation unterzogen.

Im Schlafzimmer unserer neuen Wohnung tauchten Bettwanzen auf. Ob sie von alten Matratzen oder aus der Wohnung selbst stammten, wussten wir nicht. Nachts kletterten sie die Wände hoch, ließen sich von der Decke direkt über uns fallen und bissen uns. Wir riefen das Gesundheitsamt an, und ein Schädlingsbekämpfer kam und versprühte ein Spray, sodass die Bettwanzen aus der Wohnung verschwanden!

### * Meine erste Führerscheinprüfung

Esther wurde im März 1983 zum zweiten Mal schwanger. Im September desselben Jahres wurde bei Stephan Hepatitis diagnostiziert. Er musste daraufhin sechs Wochen allein in einem isolierten Zimmer der Städtischen Kinderklinik in Dortmund-Benninghofen verbringen. Ich fuhr täglich mit dem Fahrrad dorthin und spielte mit ihm Lego. Da Esther hochschwanger war, nahm sie den Bus dorthin.

Im Frühjahr dieses Jahres bekamen wir von meiner Heimatgemeinde in Daejeon 1.000 DM geschenkt, sodass wir für unsere Gemeindearbeit ein französisches Auto, Dyane-6, kauften. Von uns allen besaß zunächst nur Rebecca Han einen koreanischen Führerschein. Da sie nur auf einem Übungsplatz geübt hatte, war sie recht unsicher. Ludger Sickelmann hingegen besaß damals noch keinen Führerschein, war aber ein guter Fahrer, weil er auf dem Land aufgewachsen war und dort das Fahren gelernt hatte.

Eines Abends fuhren Rebecca Han, Ludger und ich mit der Dyane-6 zu einem leeren Parkplatz der Universität Dortmund, um Fahrübungen zu machen. Als wir ankamen, wäre ich gerne der Erste gewesen, der das Fahren geübt hätte. Aber ich dachte, als Gemeindeleiter sollte ich Rebecca zuerst üben lassen. Nachdem sie mit Ludgers Hilfe eine kurze Strecke gefahren war, traf die Polizei ein und forderte sie auf, ihren Führerschein vorzuzeigen. Rebecca sagte, sie habe ihn zu Hause gelassen. Als die Polizei sie aufforderte, ihren Führerschein zu holen, fuhr Rebecca im Schneckentempo nach Hause. Ludger setzte sich neben sie und half ihr. Unterwegs, in der Ostenbergstraße neben dem Studentenwohnheim, hielt uns die Polizei an, weil Rebecca zu langsam fuhr. Die Polizei schlug vor, dass Ludger stattdessen das Auto fahren sollte. Doch Ludger antwortete, dass er keinen Führerschein habe. Als Ludger der Polizei vorschlug, dass einer der Polizisten unser Auto fahren sollte, antwortete der Beamte, dass sie das nicht dürften. Also fuhr Rebecca langsam zur Gemeinde und zeigte der Polizei ihren internationalen Führerschein. Die Polizei sagte ihr: „Fahren Sie vorsichtig!", und fuhr weg. Durch diesen Vorfall lernte ich, dass die biblische Lehre „Nachgeben ist besser als Selbstsucht" der richtige Weg des Lebens ist.

Ich besuchte die Szymanski Fahrschule in Dortmund und übte über

50 Fahrstunden auf öffentlichen Straßen. Am 15. Oktober war es endlich so weit: der lang ersehnte Tag meiner Führerscheinprüfung. Die erste Theorieprüfung in der Fahrschule bestand ich mit Leichtigkeit. Danach folgte die praktische Fahrprüfung. Ich saß auf dem Fahrersitz, der Fahrlehrer rechts von mir und der Prüfer hinter mir. Ich fuhr etwa 30 Minuten ohne Probleme. Als ich an eine Kreuzung kam, dachte ich: Wenn ich nur durch diese Kreuzung fahre, bekomme ich sicher meinen Führerschein. Doch als die Ampel auf Grün schaltete, bog ein Lkw auf der linken Spur nach links ab. Vor mir überquerte ein Auto die Kreuzung. Abgelenkt durch dieses Auto wollte ich ebenfalls die Kreuzung überqueren, achtete aber nicht auf den nach links ausscherenden Lkw. Der Fahrlehrer bremste stark, um eine Kollision mit dem Lkw zu vermeiden. Danach tadelte er mich heftig. Natürlich hatte ich die Prüfung nicht bestanden. Mein Traum vom Führerschein war wie eine Seifenblase geplatzt. Als ich nach Hause kam und Esther davon erzählte, war sie sehr traurig. Sie hatte gehofft, dass wir Stephan von diesem Tag an mit dem Auto besuchen könnten. Und dieser Tag war ausgerechnet unser Hochzeitstag. Also musste ich Stephan weiter mit dem Fahrrad besuchen, und Esther, die hochschwanger war, musste mit dem Bus weiterfahren.

### * Timothées Geburt

Mitte Dezember 1983 wurde Timothée, unser zweiter Sohn, im St. Johannes Hospital in Dortmund geboren. An diesem Wochenende fand eine Bibelfreizeit in Rehe in Westerwald statt, wohin ich am Freitagnachmittag mit anderen gereist war. Esthers Entbindungstermin wäre eigentlich um Weihnachten herum gewesen. Sie blieb jedoch zu Hause, da sie merkte, dass sie wahrscheinlich etwas früher entbinden würde. Als sie die ersten Wehen bekam, bat sie Volkmar Steinecke, den Ehemann unserer Babysitterin Ilse, sie ins St. Johannes Hospital in der Dortmunder Innenstadt zu bringen.

Auch dieses Mal gebar Esther das zweite Baby blitzschnell und ohne Komplikationen. Als ich am Sonntag von der Bibelfreizeit zurückkam, lag das Baby bereits neben ihr. Ich dankte Gott, dass er sich um sie und das Baby gekümmert hatte.

Esther freute sich, dass sie, wie gewünscht, einen weiteren Jungen zur Welt gebracht hatte. Auch Stephan freute sich über die Geburt seines Bruders. Timothée hat eine ausgeprägte Intuition und ist intelligent. Sein Charakter ähnelt eher dem seiner Mutter. Stephan ist treu und zielstrebig. Sein Charakter ähnelt eher meinem. Stephan brachte seinen Bruder gerne zur Schule und war sehr stolz auf ihn. Timothée spielte lieber mit seinem Bruder, als in den Kindergarten zu gehen.

### 4. Dritte Hausgemeinde in Dortmund: Helenenbergweg 7(1.6.1984 – 28.2.1987; ab 31.7.1986 nur als Gemeindezentrum)

Hausgemeinde Helenenbergweg 7(Esther mit Baby Timothée)

Da Walter Nett und Ludger Sickelmann, die beiden wichtigsten deutschen Mitarbeiter in Dortmund, nach Köln gezogen waren und die Besucherzahlen des Gottesdienstes rückläufig waren, zogen wir um. Der Standort der dritten Hausgemeinde in Dortmund war eine ruhige Zweizimmerwohnung mit etwa 60 Quadratmetern. Die Wohnung war nur 50 Meter von der Straßenbahnhaltestelle „An der Palmweide" entfernt, und wir brauchten nur 15 Minuten zu Fuß zur Universität Dortmund. Von der Hausgemeinde her konnten wir bequem mit der U-Bahn zum Dortmunder Hauptbahnhof fahren. Die Wohnung verfügte über eine elektrische Fußbodenheizung, sodass wir uns wie in einer koreanischen Wohnung fühlten, in der die Böden mit Brennholz beheizt werden. Obwohl die Heizkosten relativ hoch waren, waren wir froh, auf dem Boden schlafen zu können.

Gegenüber der Hausgemeinde gab es eine unbebaute Freifläche zum Spielen und eine Kleingartenanlage. In jenem Jahr gab es viel Schnee, sodass Stephan dort mit Timothée Schlitten fahren konnte. Stephan besuchte die Ostenberg-Grundschule, gleich neben der alten St. Margarethen-Kapelle in Klein-Barop, in der Nähe unserer Wohnung.

Eines Tages kam Stephan mit einem kaputten Regenschirm von der Schule nach Hause, den ein paar Jungs kaputt gemacht hätten. Esther sorgte sich seitdem um Stephans Sicherheit. Doch ein paar Jahre später kam eine andere Wahrheit ans Licht. Wir waren inzwischen nach Bochum gezogen. Stephan besuchte Korea während der Sommerferien und studierte die Bibel in UBF Hanyang mit Lydia Lee, die zu dieser Zeit in Korea war. Nach seiner Rückkehr aus Korea bat Stephan Esther um Vergebung, weil er aus Spaß den Regenschirm selbst kaputtgemacht und seine Mutter belogen hatte. Wir freuten uns natürlich sehr über seine Buße, die eine Frucht seines Bibelstudiums in Korea war.

Unsere Dachgeschosswohnung vom 1. August 1986 bis 28. Februar 1987

Am 1. August 1986 bezog unsere Familie eine Wohnung an der Baroper Str. 204 und nutzte die Wohnung am Helenenbergweg 7 ausschließlich als Gemeindezentrum. Unsere neue Wohnung war eine Dachgeschosswohnung mit elektrischer Nachtspeicherheizung.

An einem Wochenende, von Freitag bis Sonntag, fand eine Bibelfreizeit statt. Da die Kinder lieber zu Hause bleiben wollten, baten wir unsere Vermieterin, die im Erdgeschoss desselben Hauses wohnte, für diese Zeit auf unsere Kinder aufzupassen.

Als wir nach der Bibelkonferenz mit dem Auto zurückkamen und vor dem Hauseingang standen, freute sich Timothée sehr. Während ich noch unsere Sachen aus dem Kofferraum holte und die Autoklappe schließen wollte, rannte Timothée blitzschnell auf mich zu, sodass die

Autoklappe an seinen Kopf stieß. Es blutete, deshalb fuhren wir sofort zur Untersuchung ins Krankenhaus. Erst als sich herausstellte, dass seine Verletzung nur leicht war, waren wir beruhigt.

Nach unserem Umzug nach Bochum am 28. Februar 1987 bezog das Dortmunder Gemeindehaus ein Erdgeschossapartment im Hochhaus Hanibal am Vogelpothsweg 18, das etwa 800 m nordöstlich der Universität lag.

## * Meine Promotion

Das Thema meiner Doktorarbeit war die Untersuchung der Flammpunkte brennbarer Flüssigkeitsgemische. Der Flammpunkt ist die niedrigste Temperatur, bei der sich über der brennbaren Flüssigkeit ausreichend Gase bilden, sodass eine Verbrennung durch eine Zündquelle erfolgen kann. So kann es beispielsweise zu einer Explosion kommen, wenn in einem Raum mit flüchtigen, brennbaren Flüssigkeiten ein Feuer zum Rauchen angezündet wird. Damals waren die Flammpunkte vieler reiner, brennbarer Flüssigkeiten bereits bekannt, während die von Flüssigkeitsgemischen weitgehend unbekannt waren.

Zum einen sollte ich die Flammpunkte einiger Flüssigkeitsgemische experimentell messen und zum anderen die Flammpunkte der brennbaren Flüssigkeitsgemische in Abhängigkeit von ihren Mischverhältnissen vorausberechnen.

Meine Doktorarbeit war etwa 1985 fertig, musste aber noch Korrektur gelesen werden. Da meine Deutschkenntnisse nicht ausreichten, begann Professor Schecker mit der Korrektur. Da ihm dies zu zeitaufwendig war, beauftragte er einen seiner Assistenten mit der Korrektur.

Er hat meine Dissertation während seiner Arbeitspause korrigiert. Allein die Korrekturen dauerten etwa ein Jahr. Ich bin Herrn Professor Schecker und seinem Assistenten für ihre Hilfe sehr dankbar.

Prof. Schecker veröffentlichte einige Ergebnisse meiner Doktorarbeit zweimal in Fachzeitschriften. Eine Liste der von Prof. Schecker betreuten Promotionen konnte auf der Website der Universität Dortmund eingesehen werden.

---

**Kalkert, Norbert:**

**Rindfleisch, H.-N.**: „Untersuchung zur Methodik von Sicherheitsanalysen"; Universität Dortmund; 1984

**Alfert, F.**: „Sicherheitstechnische Kenngrößen von polynären Brennstoff/ Luft-Gemischen [Brennstoff-Luft-Gemischen] und selbstzerfallenden Stoffen"; Universität Dortmund; 1985

**Choe, M.**: „Experimentelle und theoretische Untersuchungen zur Flammpunktbestimmmung von Flüssigkeitsgemischen"; Universität Dortmund; 1986

**Mähler, R.**: „Zur Prozeßführung bei der Herstellung von Elastomer-Metall-Verbundelementen"; Universität Dortmund; 1991

...

---

Ende 1985 sandte mir Prof. Bo-Sung Rhee aus Korea per Telefax ein Stellenangebot einer Professur: Gesucht wurde ein Professor für die neu gegründete Abteilung für Sicherheitstechnik an der Universität Chungbook in Cheongjoo, Korea. Ich schickte ihm sofort per Telefax meine Absage. Prof. Schecker bedauerte meine Entscheidung. Das war verständlich, denn er hatte sich sehr um mich bemüht und hatte ein väterliches Herz für mich. Er hatte gehofft, dass ich ein Pionier der Sicherheitstechnik in Korea werden würde. Aber er respektierte meine Entscheidung. Ich danke Gott dafür, dass Er mir einen solchen Doktorvater anvertraut hatte.

An einem Frühsommertag im Juni 1986 erhielt ich meinen Doktortitel und pflanzte, der Tradition unserer Arbeitsgruppe folgend, einen Birnbaum neben dem Chemielabor. Ein Kollege holte einen Transportwagen vom Labor, den er mit buntem Papier dekoriert hatte, und fuhr mich ein kurzes Stück über den Campus. Anschließend feierten wir eine kleine Party mit den Mitarbeitern der Arbeitsgruppe, Professoren, unserer Familie und Jesaja & Bekkie Lee.

Ich möchte Gott die Ehre geben und Professor Schecker und Professor Bo-Sung Rhee für ihre Unterstützung danken. Auch den Mitarbeitern der Arbeitsgruppe von Prof. Schecker bin ich für ihre Freundlichkeit und Hilfe sehr dankbar.

Nach meiner Promotion bewarb ich mich bei einigen Unternehmen in der Nähe von Dortmund. Damals waren deutsche Unternehmen noch nicht bereit, Ausländer einzustellen, daher erhielt ich viele Absagen. Das hatte Professor Schecker mir im Voraus gesagt. Außerdem sprach ich nicht fließend Deutsch und verfügte nicht über die notwendigen Fachkenntnisse, die ein deutsches Unternehmen benötigen könnte. Daher war es schwierig, eine Stelle zu finden.

Ich aber habe meine Entscheidung, in Deutschland zu bleiben, nie bereut. So wie die Puritaner anfangs Schwierigkeiten hatten, als sie nach Nordamerika kamen, wusste ich, dass ich als Pionier der Studentenmission in Deutschland Schwierigkeiten bekommen würde. Ich betrachtete Deutschland als meine neue Heimat und wollte ein Leben führen, Gottes Segen mit den Deutschen zu teilen.

Meine Söhne Stephan und Timothée studierten später beide Wirtschaftswissenschaften an der Universität Bochum und bekamen gute Jobs in Deutschland bzw. den USA.

# Neunte Story: Mitarbeiter für die Studentenmission in Dortmund

„Ich bin der gute Hirte und kenne die Meinen und die Meinen kennen mich, wie mich mein Vater kennt; und ich kenne den Vater. Und ich lasse mein Leben für die Schafe. Und ich habe noch andere Schafe, die sind nicht aus diesem Stall; auch sie muss ich herführen, und sie werden meine Stimme hören, und es wird eine Herde und ein Hirte werden.''

(Johannes 10,14–16)

### 1. Mitgearbeitete deutsche, indonesische und koreanische Studenten in Dortmund

**\* Adi Satria führte Iman(Kornelius) Subagio und dieser wiederum Martin Nachtrodt**

Adi war ein Chemietechnikstudent aus Indonesien. Er wurde am 7. Januar 1979 in der Universitätsmensa durch Sara Oh zum Gottesdienst eingeladen. Er besuchte am 21. Januar den Gottesdienst mit Kornelius, einem indonesischen Landsmann, der auf der Suche nach einer bibeltreuen Gemeinde war. Eine Woche später führte Cornelius Martin Nachtrodt, einen Chemietechnikstudenten, zum Gottesdienst. Martin hatte ein Herz für ausländische Studenten.

Im Februar 1979 nahm Adi Gottes Berufung als Vermittler göttlichen Segens auf Grundlage des Wortes Gottes in Genesis 12,2 an. Vom 25. bis 27. Mai 1979 fand die bundesweite Mai-Konferenz in Bad Hönningen statt. Aus Dortmund nahmen Iman Subagio, Adi Satria und koreanische Missionare daran teil. Adi trug während dieser Konferenz seine Stellungnahme zum Bibeltext mit dem Titel „Eine neue Veränderung" vor. Auch Kornelius trug seine Stellungnahme gemäß Lukas 5 mit dem Titel „Das Volk braucht Gottes Wort" vor.

Adi spielte in gewisser Weise eine wichtige Rolle in Gottes Erlösungswerk in Dortmund, genau wie Abraham in der Genesis. Auch Cornelius war eine große Unterstützung. Beide Studenten arbeiteten zwei Jahre lang mit uns zusammen, um das Evangelium zu verbreiten.

In meinem Kalenderbuch von 1980 fand ich weitere Namen derjenigen, denen Sara geholfen hatte: Detlef, Martina, Adi, Sook-Bin, Young-Hee, Hee-Sook, Gaby und Theo.

### * Martin Nachtrodt: ein freundlicher Evangelist

Er kam am 28. Januar 1979 auf Einladung von Kornelius zu unserem Gottesdienst. Er hatte bei SMD(Studentenmission in Deutschland), einer Schwestergruppe von Inter-Varsity-Fellowship, mitgearbeitet. Martin war in einer christlichen Familie aufgewachsen und von Natur aus bescheiden und freundlich. Einer seiner Onkel war Missionar im Ausland gewesen. Er hatte ein großes Herz für ausländische Studenten. Zu dieser Zeit unterstützte er ein afghanisches Studentenpaar namens Hasan & Sadroldin, die bereits Christen waren. Bei einem offenen Bibelabend vom 21. Juni 1979 predigte er über Lukas 5,9-10 und nahm die göttliche Berufung zur Studentenmission an.

Im Juli 1979 schloss er sein Studium ab und begann mit der Arbeitssuche. Zu diesem Zeitpunkt war er bereits mit Marianne verlobt. Er nahm vom 23. bis 26. August 1979 an der Sommerkonferenz im CVJM Bundeshöhe in Düsseldorf teil. Dort bekannte er, dass er auf der Grundlage von Offenbarung 1,7 die göttliche Berufung angenommen habe, Studenten die Bibel zu lehren. Wir beteten, dass Gott ihm in Dortmund einen Doktorandenkurs und eine Assistentenstelle schenken möge. Durch Gottes Gnade erhielt er 1980 sowohl eine Assistentenstelle an der Universität Dortmund als auch eine Doktorandenstelle. Er lud Studenten wie Matthias und Winfried dazu ein, die Bibel zu studieren und an Jesus zu glauben.

Am 3. Mai 1980 heiratete er seine Verlobte Marianne. Esther, ich, Abraham Lee und andere nahmen an der fröhlichen, traditionellen Hochzeitsfeier in seiner kleinen Heimatstadt teil.

1986 promovierte er in der Abteilung Chemietechnik an der Uni Dortmund und ist seit 1992 Professor am Fachbereich Maschinenbau und Verfahrenstechnik der Fachhochschule Düsseldorf. Er engagiert sich weiterhin aktiv für die Hinführung von Studenten zum Glauben an Jesus Christus.

### * Ludger Sickelmann und die erste Dortmunder Bibelakademie

Mitte Juni 1979 lernte ich auf einer Straßenbahnfahrt von der Dortmunder Innenstadt nach Dortmund-Barop den blonden Physikstudenten Ludger Sickelmann kennen und lud ihn zur „Bibelakademie" ein, die vom 20. bis 21. Juni 1979 in unserer Hausgemeinde stattfand. Am ersten Abend der Bibelakademie kam keiner der eingeladenen Studenten. Also veranstalteten wir an diesem Abend nicht die geplante Bibelakademie, sondern gingen zu den Wohnheimen und luden die Studenten nochmals ein. Auch Ludger, der im Studentenwohnheim Ostenbergstraße 99 wohnte, trafen wir wieder und luden ihn für den nächsten Tag zur Bibelakademie ein. Ludger kam tatsächlich am Donnerstagabend zur Bibelakademie.

Am Donnerstagabend predigte Martin Nachtrodt Gottes Wort nach Lukas 5,10. Detlef Hauerkaff und unser Nachbar Martin R. waren ebenfalls anwesend. Im Laufe der Jahre gaben die Studenten dieser Bibelakademie den Segen, den sie von Gott empfangen hatten, an andere Studenten weiter. Dies machte sie in Gottes Augen zu bedeutenden Persönlichkeiten. Nach dieser Bibelakademie begann Detlef Hauerkamp am 23. Juni 1979 mit dem Bibelstudium mit Sara Oh. Etwas später, am 12. Juli, begann Ludger, mit mir das Johannesevangelium zu studieren. Unser Nachbar Martin R. studierte bereits einmal pro Woche mit Esther die Bibel.

Ludger nahm vom 23. bis 26. August 1979 an der Sommerkonferenz in Düsseldorf teil und bezeugte die Gnade Gottes. Er nahm die Verheißung in Johannes 1,42 an: „Von nun an sollst du Kephas heißen". „Kephas" bedeutet „Fels". Ludger glaubte und bekannte, dass Gott ihn wie einen „Felsen" im Werk Gottes gebrauchen werde. Seitdem half er Studenten mit dem Bibelstudium und führte viele von ihnen zum Glauben.

Vom 11. bis 20. August 1982 nahmen Ludger, Vera Wunderich, Sigrid Marquitan, Volker Keller, Daniel Park, Ki-Hyang Lee, Abraham Lee und ich an der Bibelkonferenz in der Nähe der Niagarafälle in den USA teil.

Ludger diente Gott treu und half vielen Studenten wie Walter Nett, Winfried Schmidt, Di und anderen mit dem Bibelstudium und mit gutem Rat. Gott segnete seine Hingabe reich, sodass die Studenten, denen er half, Gott persönlich begegneten und ein Segen für andere wurden.

Am Sonntag, dem 18. März 1984, schickten wir Ludger im Gebet nach Köln, um dort ein Praktikum als Vollzeitevangelist zu absolvieren. In Köln setzte Ludger sich für den Herrn und das Evangelium hingebungsvoll ein.

Zum Wintersemester 1985/86 wechselte er das Studienfach und studierte Nachrichtentechnik an der Fachhochschule Krefeld. Auch dort half er eifrig Studenten mit dem Zweierbibelstudium: Jürgen Mischke(3. Semester Chemie), Herbert Prinzen(3. Semester), Thomas Scholz(3. Semester), Lothar Schulz(3. Semester), Horst Dipmann und viele andere.

Ludger ist ein Mensch, der Gottes Segen mit anderen teilt, wo immer er ist. Er war und ist für viele ein großer Segen.

### * Karl-Heinz Hohmann

Die Sommerkonferenz 1981 fand vom 27. bis 30. August 1981 im Schloss Naumburg bei Frankfurt am Rhein statt. Im Vorfeld der Konferenz besuchten wir die Studentenwohnheime und luden die Studenten zur Konferenz ein. Einen Tag vor der Konferenz traf Sara Oh dort Karl-Heinz Hohmann und begann für ihn zu beten. Am 4. September desselben Jahres begann er, mit ihr in Einzelgesprächen die Bibel zu studieren und Gottesdienste zu besuchen.

Er studierte Lehramt an der Pädagogischen Hochschule Dortmund. Er sprach auch recht fließend Türkisch. Anschließend schloss er sein Lehramtsstudium ab.

Am 31. Dezember 1981 bezog er ein kleines Zimmer neben dem Eingang unserer Hausgemeinde und wohnte dort ein Jahr lang. Anschließend bezog er ein Zimmer in der Wohnung von Paul und Sara Chang am Heiligen Busch und lebte mit ihnen in einer Wohngemeinschaft.

### * Walter Nett

Mitte November 1981 sagte Ludger, er bete für die Studenten, die den Wunsch hätten, Gottes Wort kennenzulernen. Gott erhörte sein Gebet schnell. Am Samstag, dem 21. November 1981, luden Ludger und Esther einen Informatikstudenten namens Walter Nett aus dem Studentenheim an der Stockumer Straße ein. Ludger begann, ihm das Markusevangelium zu zweit zu lehren. Wie der Nachname Nett andeutet, war Walter wirklich ein freundlicher und netter Student. Er lernte sehr gut auswendig, war treu und folgte den Lehren Jesu entschieden. Durch das Bibelstudium von Lukas 5 lernte er die Berufung von Simon Petrus kennen. Nachdem Jesus vom Fischerboot des Petrus aus die Menschenmenge am Strand das Wort Gottes gelehrt hatte, sagte er zu Simon Petrus: „Fahre hinaus, wo es tief ist, und werft eure Netze zum Fang aus!" Auf Jesu Wort hin warf Petrus das Netz aus und fing viele Fische. Jesus sagte zu Petrus, der vor ihm niederfiel: „Fürchte dich nicht. Von nun an wirst du Menschen fangen!" Aufgrund dieses Bibelverses nahm Walter Gottes Berufung an, ein Menschenfischer zu sein und Menschen durch die Weitergabe des Evangeliums zum Glauben an Jesus Christus zu führen.

Auf der Konferenz ab dem 29. Juni 1982 sagte Walter, dass er zwölf „Studentenapostel" erziehen und aufstellen werde, wie Jesus zwölf Apostel erzogen und durch sie der Welt die gute Botschaft des ewigen Lebens überbracht hatte.

Im Sommer 1982 schloss Walter sein Studium der Informatik ab. Er wollte Dortmunder Studenten helfen, an Jesus Christus zu glauben und als Jünger Jesu zu leben. Deshalb nahm er eine Teilzeitstelle als Assistent an der Fernuniversität Hagen in der Nachbarstadt Dortmund an. 1982 half er Gerd Franken(4. Semester Informatik), Reiner Stahlhut(6. Semester Statistik) und einem anderen Reiner(6. Semester Wirtschaftswissenschaften) mit dem Bibelstudium.

Abraham Lee aus Köln schlug Walter vor, nach Köln zu ziehen und dort als zukünftiger Leiter befördert zu werden. Walter nahm den Vorschlag als göttliche Berufung an und zog Mitte 1983 nach Köln. Er heiratete die fröhliche Wynelle, und seine Familie ist glücklich und schenkt vielen Menschen Freude. Das Paar zog segensreiche Kinder groß.

Nach Abraham Lees Pensionierung wurde Walter der nächste Leiter und Prediger der Kölner Studentengemeinde. Nachdem er dem Herrn viele Jahre gedient hatte, übergab er schließlich die Leitung und Predigttätigkeit an Eberhard Groß. Eberhard hatte die Einladungsplakate gelesen, die Andreas Schmeinck an die Litfaßsäule geklebt hatte, und die Kölner Studentengemeinde besucht. Anschließend heiratete er Ulrike Groß, die in unserer Bochumer Gemeinde zum Glauben gekommen war.

Nach der Übergabe der Leitung zog Walters Familie nach Mönchengladbach.

### * Di & El

Anfang März 1982 luden Ludger und Esther Di, einen Studenten der Chemietechnik im 7. Semester in Dortmund, zum Bibelstudium ein. Er begann das Bibelstudium mit Ludger. Auch seine Verlobte El begann am 22. Oktober des Jahres, mit Esther die Bibel zu lernen. Di war eine gelassene Person, während El ein feines Gefühl hatte. Die beiden verstanden sich als Paar sehr gut. Ihre Hochzeit fand in der Evangelischen Kirche in Duisburg statt. Wir waren bei ihrer Hochzeit dabei. Nach dem Hochzeitsgottesdienst gratulierten viele junge Freunde dem Paar mit verschiedenen Darbietungen auf der Feier.

Während des Bibelstudiums mit Esther im September 1983 nahm El aufgrund des Wortes Markus 3,13-15 Gottes Ruf zum Missionsauftrag unter Jugendlichen und Studenten an. Auf diese Weise half sie Studenten und jungen Leuten durch Bibelstudium.

Am 7. April 1984 erzählte Di in unserer Gemeinde in Dortmund von seiner Glaubenserfahrung. Als er klein war, beteten seine Eltern immer vor dem Schlafengehen. Als er Kind war, war er relativ passiv. Erst mit 18 Jahren begann er, in seiner Heimatstadt in die Kirche zu gehen. Doch er hatte Angst vor den Veränderungen in seinem Leben. Er zögerte zum Beispiel, laut zu beten. Doch nach und nach lernte er zu beten. Er begann sein Studium an der Universität Dortmund und wohnte im Studentenwohnheim. Ludger lud ihn zum Bibelstudium ein. Durch das Bibelstudium lernte er, im Vertrauen auf Gott zu leben.

Di und El taten ihr Bestes, um Studenten und Jugendliche durch das Bibelstudium zum Glauben an das Evangelium zu führen. Nach seinem Studienabschluss bekam Di eine Anstellung bei einer Firma in einer andern Stadt, und das Paar zog dorthin.

### * Predigtkorrektur für den Kontakt

Etwa im Juni 1979 bat ich eine deutsche Studentin namens Jutta, die im Eingangsbereich der Mensa der Universität Dortmund saß, meine deutsche Predigt zu korrigieren. Sie korrigierte meine Predigt und gab mir dann die korrigierte Predigt anschließend mit der Bemerkung zurück, dass es nicht gut sei, die Studenten „Schafe" zu nennen. Sie hatte natürlich Recht, auch wenn es nur im übertragenen Sinn gemeint war. Durch diesen Vorfall lernte ich, die Sprache und die Gefühle von Studenten, die noch nicht an Gott glauben, besser zu verstehen.

### * Jericho-Marsch zur Bochumer Uni

Die Entfernung zwischen der Universität Dortmund und der Ruhr-Universität Bochum beträgt Luftlinie 18 km. Die kürzeste Autofahrtstrecke beträgt 21km.

Am Samstag, dem 24. November 1979, liefen wir Dortmunder Mitarbeiter von unserer Gemeinde in Dortmund-Barop zur Universität Bochum und zurück; ca. 20 km mal 2 sind 40 km. Wir nannten diese Aktion „Jericho-Marsch", weil wir darum beteten, dass die Herzen der Bochumer Studenten für das Evangelium geöffnet würden. Im Alten Testament heißt es, dass die Mauern Jerichos fielen, als die Israeliten sieben Tage lang um die Mauern Jerichos marschierten.

Wir glaubten, dass während dieses Marsches die Barrieren in den Herzen der Bochumer Studenten niedergerissen würden, sodass sie Gottes Wort lernen und Jesus annehmen würden. Das geschah später tatsächlich. Einige Studenten, wie Hartmut und Renate, öffneten ihre Herzen, nahmen Jesus an und arbeiteten mit uns für die Studentenmission zusammen.

## 2. Mitgearbeitete koreanische Missionare in Dortmund(1978–1986)

Ich hatte bereits über You-Kang Cho und Sara Oh berichtet, die seit 1978 als Krankenschwester-Missionarinnen für die Studentenmission in Essen, Bochum und Dortmund mitwirkten. Am 4. April 1979 kehrte You-Kang Hur(verh. Cho) endgültig nach Korea zurück, um mit ihrem Ehemann Seong-Gi Cho für die Studentenmission an der Seoul National Universität zu arbeiten.

Nun möchte ich über die studentischen Missionarinnen und Missionare in Dortmund berichten.

Ich selbst war mit einem Studentenvisum nach Deutschland gekommen. Wie bereits erwähnt, erlaubte die koreanische Regierung damals kein selbstfinanziertes Auslandsstudium, um ausländische Währung wie den Dollar oder die DM zu sparen. Um einen Reisepass zum Studienzweck zu erhalten und nach Deutschland zu kommen, musste ich der Passabteilung in Seoul ein Einladungsschreiben und einen finanziellen Garantieschein meines Doktorvaters vorlegen. Da ich mit Esther verheiratet war, hätte ich zum Zweck der Familienzusammenführung nach Deutschland kommen können. Gott hatte jedoch einen anderen Plan. Ich kam auf die Einladung meines Doktorvaters als Student nach Deutschland. Dazu musste ich verschiedene amtliche Dinge erledigen, um einen Reisepass zu erhalten. Dadurch konnte ich den Weg zur Erlangung eines Reisepasses zum Zweck des Auslandsstudiums kennenlernen und wurde in die Lage versetzt, später anderen koreanischen Geschwistern dabei zu helfen, als studentische Missionare nach Deutschland zu kommen.

Eigentlich hatten weder Esther noch Ki-Hyang Lee noch ich zunächst die Absicht, weitere studentische Missionare aus Korea nach Deutschland einzuladen. Als Ki-Hyang Lee und Esther durch meinen Brief erfuhren, dass Professor Bo-Sung Rhee, der Betreuer meines Masterstudiengangs, sich an der Universität Dortmund aufhielt. Die beiden besuchten Prof. Rhee, und durch ihn wurde mir Prof. Schecker als mein Doktorvater vorgestellt. Nachdem ich in Deutschland angekommen war, erkannte ich, dass unsere Glaubensgeschwister in Korea ebenfalls zum Zweck eines Studiums nach Deutschland kommen könnten.

Deshalb besuchten Sara Oh(verh. Chang) und ich Peter Kornowski, den Ehemann von Young-Hee Kornoswski, erklärten ihm die gesetzliche Lage in Korea und baten ihn darum, einen Einladungsbrief für Andreas Ahn zu schreiben, was dieser freundlicherweise tat.

Später besuchten Soon-Ki Yoon und ich zusammen Dr. Werner Sasse in der Ostasienabteilung der Universität Bochum und baten ihn, einen Einladungsbrief für Paula Kim zu schreiben. Auf dieselbe Weise baten Esther und ich Dr. Walter Reichert in Rheda um eine Einladung für Rebecca Son. Dabei gab ich jeweils meine Erklärung ab, dass ich für die finanziellen Belange der Eingeladenen in Deutschland verantwortlich bleiben werde. Auf diese Weise konnten studentische Missionare nach Dortmund kommen.

Peter Suh aus Daejeon, Südkorea, hatte Universitätsabsolventen seiner Gemeinde dazu ermutigt, als studentische Missionare nach Deutschland zu fliegen. Andere Gemeinden in Korea folgten dem Beispiel der Gemeinde in Daejeon und entsandten viele studentische Missionare. Heute sind die meisten koreanischen Missionare in den CMI-Gemeinden in Deutschland ursprünglich studentische Missionare gewesen.

Nach den Olympischen Spielen 1988 in Seoul änderte sich die Gesetzeslage in Korea, sodass man von da an auf eigene Kosten im Ausland studieren konnte. Auf diese Weise erweiterte Gott um 1990 herum sein Weltmissionswerk durch unsere koreanischen studentischen Missionare auf die Länder Ungarn, Russland und weitere ehemalige kommunistische Staaten.

Die Missionsarbeit durch studentische Missionare ist eine effektive Methode der Missionsarbeit. Missionare können sowohl die Sprache als auch die Kultur eines Landes zunächst durch Sprachkurse und später durch ein Universitätsstudium erlernen. Während und nach diesen Kursen können sie ihre Missionsarbeit effektiv durchführen.

Gott hatte zuerst durch Krankenschwester-Missionarinnen die Mission in Deutschland angefangen, und diese Arbeit anschließend durch die studentischen Missionare und deutsche Mitarbeiter verstärkt. Gottes Fügungen sind wunderbar.

Ich erzähle nun von einzelnen Missionaren, die in Dortmund mitgewirkt haben:

**Andreas Ahn(koreanisch: Jae-Ryong Ahn)** kam Anfang April

1979 in Dortmund an.

Er kam an einem Sonntag für uns unerwartet am Düsseldorfer Flughafen an, rief uns an und fragte, wie er nach Dortmund kommen könnte. Unbewusst antwortete ich ihm in einer Mischung aus Deutsch und Koreanisch, dass er mit dem Zug zum Dortmunder Hauptbahnhof fahren und dann mit dem Taxi zu uns fahren solle. Er nahm das Taxi aber vom Flughafen bis zu uns und musste dafür etwa 100,– DM bezahlen. Wahrscheinlich hatte er mich wegen meines Sprachmixers falsch verstanden.

Für die Fahrt von Dortmund zur Ruhr-Universität Bochum musste man drei Fahrkarten kaufen: die erste Fahrkarte für die Straßenbahn zum Dortmunder Hauptbahnhof, die zweite für die Bahn zum Bochumer Hauptbahnhof und die dritte für die Straßenbahn zur Ruhr-Universität. Um diese Fahrtkosten zu sparen, fuhr Andreas Ahn täglich mit dem Fahrrad rund 20 km von Dortmund zum Sprachkurs an der Ruhr-Universität, was etwa 40 Minuten dauerte. Andreas Ahn hätte als Architekt in Korea arbeiten und ein wohlhabendes Leben führen können. Er lebte jedoch in Armut, weil er als studentischer Missionar wirken wollte, um deutschen Studenten die gute Nachricht von Jesus Christus zu überbringen. Etwas später folgte Jesaja Lee seinem Beispiel.

Obwohl Andreas anfänglich Deutsch noch nicht beherrschte, lud er aktiv Studenten, wie z. B. Felix, zum Bibelstudium ein. Felix kam aus der Stephanstraße im Ort Kreuztal, was mir einprägsam ist, da ich Stephan heiße. Andreas half auch weiteren Studenten wie Arnold(ab Juni 1979), Ki-Seok Baek, Kurt, Se-Ja, Seon-Ok Baek, Seok-Ryun Kim, Do-Sil Kim(ab März 1980), Winfried(ab Juni 1980), Rainer und anderen mit dem Bibelstudium.

**Ruth Ahn(Young-Gi Yoon)**, die Ehefrau von Andreas Ahn, kam am Donnerstag, dem 12. Februar 1981, mit ihrem ersten Sohn Johann an. Beim Gottesdienst am 24. Februar trug sie ihr Glaubenszeugnis mit folgendem Inhalt vor:

Als sie unsere Gemeinde in Korea noch nicht besucht hatte, hatte sie nicht gewusst, wofür sie leben sollte. Als ihre guten Pläne scheiterten, war sie sehr enttäuscht. Sie begegnete aber im Frühjahr 1971 durch das Bibelstudium des Markusevangeliums und der Genesis Jesus persönlich. Die Bibel lehrte sie, dass der wahre Sinn ihres Lebens darin besteht, Menschen mit dem Evangelium zu retten. Danach erfuhr sie durch das Römerbriefstudium ihre persönliche Errettung, indem sie Gottes Liebe annahm und Gott liebte, anstatt irgendein Geschöpf zu lieben. Durch Genesis 12,2 nahm sie Gottes Versprechen an, dass Gott sie und ihre Familie als Segensstrom für viele Menschen gebrauchen werde. Tatsächlich führte Gott durch ihre Familie viele Studenten in Deutschland zum Glauben.

Andreas Ahn arbeitete außerhalb seiner Vorlesungszeit in einem Kölner Architekturbüro. Wegen dieser Arbeit zog seine Familie am 26. Juni 1982 nach Köln um. Auch in Köln führte diese Familie mehrere Studenten zum Glauben und half ihnen, als Jünger Jesu zu leben.

Am 15. Juli 1986 schloss Andreas sein Diplomstudium an der Universität Dortmund ab und begann sein Promotionsstudium an der TU Aachen. Seine Familie zog 1987 nach Aachen um und arbeitete für die dortige Studentenmission. Studenten wie z. B. Werner Theisen und Guido Wilms sind durch das Bibelstudium Jesus persönlich begegnet.

Diese beiden arbeiten dort bis heute mit der Familie Ahn treu zusammen. Sein Sohn Johann studierte Medizin an der TU Aachen, wurde Facharzt und arbeitet in Berlin. Johann und sein Bruder Maga sind treue Nachfolger Jesu.

**Sara Chang(geb. Oh)** flog am 2. April 1980 nach Korea, heiratete **Paul Chang** und kam am 7. Mai 1980 zurück. Sara Chang gebar im Oktober 1982 ihr erstes Kind Mira und später ihr zweites Kind Hanbyol. Wir dankten Gott für ihre hingebende Mitarbeit.

**Dong-Ok Park und Doo-Gyoo Kim** hatten in Rheda zusammen mit Esther für die Krankenschwestern-Mission gearbeitet. Dieses Ehepaar zog am 21. April 1980 nach Dortmund um und arbeitete ebenfalls mit uns für die Studentenmission. Dazu bekam Dong-Ok Kim eine Stelle im Marienhospital in Dortmund-Homburg. Ihre Tochter Hae-Jin war beim Umzug bereits ein Jahr alt. Danach wurde ihnen ein Junge namens Woo-Jin geboren. Doo-Gyoo Kim hat das Talent, Geschichten interessant zu erzählen. Wir lachten oft sehr, wenn er irgendeine Geschichte erzählte. Derzeit wohnt das Paar in Essen.

**Paula Kim**(Sa-Hyon Lee) kam am Sonntag, dem 23. März 1980, aus Daegu, Korea an. Wir empfingen sie nach dem Gottesdienst am Flughafen Düsseldorf. Ich war ihr zum ersten Mal im Dezember 1976 auf einer Konferenz in Daejeon, Korea, begegnet. Eigentlich wollte sie schon im Frühjahr 1979 kommen, arbeitete zunächst etwa ein Jahr als Lehrerin und kam danach. Nach ihrer Ankunft küsste sie den Boden des Forumplatzes der Uni Bochum, weil sie die Uni Bochum als ihr heiliges Land betrachtete. Sie hatte nur 1000,– DM aus Korea mitgebracht, vertraute aber auf Gott und arbeitete fleißig für ihre Unterhaltskosten.

Am Samstag, dem 1. Oktober 1983, heiratete sie in Daegu, Korea Joseph Kim. Vier Tage nach ihrer Hochzeit schrieb sie mir einen Brief über ihre Eheschließung: „Ich vertraue in allem auf Gott, der mich bisher auf den besten Weg geführt hat und mich auch in der Zukunft auf den besten Weg führen wird." Gott hat ihr Vertrauen auf Gott reichlich gesegnet.

**Joseph Kim**(koreanischer Name: Bong-Ki Kim), Paulas Mann, kam Mitte März 1986 nach Deutschland. Bei seinem ersten Gottesdienst in Dortmund am 16. März teilte er uns mit, wofür er betete: Er möchte Gott als Bibellehrer und Gebetsdiener dienen. Dazu wolle er in einem Jahr Deutsch beherrschen, in etwa vier Jahren promovieren, drei Vollzeithirten und drei hingebungsvolle gläubige Dienerinnen wie Maria aufstellen und dann in zehn Jahren England für das Evangelium erschließen.

Joseph und Paula wohnten zunächst in Dortmund und danach in Bochum. Sie halfen Renate Buchholz(verh. Schmeinck) und Ulrike Brinkmann(verh. Groß) mit dem Bibelstudium. Joseph Kim hat an der Uni Bochum im Fach Geschichte promoviert. Der Titel seiner Dissertation lautet „John Dewey und China. - Die Bedeutung seiner Gesellschaftstheorie für die interkulturelle Kommunikation[3]".

---

3  Kim, Bongki, „John Dewey und China. - Die Bedeutung seiner Gesellschaftstheorie für die
   interkulturelle Kommunikation", Dissertation
   *Zusammenfassung: s. www.uni-duisburg.de/Institute/OAWISS/download/doc/paper19.doc*

Das Paar wirkt gegenwärtig in Duisburg. Joseph hat vor, eines Tages in Nordkorea eine Schule zu eröffnen.

Samuel, das erste Kind des Paares, machte seinen Masterstudiengang an der Harvard University in den USA, ist verheiratet, hat zwei Kinder und arbeitet derzeit in Korea. Joseph Kims Tochter Johanna ist Ärztin.

**Rebecca Han**(Koreanisch: Jang-Won Son) kam am Mittwoch, dem 25. Juni 1980, in Deutschland an. Dieser Tag ist besonders erwähnenswert, da an diesem Tag im Jahr 1950 der Koreakrieg zwischen Nord- und Südkorea ausbrach. Sie kam aber nicht als Botin des Krieges, sondern als Botin des Friedens nach Deutschland. Sie hatte in Korea Koreanistik bis zum Masterabschluss studiert. Nach ihrem vierjährigen Bachelorstudiengang hatte sie einige Jahre lang als Lehrerin in einer Schule und danach als Wissenschaftliche Assistentin an der Uni Chungnam gearbeitet. Sie wollte aber unbedingt als Laienmissionarin ins Ausland gehen und aktiv für die Mission wirken. Leider hatte sie, weil sie Koreanistik studiert hatte, zunächst kaum Möglichkeiten, als Missionarin ins Ausland zu fliegen. Gott öffnete ihr aber die Missionstür, als studentische Missionarin nach Deutschland zu kommen und an der Uni Bochum in der Ostasienabteilung zu studieren.

Rebecca Han flog am 23. Juli 1982 nach Korea und heiratete am Samstag, dem 14. August 1982, Joseph Han. Nach der Heirat kam sie am 29. September 1982 nach Deutschland zurück.

Nach einem Jahr kam **Joseph Han(Sang-Dae Han)** an ihrem Hochzeitstag, dem 14. August 1983, in Deutschland an. Mit seiner Ankunft begann eine neue Ära des Missionslebens der beiden. Obwohl er in

Korea Elektrotechnik studiert hatte, begann er an der Uni Dortmund ganz neu das Fach Raumplanung zu studieren und schaffte das Diplom in fünf Jahren. Das Diplom entspricht dem Bachelor- plus dem Masterabschluss. Er erfüllte seine dreifache Aufgabe als Missionar, Student und Hausvater treu. Ihre beiden Kinder, Maria und Johann, wurden gut erzogen. Maria ist jetzt eine Ärztin und Johann arbeitet in Berlin.

Während des Studiums verkaufte Joseph Han abends Zeitungen und half treu Studenten mit dem Bibelstudium. Dennoch schaffte er sein Studium erfolgreich. So segnete Gott seinen einfältigen Glauben an Gott und die hingabevolle Unterstützung Rebeccas.

Nach dem Studium bekam Joseph Han eine Stelle in einer Bank in Frankfurt. Darum zog diese Familie nach Darmstadt um und eröffnete dort eine Studentengemeinde. Das Ehepaar half Manfred mit dem Bibelstudium. Manfred hatte Zweifel an Gott gehabt. Er überwand aber seinen Zweifel durch die Hilfe der beiden Missionare. Er heiratete Tanja aus Moldawien und hat vier Kinder. Er übernahm nach dem Heimgang Joseph Hans im Jahr 2010 die Leitung der Gemeinde und das Predigtamt. Später wechselte er mit seiner Familie in eine freie evangelische Gemeinde.

Ich kann mich gut an das freundliche Gesicht der Mutter Rebeccas in Korea erinnern, die im Juni 2021 einschlief. Sie hatte das Segenswerk in ihrer Familie angefangen. Rebecca Han übernahm ihr Segenswerk und führt es weiter, indem Rebecca und Joseph Han den göttlichen Segen an zahlreiche Menschen in Deutschland und in der Welt weitergaben.

**Jesaja Lee(Tack-Yong Lee)** kam am 15. Oktober 1980 in Deutschland an. Nach seinem Abschluss an der Seoul National Universität in Korea hatte er zunächst einige Jahre lang in einem Institut in Daejeon, Korea als Forscher gearbeitet. Er gab aber seine gut bezahlte Stelle auf und kam als studentischer Missionar nach Dortmund, um Studenten und Menschen zum Glauben zu führen. Seine Frau Bekkie Lee kam am 5. November 1981 nach.

Einige Jahre später besuchte Mark Yang, der als Leiter der Anam-UBF Jesaja und Bekkie Lee ausgesandt hatte, die Sommerkonferenz in Deutschland. Er schlug Jesaja vor, nicht mehr so ein hartes Leben als studentischer Missionar zu führen, sondern nach Korea zurückzukehren und mit ihm zusammenzuarbeiten. Da antwortete Jesaja ihm, dass er, nachdem er einmal als Missionar ausgesandt worden war, sein Leben lang als Missionar leben möchte.

Am 12. Juli 1987 gab es in der Gemeinde Dortmund einen Aussendungsgottesdienst meiner Familie und der Familie von Joseph & Paula Kım als Pioniere der Bochumer Universität. Bei diesem Gottesdienst bezeugte **Bekkie Lee** die Gnade Gottes in ihrem Leben, wobei sie Römer 1,1-5 als ihren Leitvers angab:

„Ich bin in einer sehr glücklichen christlichen Familie aufgewachsen. Als ich 1970 die Aufnahmeprüfung der Seoul National Universität nicht bestanden hatte, legte ich wie Jakob einen Eid ab, dass ich, wenn ich die nächste Aufnahmeprüfung der Seoul National Universität bestehen werde, ganz für Gott leben werde. Und Gott erhörte dieses Gebet. Danach lernte ich die Bibel in der Jongno UBF. Durch Genesis 1,31 erkannte ich die Sünde, dass ich bis dahin vor den Menschen gelebt hatte, und erfuhr große Gnade. Danach nahm ich durch das Wort Jesu in Johannes 21,15 <Liebst du mich?> Jesu Liebe und seinen Missionsauftrag an und wurde Missionarin."

Das Missionarspaar half Joseph Schulte, Ralf Nau, Hans-Peter Fick, Viola, Beate König, Johannes Honschopp und Thomas Kullmann mit dem Bibelstudium dabei, als Jünger Jesu zu leben.

Als ich nach Bochum umgezogen war, übernahm Jesaja Lee das Leiter- und Predigtamt der Gemeinde Dortmund. Das Ehepaar diente dem Herrn treu für die Gemeindearbeit.

**Rebekka Lee**(Ki-Min Lee) kam am 13. Oktober 1982 in Dortmund an. Sie hatte schon während ihrer Gymnasialzeit Bibelstudium mit Ruth Ahn gehabt, die eine Lehrerin an ihrer Schule gewesen war. Nachdem sie das vierjährige Studium des Krankenschwesterwesens an der Uni Chungnam absolviert hatte, kam sie als studentische Missionarin nach Dortmund. Nach etwa zwei Jahren begann sie mit dem Medizinstudium in Düsseldorf.

# Zehnte Story: Gottes Wirken in Dortmund durch das Bibelstudium

„Ich bin der gute Hirte und kenne die Meinen und die Meinen kennen mich, wie mich mein Vater kennt und ich kenne den Vater. Und ich lasse mein Leben für die Schafe. Und ich habe noch andere Schafe, die sind nicht aus diesem Stall; auch sie muss ich herführen, und sie werden meine Stimme hören, und es wird eine Herde und ein Hirte werden."

(Johannes 10,14–16)

## 1. Gottes Wirken während der Zeit der Hausgemeinde an der „Ostenbergstraße 22"(15.8.1978 – 26.9.1981)

### * Sook-Bin Lee und Eon-Ja Kim

Sook-Bin Lee, eine Koreanerin, die an der Folkwang-Musikhochschule in Essen Geige studierte, begann im Frühling 1979 durch die Einladung von Sara Oh(Chang) zum Gottesdienst zu kommen und nahm an der Sommerkonferenz teil. Sie besuchte etwa zwei Jahre lang unseren Gottesdienst treu und lernte durch Sara Oh die Bibel.

Sie sagte einmal über das Verhältnis zwischen der musikalischen Begabung und der Übung: „Man soll eine Begabung für Geigenspiel haben und dazu viel üben, wenn man eine ausgezeichnete Geigenspielerin sein möchte. Ich habe nicht diese ausgezeichnete Begabung, aber ich übe fleißig."

Ich denke, dass sie das aus Demut gesagt hatte. Nach dem Studium wurde sie in Seoul eine Professorin.

Im August 1979 besuchte uns Esthers Cousine Eon-Ja Kim, die in Paris einen Doktorkurs in französischer Literatur besuchte, und blieb etwa einen Monat. Während dieser Zeit besuchte sie einen Deutschkurs in Dortmund und lernte mit Esther die Bibel. Nach ihrer Promotion arbeitete sie als Professorin für französische Literatur an der Kangwon National Universität in Chuncheon. Sie war auch Präsidentin der „French Language Society" und trug zur Förderung der französischen Literatur in Korea bei.

### * Martin M., ein tüchtiger Student der Betriebswirtschaft

Ende Mai 1979 begann Esther für Martin zu beten, der im Nebenzimmer unserer Wohnung wohnte. Er war ein fleißiger Student der Betriebswirtschaft und zudem ein frommer, sozial engagierter Katholik. Esther traf sich einmal wöchentlich mit ihm zum Bibelstudium, während ich auf den kleinen Stephan aufpasste. In meinem Kalenderbuch steht am 21. Juni 1979, dass er durch das dritte Kapitel des Johannesevangeliums die Kraft der Wiedergeburt kennengelernt hatte. Anfang 1980 schloss er sein Studium nach fünf Jahren ab. Heute arbeitet er als Vorstandsmitglied einer namhaften Firma.

**\* Sommerkonferenz im Jahr 1979**

Die westdeutsche Sommerkonferenz 1979 fand vom 23. bis 26. August in Düsseldorf statt. Aus Dortmund nahmen daran Martin Nachtrodt, Ludger, Adi, Sook-Bin Lee, Ki-Seok Baek(Student an der Universität Bochum, eingeladen von Andreas Ahn), Seok-Ryun Kim, Dong-Ok Kim mit ihrem Ehemann Doo-Gyoo Kim, Bok-Eum Kim, Sara Oh, Andreas Ahn, Esther und ich teil. Auf dieser Konferenz trug Martin Nachtrodt sein Zeugnis vor, in dem er sagte, dass er Gottes Berufung als Hirte und Bibellehrer der Studenten angenommen hatte.

**\* Bernhard und Christian Kommendera(ab Oktober 1980)**

Als Rebecca Son in Deutschland ankam, hatte sie den Mut, schon bald Studenten zum Bibelstudium einzuladen. So lud sie im Oktober 1980 einen Theologiestudenten namens Bernhard Kommendera von der Uni Bochum zur Bibelgesprächsstunde ein. Dieser stellte uns Christian vor, seinen älteren Bruder, der Geologie studierte. Die beiden Brüder nahmen an der Herbstbibelkonferenz vom 7. bis 9. November 1980 in Hagen teil.

Ab Januar 1981 lernte Bernhard die Genesis mit Rebecca Son. Im März 1981 sagte er, dass durch den ersten Vers der Bibel „Am Anfang schuf Gott Himmel und Erde" seine Denkweise von einem egozentrischen zu einem gottzentrischen Weltbild verändert worden war. Er flog dann etwa im September des Jahres nach England, um sein Theologiestudium an der Uni Cambridge fortzusetzen.

Christian Kommendera war treu und hatte ein reines Herz für Gott. Er begann Anfang Januar 1981 mit Paula Kim das Bibelstudium und setzte es bis 1985 fort.

**\* Erkundung der Universitäten Hannover und Hamburg und Teilnahme an der Konferenz in den USA**

Am Himmelfahrtstag, dem 15. Mai 1980, fuhren Esther und ich an die Universitäten Hannover und Hamburg, um die Möglichkeit zu erkunden, dort später mit der Evangelisation der Studenten zu beginnen. Stephan war zu diesem Zeitpunkt ein Jahr und drei Monate alt und konnte ein wenig laufen. Die Universität Hannover hatte als erste Technische Hochschule in Deutschland die industrielle Revolution aufgegriffen. Sie ist eine der ältesten Technischen Universitäten Deutschlands und ihre Universitätsbibliothek ist eine der für den technischen Bereich bedeutendsten Bibliotheken Deutschlands.

Ende Juni des Jahres besuchte ich Kurie Park, eine Krankenschwester-Missionarin in Berlin. Nachdem alle Missionarinnen, die zuvor in Berlin gewirkt hatten, nach Westdeutschland umgezogen waren, war sie allein in Berlin geblieben. Ich schlug ihr vor, nach Dortmund umzuziehen, wenn sie nur wollte. Aber sie sagte, dass sie in Berlin bleiben möchte. Anschließend besuchte ich allein die TU Berlin und den Berliner Zoo und kehrte zurück.

Vom 30. Juli bis 11. August 1980 reisten Abraham Lee, Volker Keller, Sigrid Marquitan, Isaak Yook, Ludger Sickelmann und ich in die USA, um an der Niagara Summer Conference USA teilzunehmen. Tim Brauns und Andy Griffin waren damals wichtige Studienleiter der UBF Chicago. Die beiden predigten über den Kreuzweg der Christen nach den Kapiteln 8 und 9 des Markusevangeliums.

Die Konferenz endete am Sonntag. Unser deutsches Missionsreiseteam fuhr mit den Pkws der U. S.-Missionare von dem Konferenzort nach New York und Washington und besichtigte das Empire State Building, das Weiße Haus, das Kapitol und das Lincoln Memorial.

Im Jahr 1980 sandten wir eine Spende an You-Kang & Sung-Ki Cho, die an der Universität Seoul mit der Studentenmission begonnen hatten, weil wir You-Kang Cho, unsere Missionarin des Ruhrgebietes, dorthin ausgesandt hatten.

### * Die 1. Dortmunder Konferenz in Hagen

Vom 7. bis 9. November 1980 fand in der Jugendherberge in Hagen die historische erste Bibelkonferenz der Dortmunder Gemeinde statt. Ludger Sickelmann, Sara Oh und Andreas Ahn hielten die Predigten. Diese drei Personen waren damals in unserer Gemeinde sehr wichtig. Bernhard und Christian Kommendera sowie Martin(Theologiestudent der Universität Bochum) nahmen zusammen mit unseren Missionaren an dieser Konferenz teil. Außerdem nahmen auch Young-Sook Kang aus Frankfurt und Hwa-Soon Lee aus Stuttgart daran teil und unter- stützten uns. Die beiden Brüder Christian und Bernhard Kommendera begannen nach der Konferenz ein persönliches Bibelstudium mit Paula Lee bzw. Rebecca Son.

Eine Woche später, vom 14.-16. November, fand die Stuttgarter Bibelkonferenz in der Jugendherberge in Tübingen statt, an der ich teilnahm. Obwohl das Wetter recht kühl war, wurde dort nicht geheizt. Deswegen musste ich während der Konferenz meinen Mantel tragen. Eine Woche zuvor, bei der Dortmund Konferenz in Hagen, war die Heizung an. Das ließ mich vermuten, dass die Baden-Württemberger wohl durch ihre Sparsamkeit reich geworden waren.

**\* Liste der Bibelfreunde 1980**

Nachfolgend ist eine Liste von Studenten, die in den jeweiligen Jahren zum Bibelstudium gekommen waren, und die Personen, für die wir beteten:

- Sara Oh: Detlef, Martina, Adi, Sook-Bin Lee, Young-Hee Kornowski, Hee-Sook Kim, Gaby, Theo
- Esther Choe: Martin, Dong-Ok, Gaby, Birgit, Marianne, Frau Irmgard Kern in Hagen(Gebetsmutter), Naziba
- Bok-Eum Lee: Seon-Ok Baek, Barbara
- Dong-Ok Park: Elinor, Purin, Opa Reichert(Gebet)
- Stephan Choe: Mrtin Nachtrodt, Ludger, Felix, Kornelius, Doo-Kyoo Kim, Peter K., Soon-Ki Yoon, Soo-Pyung Kim(Gebet)
- Martin N.: Matthias, Winfried, Hasan, Sadroldin
- Ludger Sickelmann: Josef(Joh 1,14 angenommen), Eckardt, Helmut, Georg, Ludgers Vater und seine Schwester Christel, Armin
- Andreas Ahn: Rainer(Joh. Ev.), Arnold, Markus, Ki-Suk, Kwang-Sung Kim, Do-Sil Kim, Winfried, Felix
- Paula Kim(angekommen an 23. März 1980): Sohan, Winfried, Tina, Helga
- Rebecca Son(angekommen am 25. Juni 1980): Margaret, Ulrike, Usla(Markusevangelium), Birgit
- Jesaja Lee(angekommen am 15. Oktober 1980): Ali, Sabine, Petra

## * Bibelfreunde 1981

### Winfried Schmidz

Winfried Schmidz begann am 16. Januar 1981 mit dem Genesis-Bibelstudium mit Ludger, als er im dritten Jahr Physik studierte und im Studentenwohnheim an der Baroper Straße wohnte. Er hatte ein katholisches Gymnasium besucht, das von Mönchen geleitet wurde. Physik galt damals in Deutschland als ein Fach, das sowohl Naturwissenschaften als auch Ingenieurwissenschaften umfasste. Es ist kein Zufall, dass viele deutsche Physiker mit dem Nobelpreis ausgezeichnet wurden. Winfried war freundlich und nett. Er studierte etwa neun Monate lang jede Woche mit Ludger die Bibel und freundete sich mit uns an.

### Joseph Schulte

Jesaja Lee begann im September 1981 für Joseph Schulte zu beten. Dieser wohnte in Sundern, einem sauerländischen Dorf, und fuhr mit dem Auto zur Uni. Er begann Anfang Februar 1982 mit Jesaja Lee den Römerbrief zu studieren. Er lernte etwa ein Jahr lang aus dem Wort Gottes und besuchte auch die Sommerkonferenz vom 26. bis 29. August 1982 auf Schloss Naumburg. Jesaja und ich besuchten ihn 1982 in Sundern. Sein Elternhaus lag in einer wunderschönen Gegend. Seine Eltern besaßen ein Restaurant, das er später übernahm.

### Liste der Bibelfreunde 1981

- Ludger: Winfried Schmitz, Armin, Usla, Britta, Fritz, Bodo Piller, Walter
- Rebecca Son: Bernhard Kommendera, Birgit(wohnte im selben

Wohnheim in Bochum wie Rebecca, Elektrotechnik, 1. Sem.),
Britta
- Paula Kim: Christian Kommendera
- Esther Choe: Martin, Andreas Holzmann, Birgit Volker(Bibels-
tudium: 23.1. – 9.5.1981), Christian Hubertz(23.7. – 4.11.1981
Lukas-Ev. und Markus-Ev.), Michael Nitze, Gisela Kaiser(1.8. –
30.11.1982)
- Sara Chang: Sook-Bin Lee, Markus, Michael, Hugo, Dorothea
und Theo
- Jesaja Lee: Josef Schulte, Jürgen, Petra, Sabine, Georg
- Andreas Ahn: Felix, Winfried Sagola
- Stephan Choe: Martin Nachtrodt, Dietrich, Udo, Buckard, Klaus
- Paul Chang: Christian, Winfried

## 2. Gottes Wirken während der Zeit der Hausgemeinde an der „Ba-roper Bahnhofstraße 73" (26.9.1981 – 31.5.1984)

Unsere Hauskirchenräume an der Ostenbergstr. 22 waren durch die
gestiegene Zahl an Mitarbeitern und Bibelschülern zu eng geworden.
Darum zogen wir am Samstag, dem 26. September 1981, an die Baroper Bahnhofstraße 73 um. Ich blieb von Montag, dem 28. September
1981, bis Donnerstag, dem 8. Oktober, 11 Tage lang im Städtischen
Krankenhaus Dortmund und wurde wegen einer Mittelohrentzündung
operiert. Am Sonntag, dem 4. Oktober, konnte ich jedoch mit Erlaubnis des Arztes zum Sonntagsgottesdienst kommen und predigen.

Vom 30. Oktober bis 1. November 1981 veranstalteten wir in der

Jugendherberge Hagen eine Konferenz mit dem Thema „Tut Buße und glaubt an das Evangelium!"

Prediger waren Ludger(Freitagabend), Ruth Ahn(vor dem Frühstück am Samstag), Joseph Schulte(Samstagvormittag), Andreas Ahn(Samstagabend), Jesaja Lee(Sonntagvormittag) und Karl-Heinz Hohmann(-Sonntagvormittag).

Am Sonntag, dem 15. November 1981, feierten wir den Einweihungsgottesdienst des neuen Gemeinderaums. An diesem Tag beteten wir dafür, dass hier zwölf gute Bibellehrer wie Mose erzogen würden. Während dieses Gottesdienstes trugen drei Mitarbeiter ihre Glaubenszeugnisse vor. In gewisser Weise waren diese drei Mitarbeiter drei Glaubensbahnbrecher: Ludger ist als Deutscher ein Bahnbrecher der Studentenmission, Andreas Ahn als studentischer Missionar und Sara Chang als Krankenschwester.

Aufgrund von Markus 5,36 bekannte Ludger, dass er dafür Buße tat, dass er davor Angst hatte, Gott zu dienen, weil er nicht an die Macht Gottes glaubte. Er wollte nun Gott durch den Glauben freudig dienen.

Andreas Ahn sagte, dass er durch das Genesisbibelstudium mit Nam-Sik Woo in Korea zum Glauben an den Schöpfergott gekommen war. Früher hatte er für die Ehre Koreas leben wollen, aber er wollte doch mit Freude zur Ehre Gottes leben und arbeiten.

Sara Chang sagte, dass sie 1975 durch das Bibelstudium mit Yang-Nim Hwang zum Glauben an Gott gekommen war. Aber sie hatte die Sünde nie gehasst. Nun werde sie die Sünde hassen und die Gerechtigkeit Gottes lieben.

Missionarin Hwa-Soon Lee war aus Stuttgart gekommen, um uns zu stärken.

Am Ende des Jahres begannen wir, für die Studenten der 263 Universitäten und Hochschulen in Deutschland sowie für alle Menschen in den 164 Ländern der Welt zu beten, dass sie an Gott glauben.

## 2-1. Neue Bibelfreunde 1982

### * Ralf Nau

Am 19. Oktober 1982 lud Jesaja Lee Ralf Nau zum Bibelstudium ein, einen Studenten der Informatik im dritten Semester. Ralf wohnte in Ennepetal und glaubte bereits an Gott. Anfang November 1982 begann er mit Jesaja Lee, das Johannesevangelium zusammen zu betrachten. Im Juli des folgenden Jahres sagte er, dass er zusammen mit Jesaja Lee Studenten zum Bibelstudium einladen wolle. Er trug auf der Sommerkonferenz vom 15. bis 18. August 1983 sein Glaubensbekenntnis vor. Bis zum Frühjahr 1985 studierte er die Bibel mit Jesaja und wirkte mit uns zusammen.

### * Karl-Heinz Hohmann

Karl-Heinz half Hein Brase, Peter Grafschicke, Rainer Hartmann(Elektrotechnik), Peter Wittler(Informatik, 5. Sem.), Volker Oles(Chemietechnik, 7. Sem.) usw.

Auch im Jahr 1982 halfen die koreanischen Missionare vielen Studenten mit dem Bibelstudium.

Sara Chang half Karl-Heinz, Sook-Bin Lee und Detlef treu. Sie half auch Dorothea Schulz(1. Semester Physik & Musik, ihr Vater war Pfarrer), Markus Theo, Wolfgang Liesegang, Sabine Bosdorf, Edith,

Hugo(schon seit Anfang Dezember 81) und Norbert Kaup(ab Juni 1982 mit dem Johannesevangelium).

Paula Kim lehrte Christian Kommendera Gottes Wort weiter und betete dafür, dass er ein Beter für Bochumer Studenten werde. Im Januar 1982 nahm Amin durch das Bibelstudium von Genesis 1 mit Paula die Schöpfungsordnung an, d. h. die Prioritätenordnung: Gott – Mensch – andere Geschöpfe. Paula half auch Herbert, Georg, Andreas Menschuk(3. Semester Architektur) und Eva mit dem Bibelstudium.

Rebecca Han half ab dem 5. März 1982 Bernhard Kommendera, dem Theologiestudenten, mit Gottes Wort aus 1. Mose, sodass dieser die Wahrheit eines gottzentrierten Lebens annahm. Sie half auch Britta mit der Genesis(ab 22. Juli 1981) und betete dafür, dass sie eine Gebetsmutter werde. Sie half ab 11. November 1981 Usla Wojciechowski mit dem Markusevangelium, sowie Gabrielle, Ulrich, Petra(Sonderpädagogik) und Jutta(4. Semester Sport).

Andreas Ahn half Felix, Winfried Sagola und Paul. Seine Frau Ruth Ahn half in ihrer Anfangsphase in Deutschland(ab Februar 1981), Koreanern wie Hee-Gi Kang, Doo-Gyoo Kim und Hong-Soon Han.
Martin R., den Esther Choe die Bibel lehrte, absolvierte sein Studium und zog nach der Arbeitsstelle in eine andere Stadt um. Esther half danach El(vom 24. Oktober 1982 an) treu mit dem Bibelstudium. Sie half ab Juli 1983 auch Heidi Schwender, einer Arzthelferin aus Gevelsberg.

Ich half Nian Kleff(im Februar 1982) und ab Juni Thomas und Andreas Holtmann wöchentlich durch das Zweierbibelstudium. Außerdem hatte ich Zweierbibelstudium mit Ludger und Di.

### 2-2. Neue Bibelfreunde 1983

#### * Heidi(Heidemarie) Schwender

Heidi Schwender, eine Arzthelferin aus Gevelsberg, wurde von den Brüdern Kommendera eingeladen und besuchte unsere Gemeinde vom Ende Juli 1983 bis März 1984. Sie hatte ein reines Herz für Gott und lernte die Genesis und den Römerbrief mit Esther.

#### * Ulrich und Hans-Peter Fick

Anfang 1983 lehrte Jesaja Lee Ulrich, einen Maschinenbaustudenten, das Johannesevangelium. Ulrich schrieb getreu seine jeweilige Stellungnahme zu den Bibeltexten.

Ende Oktober 1983 begann Jesaja Lee, Hans-Peter Fick die Bibel zu lehren. Zuvor hatte Jesaja Konrad aus Ennepetal die Bibel gelehrt. Auch Hans-Peter wohnte in Ennepetal und studierte Chemietechnik. Er lernte drei Jahre lang mit Jesaja die Bibel und diente Gott treu in unserer Gemeinde. Im April 1986 begann er anstelle des Studiums eine Ausbildung zum Bankkaufmann und war anschließend erfolgreich in diesem Beruf tätig.

#### * Lily Anggreny

Sara Chang lernte im März 1983 Lily Anggreny, eine Bochumer Studentin, kennen und lehrte sie einige Male die Bibel. Lily wurde als Tochter chinesischer Eltern in Indonesien geboren. Ihre Eltern sind evangelische Christen. Lily nahm als Mitglied der deutschen Rollstuhl-Nationalmannschaft an den Paralympischen Spielen 1992 in Barcelona teil und gewann eine Goldmedaille im 5000-Meter-Lauf sowie Silber- und Bronzemedaillen in anderen Disziplinen.

### * Weitere Bibelfreunde

Zu dieser Zeit hatten wir mit etwa zehn Bibelschülern pro Woche Bibelstudium zu zweit.

Rebecca Han lehrte im Wintersemester 1982/3 Peter Müller, einen Musik- und Mathematikstudenten im 3. Studienjahr, das Johannesevangelium. Monika Würzinger war eine Kommilitonin Paula Kims. Als sie von Paula Kim zur Sommerkonferenz 1983 eingeladen wurde, öffnete Gott ihr Herz, sodass sie daran bereitwillig teilnahm. Sie lernte danach mit Rebecca Han die Bibel und nahm Gottes Vergebungsgnade an. Weil Gott so gnädig wirkte, nahm auch Rolf gerne an der Sommerbibelkonferenz teil.

### * Ludgers Aussendung nach Köln

Am Sonntag, dem 18. März 1984, sandten wir Ludger mit Gebeten nach Köln aus, weil er in Köln eine Vollzeitdienstausbildung als Gemeindeleiter erhalten wollte. Bis dahin predigte Ludger in Dortmund jeden Dienstagabend beim Studententreffen. Nachdem er nach Köln gesandt worden war, übernahm Jesaja einige Monate lang diesen Predigtdienst. Ab dem 8. Dezember dieses Jahres begann Di zu predigen.

### 3. Gottes Wirken während der Zeit der Hausgemeinde an der „Helenenbergweg 7" (1.5.1984 – 28.2.1987)

Auch die deutschen Mitarbeiter unserer Gemeinde luden Studenten aktiv zum Bibelstudium ein. El half Günter Tschirsch, einem Elektrotechnik-Studenten im zehnten Semester, mit dem Bibelstudium.

Heidi lehrte Brunhilde die Genesis.

Ralf Nau lud Hans-Peter zum Bibelstudium ein. Ralf selbst lernte die Bibel von Jesaja Lee oder Bekkie Lee. Hans-Peter betete dafür, Studenten die Bibel zu lehren.

In jenem Jahr lernten also etwa 10–15 Studenten pro Woche die Bibel zu zweit.

Vom 23. bis 26. August 1984 fand eine Sommerbibelkonferenz für ganz Deutschland statt. Außer den koreanischen Mitarbeitern nahmen aus Dortmund Di, El, Hans-Peter, Mostafa und Ralf Wortmann(ein Bibelfreund Joseph Hans) teil. Auf dieser Konferenz legte Hans-Peter aufgrund von Johannes 3,16 sein Glaubenszeugnis ab unter dem Titel „Die Liebe Gottes, die ich während meines Studiums erfahren habe".

#### * Hartmut Rose

Hartmut Rose studierte Elektrotechnik an der Bochumer Universität. Er wurde schon im Sommer 1983 von Jesaja Lee und Paula Kim zu unserem Gottesdienst eingeladen. Er hatte Bibelstudium mit Bekkie Lee und war einige Male zum Sonntagsgottesdienst unserer Gemeinde in Dortmund gekommen.

Nachdem meine Familie und die Familie von Joseph & Paula Kim ab März 1987 nach Bochum umgezogen waren und wir mit der Evangelisation für Bochumer Studenten begonnen hatten, lernte er 1989 mit mir den Römerbrief. Da bekannte er, dass Jesus seinen Glauben gesehen und ihm ein neues Leben für Gott geschenkt hatte. In seinem Glaubenszeugnis von 1989 erzählte er über seinen Glaubensfortschritt:

„Ich lernte in meiner Gymnasialzeit meinen Freund Peter und seine Eltern kennen. Mit ihrer Hilfe erkannte ich, dass Lügen, Stehlen und Ungehorsam gegenüber meinen Eltern Sünden waren. Daraufhin bekannte ich meine moralischen Sünden vor Gott und fühlte einen tiefen Seelenfrieden. Danach fing ich an, Jugendtreffen in der Kirche zu besuchen. Dort hatte ich große Freude und leitete auch eine Jugendgruppe. Im Jahr 1984, in meinem zweiten Semester an der Universität Bochum, trat ich dann den Navigatoren bei. Bei den Navigatoren lernte ich, regelmäßig mit Freude in der Bibel zu lesen. Etwa im Juni 1985(Notiz: ein anderes Datum als Bekkie Lees Bericht) luden mich zwei junge Frauen mit schwarzen Haaren und von kleiner Größe, Bekkie Lee und Paula Kim, zu einem Bibelstudium und einer Bibelkonferenz ein. Allerdings lehnte ich zweimal die Einladungen von Bekkie und Jesaja Lee ab. Nach der dritten Einladung besuchte ich dann doch den Dortmunder Sonntagsgottesdienst."

**\* Liste der Bibelfreunde 1984:**

> • Bekkie Lee: Andree Bockholt(Architektur 5. Sem, Joh.-Evangelium ab Januar), Hartmut Rose(ab 28. März), Mustafa(ab Mitte 1984), Hans-Peter(er betet, andere die Bibel zu lehren)
> • Jesaja Lee: Konrad Tschersich(ab Jahresanfang), Ralf Nau(Römerbrief), Ralf lud Hans-Peter ein.
> • Sara Chang: Karl-Heinz(er wurde im November durch seinen An-

trag vom Wehrdienst befreit), Frank Köster(ab Jahresanfang Lukas-Ev.), Kristopf Dahlhaus(ab Mai Markus-Ev.), Holger, Ricke, Klaus

- Paul Chang: Holga(Juni), Renate
- Paula Kim: Christian K.(Römerbrief), Hans-Hermann Brinkmann, Reiner, Evelin(sie hat einen 17-jährigen Sohn)
- Esther Choe: Albrecht Swietlick(Informatik 3. Sem. Er lernte von Januar bis Februar den Römerbrief)
- El: Günter(Elektrik, 10. Sem.; ab September 1984 Markus-Ev.), Conrad(ab Juli 1984 Markus-Ev.)
- Stephan Choe: Gerd, Ralf, Kersten, Thomas Lehner(Lukas-Ev. 4)
- Di: Thomas, Ralf
- Karl-Heinz Hohmann
- Rebecca Han: Monika Würzinger(lernte bis Lukas Kap. 15 und machte ab Mai Pause), Bernadete Schlonsuk(aus Polen. Informatik 3. Sem., ab März Römerbrief), Waldemar Affa(wohnte im Studentenheim an der Ostenbergstraße, genau wie Bernadete. Informatik 3. Sem, Römerbrief), Martin(lernte im Juni das 3. Kapitel vom Markus-Ev. und kaufte sich eine Bibel), Tony, Birgit(am 21. Dez.)
- Joseph Han: Peter Rodenwald, Michael Braam(Informatik), Ralf Wortmann(lernt ab Juli Markus-Ev.). Michael, Hasso Grope(Architekt, lernte ab 9. März das Markus-Ev.). Francisco(ab Okt. Markus- und Lukas-Ev.), Hans-Jürgen Potyka(ab Okt.), Michael(ab Dez. Lukas-Ev.)

## * Bibelfreunde 1985

Im September 1985 bezog Paula Kim ein Einzelzimmer am Surck 45 in Dortmund. Um Miete zu sparen, betete sie dafür, mit einer deutschen Studentin ihr Zimmer zu teilen. Gott erhörte ihr Gebet sofort, sodass sie schon bald ihr Zimmer mit Margarete Jäger, einer Dortmunder Studentin, teilen konnte. Zu dieser Zeit studierte Margarete im dritten Semester Sonderpädagogik und Englisch. Sie war eine Christin mit strahlendem Gesicht und einem offenen Herzen. Weil Margarete nicht wusste, warum sie studieren sollte, überlegte sie, das Studium abzubrechen. Als sie zusammen mit Paula Kim die Bibel zu lernen begann, erkannte sie, dass sie zur Ehre Gottes studieren sollte. Sie besuchte auch jede Woche treu unseren Gottesdienst.

Beim Erntedankgottesdienst am 27. Oktober dieses Jahres trug Margarete ihre Stellungnahme über Johannes 1,1-5 vor und sagte, dass Jesus das Licht der Menschen und die Quelle ihres Lebens ist. Ihr strahlendes Gesicht spiegelte ihren Charakter und ihren Glauben an Jesus wider, der uns große Freude bereitete. Im Dezember 1985 begann Margarete, anderen Studenten wie Irmhild und Christof mit dem Bibelstudium zu helfen. Sie nahm auch an der Weihnachtskonferenz vom 13. bis 15. Dezember teil und trug ihr Zeugnis vor. In diesem Zeugnis sagte sie, dass sie das heilige Wort Gottes lernen und gerettet werden wollte.

Im August 1985 lernte ich Wolf Tawakol, einen Studenten der Fakultät für Wirtschaftswissenschaften der Universität Bochum, kennen und begann ab Oktober, ihm die Bibel zu lehren. Sein Vater war Arzt aus dem Iran und seine Mutter Deutsche. Einmal wurde unsere Familie in sein Haus in Dortmund eingeladen, und seine Eltern waren uns sehr freundlich. Ich dachte daraufhin, dass diese multinationale Familie eine große Bereicherung für Deutschland ist.

Anfang 1985 fanden vom 3. bis 6. Februar(So.-Mi.) **„offene Bibela-bende"** in Dortmund statt

---

### 1. Tag

- Prediger: Ralf Nau: „Anfang"(1. Mo 1,1-25)
- Stellungnahme zu diesem Bibeltext: H-P, Bekkie
- Tanz: Y.H. Kornowski

### 2. Tag

- Prediger: Di: „Sinn meines Lebens"(Genesis 12,1-4)
- Monodrama: Di, K-H, Joseph
- Teilnehmer: Gieslar, Holger, Werner(von Esther eingeladen), Günter, K-H, Di, El und neun Koreaner

### 3. Tag

- Prediger: Rebecca Han: „Zweifel an Gottes Liebe"(Genesis 3)
- Solo: Sara; Flöte: K-H
- Teilnehmer: Tony, Christoph, Frank, K-H, El, Di und 9 Koreaner

### 4. Tag

- Prediger: Karl-Heinz: „Beginn der neuen Geschichte"(1. Mose 12,1-4)
- Teilnehmer: Günter, Holger, Dagmar, Francois, Werner, Di, El, K-H und 9 Koreaner

---

Die bundesweite **Osterbibelfreizeit** des Jahres 1985 fand vom 3. bis 5. Mai in der Jugendherberge Rhön westlich von Fulda.

An der **Sommerkonferenz** vom 22. bis 25. August(Do. – So.) nahmen aus Dortmund Hans-Peter(Bekkie Lee), Elke(Rebecca Son), Uwe(El), Gisela(Esther), Wolf(Ich), Wolfgang & Gabi, Ulrich & Hannelore(Gabis Freundin und ihr Mann) teil(*einladende Person in Klammern).

Karl-Heinz trug sein Zeugnis vor mit dem Titel „Jesus hat mich zum Fürsten im Himmelreich gemacht"(Joh. 1).

Vom 7. bis 8. September(Samstag – Sonntag) 1985 machten wir einen Ausflug nach Amsterdam. Damals machten wir mindestens einmal im Jahr einen **Ausflug.** Wir zelteten irgendwo in der Nähe der Universität von Amsterdam und besuchten die Universität, Blumengärten, Windmühlen und mehr. Dabei teilgenommen haben Di, Karl-Heinz, Gabi, Wolfgang, Elke und Hans-Peter sowie einige koreanische Mitarbeiter. Bei dem Sonntagsgottesdienst in der Natur trug Wolfgang sein Glaubenszeugnis vor mit dem Titel „Der gute Hirte kennt seine Schafe" und Hans-Peter „Jesus ist für meine Sünden gestorben."

Damals war ich besonders dankbar, dass Gott in diesen Jahren durch Ludger gnädig gewirkt hatte. Ludger zog zum Wintersemester 1985/86 von Köln nach Krefeld um, wo er mit seinem Studium der Nachrichtentechnik an der Fachhochschule begann. Ich besuchte ihn in seiner Wohnung in Krefeld und dankte Gott dafür, dass er durch ihn das rettende Werk unter den Studenten in Krefeld angefangen hatte.

In meinem Kalenderbuch vom Montag, den 8. Dez. 1985, stehen die Namen der Studenten, die mit Ludger Zweierbibelstudium machten:

• Jürgen Mischke(Chemie, 3. Sem) Gen 3

- Herbert Prinzen(Nachrichtentechnik, 3. Sem) Gen 3
- Thomas Scholz(Nachrichtentechnik, 3. Sem) Gen 2
- Lothar Schulz(Verfahrenstechnik, 3. Sem) Gen 1
- Horst Dipmann(Chemie, 1. Sem) Gen 1

## * Liste der Bibelfreunde 1985

- Paula Kim: Christian K. nahm am 16. März durch Markus Kap. 2 die Sündenvergebung an und kam zum Sonntagsgottesdienst.
- Margarete, Sonderpädagogik, 3. Sem, lernte am 25. Okt. Joh-Ev. Kap. 1 und trug ihre Stellungnahme am 5. Nov. vor. Sie betete dafür, Irmhild die Bibel zu lehren.
- Kristof lernte ab dem 15. Dez. aus dem Joh-Evangelium und nahm die Gotteskindschaft durch den Glauben an. Evelin lernte ab Jahresanfang Genesis. Ulrike ebenfalls.
- Uwe lernte im Juli und August die Bibel. Paula betete dafür, dass Gott ihn als Vollzeitarbeiter für den Herrn gebrauchen möge.
- Dagmar. Peter(Chemietechnik, 1. Sem.) begann am 29. Nov. mit dem Joh.-Ev.
- Di lernte mit mir aus dem Römerbrief.
- Di: lehrte Werner am 7. März Genesis 1 und am 7. Mai über die Sündenvergebung und Auferstehung
- El: lehrte Günter, der sich auf die Diplomarbeit seines Maschinenbaustudiums vorbereitete, bis Mk-Ev Kap. 16. Sie betete, das Römerbriefstudium mit ihm zu beginnen. Er wollte an der Osterkonferenz teilnehmen.
- El betete auch für Uwe.
- Bekkie Lee: Mostafa nahm am 8. März durch das Markusevan-

gelium die Berufung mit Freude an.

- Hans-Peter lernte Mk. Kap 1.

- H-P bekannte am 15. August durch seine Stellungnahme Jesus als seinen Christus und entschied sich, Jesus nachzufolgen.

▪ Jesaja Lee: Gabi Großmann(Bauingenieur), Hartmut

- Ludwig. Ralf Nau berichtete am 20. Aug. von seinem Verkehrsunfall.

▪ Rebecca Han: Tony, Lisa, Holgar; Elke lernte ab 25. Juni aus der Genesis. Gerd, Martin, Monika,

- Gerd nahm am 6. Nov. Gottes Wort aus Joh 1 einfach an. Francisco

▪ Joseph Kim: Ralf, Hasso, Ralf, Holger, Andreas, Walter, Dirk

- Toni Schönemann(im 3. Semester; er lernte ab 31. Okt.), Peter Kaltei(im Dez. Joh-Ev), Andreas Uwe(Chemietechnik, 1. Sem), Gerd Bruns

▪ Karl-Heinz Hohmann: Dirk(K-H betete für die Teilnahme an der Sommerkonferenz), Benedikt, Michael

▪ Sara Chang: K-H, Frank(Genesis, Aug.), Michael Heinke, Peter Kornowski

▪ Paul Chang: Martin, Renate, Markus Heidrich

▪ Esther Choe: Wolfgang & Gaby Loebert(besuchen 1982 Martin Luther Kirche in Witten; Gaby lernte Joh-Ev), Petra(CVJM-Konferenz teilgenommen, Bibelstudium am 31. Okt.).

- Esther betete, dass El und Gabi anderen die Bibel gut lehren.

- Gaby predigte beim Ausflug am 15. Sept. aufgrund von Joh. 11,23-26 den praktischen Auferstehungsglauben.

▪ Stephan Choe: Thomas, Wolfgang, Michael, Ingelore, Nobert, M. Nachtrodt

- Wolf Tawakol begann am 5. August 1985 mit dem Bibelstudium.
- Reiner, Heike K.

## * Neujahrssymposium 1986

Zu Beginn des Neujahres 1986 tauschten unsere Missionsmitarbeiter ihre Dankbarkeit 1985 und ihre Gebetsanliegen 1986 aus. Gabi & Wolfgang Loebert aus Witten waren auch dabei.

Gabi sagte aufgrund 2. Timotheus 2,2, dass sie dafür bete, dass sie ein gutes Schaf Gottes und eine gute Bibellehrerin werden und geistlich stark sein möchte.

Wolfgang erklärte, dass er aufgrund Johannes 12,26 Jesus nachfolgen, Gott vertrauen und mit dem Wort Jesu seine „Schafe" weiden möchte.

An diesem Tag beteten wir von ganzem Herzen dafür, dass Gott hoffnungsvolle Studenten und junge Menschen als Hirten seiner Schafe erwecken möge.

Mögliche Hirtenkandidaten waren damals.

- Hans-Peter(Chemietechnik, 7. Sem., 25 J.)
- Margarete Jäger(Sonderpädagogik & Deutsch, 3. Sem., 21 J.)
- Elke(Wirtschaft, 5. Sem., 22 J.)
- Christoph(Elektrotechnik, 7. Sem., 22 J.)
- Wolf Ebert(BWL, 5. Sem., 22 J.)
- Gaby Bruns(Statistik, 3. Sem., 22 J.)
- Peter Kaltei(Chemietechnik, 1. Sem.)

## * Viola Kuhlmann(seit Juli 1986)

Am 7. Juli 1986 sagte Bekkie Lee, dass eine Studentin namens Viola

Kuhlmann aus Hagen große Freude daran hatte, gemeinsam mit ihr das Johannes-Evangelium aus 1,1-14 zu lernen. Eine Woche später hatte Viola mit Bekkie das Zweierbibelstudium von Johannes 1,19-52 und erfuhr wiederum große Freude, denn sie erfuhr, dass Gott der Eigentümer ihres Lebens ist und den großen Wunsch hat, Viola so kostbar wie Petrus zu gebrauchen. Während der Herbstbibelfreizeit im September 1988 trug Viola ihr Glaubenszeugnis wie folgt vor:

„Mit 12 Jahren ging ich zum ersten Mal in eine kirchliche Kindergruppe und war tief berührt von dem, was Jesus für Menschen getan hatte. So nahm ich bei dieser Kinderfreizeit den Herrn Jesus als meinen Retter an. An diesem Tag war ich wirklich überglücklich. Ich wurde wiedergeboren und lächelte vor Freude, da ich wusste, dass alle meine Sünden vergeben waren, und mein Gesicht strahlte. Aber nach ungefähr einem Jahr hörte ich auf, in die Kirche zu gehen, weil ich einen Menschen gefunden hatte, der Gott(in meinem Leben) ersetzte. Während meines Studiums in Dortmund lud mich Missionarin Bekkie im Mai/ Juni 1986 zu einem Bibelstudium ein. Durch die ‚freundliche, aber beharrliche Einladung von M. Beckie begann ich erneut, die Bibel zu studieren, und fühlte große Freude an der Liebe Gottes durch das Blut Jesu. Ich fühlte, wie mein Gott zu mir sagte: «Ich liebe auch dich».‟

Mit Gottes Hilfe bestand Viola das Staatsexamen als Lehrerin und auch „innere‟ Prüfungen.

### * Liste der Bibelfreunde 1986

- Paula Kim: Margarete Jäger, Michael Jochmann(Bochumer Student, ab Januar 1986), Christof(ab Januar; sie betete für ihn, dass er als Hirte für andere wächst), Renate Buchholz(ab Mitte Dez., sie suchte nach Heilsgewissheit).

- Joseph Kim: Peter(ab Mai), Wilson Jameia(aus Peru, ab Mai), David Macharia(aus Kenia, ab Nov.), Braun Surrendra(ab Juli)
- Bekkie Lee: H-P Fick(nahm aufgrund Mk 12 die Berufung an), Mustafa, Eva Mol, Martin(14. Juli), Viola Kuhlmann(hat am 7. Juli durch Joh 1,1+14 große Freude erfahren; sie nahm am 29. Dez. Jesus als ihre Anbetungsperson an)
- Jesaja Lee: Hartmut Rose, Sylvia Hanslik(Sonderpädagogik. 2. Sem., ab Aug.), Georg Zurek(Fachhochschule Maschinenbau 4. Sem, seit 16. Juni; nahm an der Sommerkonferenz teil), Nobert(ab 7. Juli)
- Rebecca Han: Elke(Bibelstudium seit Febr.), Gerd Bruns(Statistik 4. Sem, Aug., Bibel gekauft für Bibelstudium, im Namen Jesu zu beten gelernt), Janet Eales(4. Febr.), Christoph(Mai), Kerstin(Grundschullehrerin, ab 16. Juni), Zita Albrecht(ab 20. Juni)
- Joseph Han: Gerd Bruns(Statistik 4. Sem, 29. Juli), Peter Kalteier(ab 4. Febr, Joh.-Ev.), Ditmar(Joh.-Ev.), Tony, Walter Histinghaw(Chemietechnik 4. Sem, ab 23. Juni; erfuhr Freude durch Joh. 1,5), Francisco Fernandez(23. Juni), Ludi(Juni), Malte Lerch(Stadtplanung, lernt Markus-Ev.)
- El: Günter
- Di: Werner(2. Juni)
- Esther Choe: El(Genesis), Gabi(Joh.-Ev., Gabi betet für Hildegart), Petra(30. April), Michaela Kämpfe(Gymnasiastin, lernte ab Mai), Christiane Koeffler(Medizin, 2. Sem, will zur Sommerkonferenz, durch ihre Stellungnahmen im Juli Jesus als Gottes Lamm angenommen)

- Stephan Choe: Di(Genesis), Wolf Tawakol(Bochumer Student, Wirtschaft 4. Sem), Wolfgang(Joh-Ev., Joh 15), Peter Redler, Detlef Hüller(Juni)
- Sara Chang: Jürgen Pilhoff, Xian Zhao, Xianyun(Joh.-Ev., verstand Gottes Wort und nahm Jesus einfach an. Sie betete für Zhao, als Hirte für Chinesen zu wachsen.)(17.9.1986).
- Paul Chang: Huan Zhau

**\* Liste der Bibelfreunde 1987**

- Rebecca Han: Malte, Zita Albrecht(Musik), Gerd, Michael, Angela Drellmann, Elke Uhling, Vera Markewitz(im August Joh-Ev), Margarete Hentschel(lernte im Aug. 7. Lektion und bekam Freude)
- Joseph Han: Holger Fellensick(Mathematik, 3. Sem, lernte im April sieben Schritte des Glaubens), Ulrich(5. Mai), Betinna, Malte, Michael(Musik, August)
- Sara Chang: Bertram Weiland(Arch. 6. Sem, lernte sieben Glaubensschritte und am 20. April 1. Kor. 15): Huanly Zhao, Xianyun Zhao(Maschinenbau, lernte am 17. April 1. Kor. 15,1-11 und wollte Auferstehungszeugin sein), Uwe(10. Juni), Christiane, Margarete Jäger
- Paul Chang: Joshi Irischi
- Bekkie Lee: H.-P. Fick(Genesis und Römerbrief gelernt. Er hat Wiedergeburt und Jakobs Glaubenskampf und -wachstum gelernt), Viola(Genesis), Eva Moll(Informatik 11. Sem., Joh.-Ev.), Thomas(24. März), Gibette(englische Studentin, Röm 8,28), Hartmut Rose
- Jesaja Lee: Nobert, Georg Zurek, Ute, Andreas Bogdan(Gymnasiast, 10. Klasse, 17 J., 1. Kor. 15 gelernt), Udo(sieben Schritte)

- Di: Werner(Di betete für Werners Wiedergeburt, Joh.-Ev), Ve-
lael(aus Ägypten), Petra(10. Juli)
- El: Günter(betete für eine Stelle in Dortmund), Udo(23. Jan. 4.
Lektion des Joh.-Ev.), Wellmann(Informatik, 7. Sem.), Bella (lernte
am 5. Juni den 2. Schritt und nahm am 23. Juli am Gottesdienst
teil.)
- Paula Kim: Margarete Jäger(Joh. Kap. 14 gelernt und im Februar
an der Hirtenkonferenz teilgenommen. Sie lernte am 15. April Joh.
15,19).
- Michael Jochmann, Jürgen(Teilnahme am Gottesdienst), Markus
Grab(Teilnahme am Gottesdienst)
- **Renate** hat Joh 1,42 angenommen. Sie lernte am 27. April Joh. 11,
entschied sich als Segen für die Medizinische Fakultät und betete
dafür, Anja Nagel, ihrer Kommilitonin Medizin, die Bibel zu leh-
ren. Sie lehrte am 10. Febr. Detlef.
- Joseph Kim: Tony, Peter, Andreas(Genesis-Zweierbibelstudium),
Joachim(Philosophie), Holger(am 20. Apr. 3. Schritt von sieben
Schritten), Uli(27. April), Michael Neumann, Klaude(Franzose),
Sia(Gottesdienst), Solberic, Kita, Wolfgang(Medizin, 2. Sem, 10.
Juli), Sia(4. Schritt, 23. Juli), Khaij, Tjwan(27. Juli)
- Stephan Choe: Almut Hemmert(Jura-Praktikum nach Studienab-
schluss, 27. Juli), Wolf Tawakol, Michael Neumann, Peter Tisch,
Klaus Peiler, Seja, Thomas
- Esther Choe: Michaela Huber(Gottesdienst), Gunda(14. Sem.)

Ich danke Gott, dass Gott durch die Missionare und deutsche Mitarbeiter gnädig gewirkt hat.

### 4. Mein Missionsbericht während der Koreareise 1986

Vom 8. Oktober bis 19. November 1986 reiste ich nach Korea und berichtete, wie Gott durch uns gewirkt hatte. Ich berichtete in Studentengemeinden in Daejeon und dann in Jongno, Yeonhui, Anam, Kwanak, Hanyang in Seoul, Daegu, Pohang, Jeonju, Kwangju, Suwon, Chuncheon, Busan, Jeju und Gongju. Ich fragte sie, ob sie als Studentenmissionare nach Deutschland kommen wollten. Etwa 70 Schwestern und Brüder bewarben sich, um als Studentenmissionare nach Deutschland zu kommen.

Um 1988 herum boomten die Studentengemeinden in Korea, sodass jede Studentengemeinde voll von Studenten war. Gott sandte viele Studentenmissionare aus diesen Gemeinden in die ganze Welt. Infolgedessen kamen 1988 mehr als zehn Studentenmissionare nach Bochum, und andere kamen in andere Städte wie Köln und Dortmund. Dank ihnen waren die meisten unserer Missionare in Deutschland zu dieser Zeit Studentenmissionare.

# Elfte Story: Unsere Familie in Bochum (Ab 28. Februar 1987)

„Ich will Wasser gießen auf das Durstige und Ströme auf das Dürre: Ich will meinen Geist auf deine Kinder gießen und meinen Segen auf deine Nachkommen."

(Jesaja 44,3)

Am 25. November 1986 begann unsere Familie für die Gründung einer neuen Studentengemeinde in Bochum und für unseren Umzug nach Bochum zu beten.

### 1. Das neue Leben in Bochum

**\* Unser Umzug nach Bochum und Esthers Arbeitsplatzwechsel**

Links: Der Haupteingang der ersten Hausgemeinde in Bochum: Auf dem Aspei 57, Bochum, 2. Stock(vom 28.2.1987 bis 31.12.1998)
Rechts: Die Rückseite des Gebäudes. Unsere Hausgemeinde befand sich im zweiten Stock links(über dem rechten Auto).

Als ich beschloss, für die Bochumer Studentenevangelisation nach Bochum zu ziehen, kündigte ich zum 1. März 1987 unsere Dortmunder Wohnung, ohne vorher eine neue in Bochum gefunden zu haben. Ich wollte den Umzug nicht durch die Wohnungssuche verzögern. Hätten wir bis zum 1. März keine Wohnung in Bochum gefunden, hätte unsere Familie auf der Straße schlafen müssen.

Doch Gott war gnädig und schenkte uns pünktlich zum 1. März eine ruhige und gemütliche Wohnung am Aspei 57. Diese Wohnung liegt ca. 700 m östlich der Ruhr-Universität Bochum. Wir zogen am 28. Februar ein. Alle anderen Wohnungen im Gebäude, außer unserer, waren Eigentumswohnungen. Die Wohnung war 86 Quadratmeter groß und verfügte über ein Wohnzimmer, ein Schlafzimmer, zwei kleinere Zimmer, eine Küche und ein Bad/WC.

Im Juni desselben Jahres zogen auch Joseph & Paula Kim nach Bochum, um für die Studentenmission in Bochum mitzuarbeiten. Bis April predigte ich in Dortmund weiter. Von Mai bis September 1987 predigte ich sowohl im Sonntagsgottesdienst in Dortmund als auch in Bochum, zunächst um 14 Uhr in Bochum und dann um 17 Uhr in Dortmund. Danach übernahm Jesaja Lee die Leitung und die Predigtaufgabe in Dortmund.

Im März 1988 kamen Thomas Hwang und Sarah Oh aus Daejeon, Korea. Jeder von ihnen bewohnte ein Jahr lang eines der kleinen Zimmer in unserer Wohnung. Ab Mitte 1990 bezog Ludger Sickelmann ein kleines Zimmer in unserer Wohnung. Ende 1990 heiratete er Grace, und das Paar blieb einige Monate in unserer Wohnung.

Nach unserem Umzug musste Esther noch drei Jahre lang nach Dortmund-Hörde pendeln, um dort als Nachtwächterin zu arbeiten. Stephan, unser ältester Sohn, besuchte die „Waldschule", die Grundschule vor dem Unicenter. Während Esther nach der Nachtwache schlief, spielte ich oft mit dem dreijährigen Timothée draußen.

Nach unserem Umzug nach Bochum musste Esther noch drei Jahre lang nach Dortmund-Hörde pendeln, um dort als Nachtwächterin zu arbeiten. Stephan, unser ältester Sohn, besuchte die Waldschule, die Grundschule gegenüber dem Unicenter. Während Esther nach ihrer Nachtwache schlief, spielte ich oft draußen mit dem dreijährigen Timothée. Im Juni desselben Jahres ging ich mit ihm auf ein Erdbeerfeld und pflückte gemeinsam Erdbeeren. Auf diese Weise versuchte ich für Esthers Ruhe beim Schlafen zu sorgen.

Timothée auf dem Erdbeerfeld im Juni 1987

Ich habe bereits erwähnt, dass ich ein Angebot für eine Professur an der Chungbuk-Universität abgelehnt hatte. Hier in Deutschland, insbesondere im Raum Bochum, konnte ich mit meiner Promotion keine Stelle finden. Dass ich meinen Master bereits in Korea abgeschlossen hatte, erwies sich bei meiner Jobsuche hier sogar als Nachteil.

So besuchte ich etwa ein Jahr später, nach meinem Umzug nach Bochum, in Essen einen einjährigen Computerkurs zum Softwareentwickler. Die Kursgebühren wurden von der Agentur für Arbeit übernommen. Zu dieser Zeit hatte Esther nach ihrer Nachtschicht Schlafprobleme, weil Timothée bei ihr blieb.

Nach Abschluss des Computerkurses bewarb ich mich bei zahlreichen Unternehmen, fand aber leider keine Anstellung. Ich fügte mich dem Willen Gottes und beschloss, Vollzeit als Prediger zu arbeiten und mich der Studentenmission zu widmen. Durch diese Umstände führte Gott mich dazu, mich voll und ganz der Missionsarbeit zu widmen.

Nach unserem Umzug wechselte Stephan, unser erster Sohn, von der Grundschule in Dortmund in die zweite Klasse der Waldschule in der Nähe der Universität Bochum. Er kam gut mit seinen Mitschülern aus und war bei den Lehrern beliebt.

Timothée war damals dreieinhalb Jahre alt. Kurze Zeit nach unserem Umzug bekam er einen Platz im evangelischen Kindergarten Auf dem Backenberg 6, in der Nähe unserer Wohnung. Er ging jedoch nicht gern in den Kindergarten und wartete lieber, bis sein Bruder von der Schule nach Hause kam, um mit ihm zu spielen. Wenn ihn jemand fragte: „Wer ist dein Freund?", antwortete er: „Mein Bruder." Stephan liebte seinen Bruder und nahm ihn mit Erlaubnis seiner Lehrerin und Mitschüler zu Schulveranstaltungen mit und stellte ihn stolz vor.

**\* Esthers weise und hingabevolle Hilfe**

Nachdem unsere Familie Ende Februar 1987 von Dortmund nach Bochum umgezogen war, konnte Esther in Bochum zunächst keine neue Arbeitsstelle finden. Daher pendelte sie zunächst mit dem Auto zum Evangelischen Krankenhaus Bethanien in Dortmund-Hörde. Erst drei Jahre später fand sie durch Gottes Gnade eine Anstellung im Elisabeth-Krankenhaus in der Nähe des Bochumer Hauptbahnhofs, wo sie im September 1991 ihre Tätigkeit in der Inneren Medizin und HNO-Abteilung aufnahm. In der HNO-Abteilung ihres Krankenhauses wurde ich zwei- bis dreimal wegen meiner Mittelohrentzündung operiert.

Esther hatte gehofft, dass ich nach meiner Promotion einen Job finden und mich um die Finanzen der Familie kümmern würde. Aber sie beschwerte sich nie bei mir, obwohl ich mich entschieden hatte, Vollzeit und unbezahlt für die Studentenmission zu arbeiten. Nach einiger

Zeit begann unsere Studentengemeinde, mir jeden Monat ein paar hundert Euro zu geben, obwohl sie finanziell nicht gut gestellt war.

Esther arbeitete 70 % Teilzeit als Krankenpflegehelferin. Ihr Lohn hätte daher für die Familie nicht ausgereicht, wenn sie nicht sparsam gewesen wäre. Sie führte den Haushalt jedoch klug und umsichtig, um trotz des knappen Budgets über die Runden zu kommen. Sie las regelmäßig die Wochenangebote und kaufte die notwendigen Dinge und Lebensmittel zum bestmöglichen Preis. Obwohl sie sparsam war, gab sie großzügig an andere weiter und diente Gottes Werk von ganzem Herzen.

Sie kaufte selten neue Kleidung, kleidete sich aber immer schön und elegant. Das hat sie auch unseren beiden Söhnen vermittelt. Sie hielt die Wohnung immer sauber und ordentlich.

Sie war nach der Arbeit oft müde und schwach. Für ihre Hilfe und ihre Hingabe bin ich sehr dankbar. Am 31. Juli 2009, als sie 60 Jahre alt wurde, ging sie in den Vorruhestand, fünf Jahre vor dem gesetzlichen Renteneintrittsalter.

Da Esther nicht wollte, dass ich mir um unsere Finanzen Sorgen machte, übernahm sie die Haushaltspflichten und eröffnete ein Bankkonto auf ihren Namen. Sie ließ jedoch immer genügend Bargeld an einem Ort, damit ich es nach Bedarf gebrauchen konnte. Nachdem bei ihr Krebs diagnostiziert worden war, wandelte sie ihr Bankkonto in ein Gemeinschaftskonto für uns beide um.

## 2. Koreabesuch 2002 und Durchführung einer „unmöglichen Mission"

Bevor ich im Januar 2002 zu einem Koreabesuch aufbrach, beauftragte Esther mich, ihre einzige noch lebende Blutsverwandte, ihre Schwester, zum Glauben an Jesus zu führen. Dabei sagte Esther, dass ich eine unmögliche Mission möglich machen und ihre Schwester zur Rettung führen solle. Als ich mit einem Express-Bus in Jangheung, ihrer Stadt, ankam, empfing mich Esthers Schwägerin und brachte mich mit einem Taxi zum Haus von Esthers Schwester. Ich blieb eine Nacht dort und dachte darüber nach, wie ich diese „unmögliche" Mission erfüllen und Esthers Schwester ermutigen könnte, an Jesus zu glauben. Ich kam zu dem Schluss, dass ich meine Dankbarkeit für ihre Freundlichkeit deutlich zum Ausdruck bringen solle. Esthers Schwester hatte mir die feinsten Gerichte serviert, darunter köstlichen Fisch, Krabben, Muscheln und Salate. Damit brachte sie ihre tiefe Liebe zu ihrer Schwester und mir zum Ausdruck. Wir unterhielten uns zunächst über verschiedene Themen. Am nächsten Tag, bevor ich Abschied nahm, erzählte ich ihr, dass Esther mich beauftragt hatte, sie zum Glauben an Jesus Christus zu ermutigen. Daraufhin antwortete sie mir: „Ich kann nicht garantieren, dass ich glauben werde." Ihre Antwort zeigte, dass sie den Wunsch hatte, an Jesus zu glauben. Dafür dankte ich Gott sehr. In gewisser Weise hatte ich die „unmögliche" Mission erfüllt. Ich bete, dass Gott ihr hilft, zu glauben.

Als ich am 8. Januar 2002 von Jangheung nach Daejeon zurückkam, hörte ich die Nachricht, dass Missionar Samuel C. Lee, der Generalsekretär der weltweiten UBF, durch den Rauch eines Feuers im Badezimmer seiner Wohnung in Chicago erstickt und gestorben war. Einige Pastoren und Leiter der UBF-Reformbewegung flogen ebenfalls nach Chicago, um an seiner Beerdigung teilzunehmen.

Am 11. Januar reiste ich von Daejeon nach Seoul, um Pastor David In-Seop Lim zu treffen, da er für mich eine sehr wichtige Person war. Er hatte während meines zweiten und dritten Studienjahres persönlich mit mir die Bibel studiert. Anschließend übernahm er von mir die Leitung der studentischen Freitagsbibelgruppe. Heute ist er Pastor von drei Kirchen in und um Seoul mit insgesamt fast 10.000 Besuchern. Er passte die Methode der Jüngerschaft, die er in unserer Studentengemeinde gelernt hatte, an die Gegebenheiten seiner Kirchen an, erzog seine Gemeindemitglieder zu Jüngern Jesu und betete inbrünstig für die Weltmission. Ich dankte Gott, der sein Gebet und seine hingebungsvolle Arbeit so reich gesegnet hatte.

### 3. Studienabschlüsse von Stephan und Timothée und ihre Arbeitsstellen

Ich war in einer armen Familie aufgewachsen und hatte eine Hüftverletzung erlitten. Darum musste ich, um zu überleben, fleißig lernen und stets in der Schule oder Uni der beste Schüler und Student bleiben, um ein Stipendium zu erhalten. Dadurch hatte ich mir eingebildet, dass meine Meinung stets die beste wäre. Wegen meiner fixierten Gedanken hat es bei mir lange gedauert, bis ich lernte, der Meinung anderer zuzuhören, sie anzuerkennen und ihre Stärken zu schätzen. Deshalb betete ich, dass meine Söhne zwar gute Noten bekommen sollten, aber möglichst nicht die besten, damit sie andere schätzen und gut verstehen können. Ich danke Gott, dass er diese Gebete auch erhörte.

Stephan besuchte im September 1985 die Ostenberg-Grundschule neben der Margarethenkapelle in Dortmund. Nach unserem Umzug nach Bochum besuchte er von März 1987 bis Frühjahr 1989 die Waldschule vor der Ruhr-Universität Bochum. Anschließend besuchte er neun Jahre lang das Albert-Einstein-Gymnasium in der Nähe der Innenstadt. In Deutschland dauerte das Gymnasium nach Abschluss der vierjährigen Grundschule neun Jahre. Heute gibt es in vielen Bundesländern ein achtjähriges Gymnasium. Das Universitätsstudium schloss man damals mit dem Diplom ab. Dieser Abschluss entspricht in etwa einem Bachelor- plus Masterabschluss. Den Diplomstudiengang könnte man mit etwa fünf Jahren abschließen, im Durchschnitt benötigten Studenten jedoch sechseinhalb Jahre. Damals wurden in Korea bereits im ersten Studienjahr allgemeinbildende Fächer wie Kulturgeschichte, Englisch, Koreanisch, Philosophie etc. angeboten, die in Deutschland in der Oberstufe gewählt werden konnten. Ab dem zweiten Studienjahr wurden in Korea dann die Kernfächer der jeweiligen Fachrichtung in den Lehrplan aufgenommen.

Als Stephan sein Abitur machte, galt für Jungen über 18 mit deutscher Staatsbürgerschaft noch die Wehrpflicht. Statt seinen Wehrdienst zu leisten, arbeitete Stephan ab Herbst 1998 etwa ein Jahr lang als Rettungssanitäter beim Samariterbund und transportierte Notfallpatienten in Krankenhäuser.

Durch seine Ausbildung für diesen Job eignete er sich umfangreiche medizinische Kenntnisse an und wollte nach seinem Zivildienst Medizin studieren. Seine Mutter aber sagte zu ihm: „Wenn du eine klare Berufung als Arzt hast, kannst du Medizin studieren; wenn du aber Arzt werden willst, um Geld zu verdienen, solltest du etwas anderes studieren."

Im Oktober 1999 begann Stephan ein Studium der Wirtschaftswissenschaft an der Universität Bochum.

Unsere zweite Wohnung in Bochum: Gropiusweg 11(rechte Gebäudeseite, 2. OG; ab 1. Januar 1999)

An anderen deutschen Universitäten mussten Studierende der Volkswirtschaftslehre oder Betriebswirtschaftslehre ein Nebenfach wählen. In Bochum war dies nicht nötig, da die Studierenden sowohl Volkswirtschaftslehre als auch Betriebswirtschaftslehre studierten. Nach seinem Abschluss als Diplom-Ökonom begann Stephan im Mai 2004 bei Ernst & Young in Düsseldorf zu arbeiten.

Da er für verschiedene Unternehmen Finanzprüfungen durchführte, war er viel mit dem Auto unterwegs. Er ist jemand, der einem Unternehmen treu bleibt. Deshalb arbeitete er auch nach dem Umzug seiner Familie in einen Vorort von Chicago, USA, weiterhin für das Unternehmen.

Als wir für unsere Mission in Deutschland unsere koreanische Staatsbürgerschaft aufgaben und die deutsche annahmen, erhielten auch unsere beiden Söhne die deutsche Staatsbürgerschaft.

Auch Timothée besuchte ab 1990 die „Waldschule" in Bochum und anschließend das Albert-Einstein-Gymnasium und schloss mit guten Noten ab. Vor seinem Abitur absolvierte er ein Praktikum in der Stadtbibliothek im Uni-Center und ordnete Bücher in den Regalen. Aus den ausrangierten Büchern brachte er mir zehn Bände von „Handbuch der Kirchengeschichte"(Herder Verlag) mit. Zum zehnjährigen Bestehen unserer Gemeinde in Bochum stellten unsere Mitarbeiter aus diesen Bänden eine kleine Broschüre zum Thema „Die Verfolgung der ersten Christen" zusammen.

Nach dem Abitur arbeitete Timothée von Herbst 2003 bis 2004 als Zivildienstleistender für Menschen mit Behinderung im Studentenwohnheim Sumperkamp 9–15 des Unicenters, anstatt einen etwa einjährigen Wehrdienst zu leisten. Im Anschluss studierte er ab Oktober 2004 rund neun Semester Wirtschaftswissenschaft an der Ruhr-Universität Bochum und erhielt am 18. Mai 2009 bei der Abschlussfeier im Audimax der Universität ein gutes Zeugnis als Diplom-Ökonom.

Wir konnten unseren Kindern nicht unser Bestes geben, weil Esther arbeitete, ich promovierte und wir beide abends die Bibel lehrten. Ich konnte verstehen, warum Stephan, als er Oberstufenschüler war, mich einmal fragte: „Warum liebst du die Gemeindemitglieder mehr als uns, deine Kinder?" Ich antwortete ihm: „Ich liebe euch mehr als die Gemeindemitglieder, aber ich versuche, die Gemeindemitglieder so zu lieben, wie ich euch liebe." Nach dieser Antwort stellte Stephan diese Frage nicht mehr.

In Deutschland sind Studierende, mit Ausnahme einiger Privatuniversitäten, von Studiengebühren befreit, da der Staat alle Studiengebühren übernimmt. Dennoch benötigen die Studenten Geld für ihren Lebensunterhalt. Daher haben sie die Möglichkeit, ein staatliches Darlehen nach dem BAföG(Bundesausbildungsförderungsgesetz) zu beantragen. Dieses Darlehen kann nach dem Studienabschluss über mehrere Jahre zurückgezahlt werden. Beide Söhne erhielten dieses Darlehen. Die beiden arbeiteten auch nebenbei, zum Beispiel bei Kentucky Fried Chicken oder im Kino in Bochum-Langendreer.

Unser zweiter Sohn Timothée arbeitete nach seinem Abschluss zunächst ein Jahr lang in einer Bochumer Firma, die von einem Koreaner geführt wurde. Die Firma hielt sich jedoch nicht an die zugesagten Arbeitszeiten und ließ ihn bis in die Abendstunden Überstunden machen. Also wechselte Timothée die Firma und arbeitete dann bei einer Firma in Essen, wo er ähnliche Arbeiten wie sein Bruder verrichtete. Anschließend wechselte er als Buchhalter in die Zentrale der Werhahn KG in Neuss. Das Unternehmen ist ein großes internationales Unternehmen mit etwa 10.000 Mitarbeitern. Auch die Firma Zwilling, die die bekannten Messer herstellt, ist sein Tochterunternehmen.

### 4. Stephans Heirat

Bei der standesamtlichen Hochzeit von Stephan und Seungmi in Bochum-Gerthe im Dez. 2008

Als Stephan zu arbeiten begann, wohnte er in Düsseldorf und besuchte die Full Gospel Church. Dort lernte er eine koreanische Studentin namens Seungmi Lee kennen. Im Dezember 2008 heirateten Stephan und Seungmi standesamtlich in Bochum-Gerthe. Bei dieser Trauung erklärte eine Standesbeamtin dem Brautpaar vor den beiden Trauzeugen Esther und Timothée die Ehegesetze. Anschließend unterzeichneten Braut und Bräutigam den Ehevertrag. Da erklärte der Standesbeamte die Ehe für vollzogen und hielt eine Glückwunschrede.

Wir hatten zunächst eine kirchliche Trauung in Deutschland in Erwägung gezogen, aber für die Familie der Braut und ihre Verwandten in Korea wäre es schwierig gewesen, hierfür nach Deutschland zu reisen. Deshalb entschieden wir uns für eine kirchliche Trauung in Korea. Stephan und Seungmi flogen am 28. Februar nach Korea, während Esther, ich, Timothée und viele von Stephans Freunden aus Deutschland anschließend nach Korea flogen.

Zwei oder drei Tage vor der Hochzeit lud uns die Familie der Braut zu einem formellen Treffen(상견례) ein. Als wir in den 1970er Jahren heirateten, gab es diesen Brauch noch nicht. Daher hatten Esther und ich keine Ahnung von diesem Brauch. Wir dachten, es wäre ein einfaches Beisammensein. Deshalb trugen wir auch nur bequeme Kleidung. Als mein älterer Bruder uns sah, als wir gerade gehen wollten, sagte er nur: „Wollt ihr so gehen?"

Als wir im Restaurant des Treffpunktes ankamen, sahen wir, dass alle Familienmitglieder der Braut sehr elegant gekleidet waren, was uns etwas überraschte. Die Anspannung löste sich jedoch schnell auf, als die Eltern der Braut uns erzählten, dass sie zunächst ziemlich nervös waren, sich dann aber beruhigten, als sie uns in Alltagskleidung gesehen hatten.

Hochzeitsfoto in der Kirche in Seoul. Links sind ich und Esther und rechts Seung-mis Eltern.

Die kirchliche Trauung fand am Samstag, dem 7. März 2009, um 13:00 Uhr in der Blumengarten-Kirche in Nowon-gu, Seoul, statt.

Unsere Geschwister und Verwandten in Korea sowie Seungmis Eltern, Geschwister und Verwandte nahmen an der Zeremonie teil. Viele Pastoren und Glaubensgeschwister aus den CMI-Kirchen, etwa zehn meiner ehemaligen Studienfreunde, viele von Seungmis Freunden in Korea und Stephans Freunde aus Deutschland waren anwesend.

Pastor Jong-Jun Kim, der Pastor der Flower Garden Church, predigte aufgrund des Wortes aus Epheser 5,22-25 zur Gratulation und Ermutigung:

„Ihr Frauen, ordnet euch euren Männern unter wie dem Herrn. Denn der Mann ist das Haupt der Frau, wie auch Christus das Haupt der Gemeinde ist – er hat sie als seinen Leib gerettet. Aber wie nun die Gemeinde sich Christus unterordnet, so sollen sich auch die Frauen ihren Männern unterordnen in allen Dingen. Ihr Männer, liebt eure Frauen, wie auch Christus die Gemeinde geliebt hat und hat sich selbst für sie dahingegeben."

Direkt im Anschluss an die kirchliche Trauung fand das traditionelle „Pyebaek" statt, bei dem das frisch vermählte Paar durch koreanische Beugungen ihren Respekt und ihre Dankbarkeit gegenüber den Eltern der Braut und des Bräutigams zum Ausdruck brachte.

Anschließend fuhren wir mit dem Bus zu einer Herberge mit drei großen Räumen. Dort feierte das Brautpaar mit seinen Freunden bis tief in die Nacht. Esther und ich schliefen in einem Nebenraum ihres Feierraums. Wegen ihrer Feier konnten wir kaum schlafen.

Am frühen Sonntagmorgen, gegen 4:00 Uhr, kam der Bus und brachte uns zurück zur Blumengartenkirche zum Frühmorgengottesdienst. Nach dem Frühstück mit Seungmis Eltern flog das Brautpaar zurück nach Deutschland, da Stephan am darauffolgenden Montag wieder arbeiten musste.

Esther fuhr nach Jangheung, ihrer Heimatstadt, und blieb bei ihrer älteren Schwester.

Ich fuhr zu David Woo nach Incheon. Am Abend des 15. März, einem Mittwochabend, führte David Woo mich mit seinem Auto zur „Jesusfull Church" in Ilsan, wo David Lim als Pastor arbeitet. Dieser war mein erster Bibelschüler in Korea gewesen. Ilsan ist eine Satellitenstadt von Seoul. Vor den versammelten Kirchenbesuchern durfte ich von meiner Glaubenserfahrung erzählen.

Am nächsten Tag, einem Donnerstag, besuchte ich Esthers ältere Schwester in Jangheung, wo Esther blieb. Am Samstag fuhren Esther und ich zu meiner Mutterkirche in Daejeon und nahmen dort am Sonntag am Gottesdienst teil. Sonntagnachmittag besuchten wir meine dritte Schwester in Seoul. Montag flogen wir nach Deutschland zurück.

### 5. Stephans Familie zog in die USA

Nach der Heirat zogen Stephan und Seungmi nach Heidelberg, da Seungmi an einer privaten Hochschule Musiktherapie studieren wollte.

Ihr erstes Kind, Sophia Erin, wurde Anfang Oktober 2010 geboren.

Stephan und Seungmi waren überglücklich und schmückten gemäß koreanischer Tradition das Wohnzimmer am 100. Tag nach der Geburt und auch an ihrem ersten Geburtstag mit Glückwunschdekorationen.

Kurz vor dem Entbindungstermin kam Seungmis Mutter aus Korea und kümmerte sich etwa einen Monat lang um Seungmi und das Baby. Danach kümmerte sich Esther um das Baby. Sie fuhr mit dem Zug nach Heidelberg und passte auf die kleine Sophia auf, während Seungmi den Unterricht besuchte. Esther kehrte jedes Wochenende nach Bochum zurück und fuhr montags wieder nach Heidelberg. Sie hatte große Freude daran, sich um ihre Enkelin zu kümmern. Ihr Wunsch war es eigentlich, wenigstens so lange zu leben, bis Sophia heiratet.

Seungmi bemühte sich, Esther und mich fröhlich zu machen. Sie besuchte uns oft und bereitete uns Mahlzeiten zu.

Im August 2013 zog die Familie nach Evanston in der Nähe von Chicago, da Stephan dort weiterhin in seiner Firma Ernst & Young arbeitete. Im selben Jahr, Anfang Oktober, wurde das zweite Enkelkind, Sean Isu, geboren.

Seungmis Mutter kam aus Korea und kümmerte sich etwa einen Monat lang um sie und das Neugeborene. Esther, Timothée und ich besuchten diese Familie am 16. November und blieben zwei Wochen bei ihnen. Als Erinnerung machten wir ein gemeinsames Foto am Michigansee(siehe unten).

Seungmi brachte ihren Kindern das Musizieren bei, Sophia lernte Eiskunstlauf und Sean Eishockey. Das Paar half beiden Kindern auch, an Jesus zu glauben.

Familienfoto am Lake Michigan im November 2013

Stephan nahm uns mit zur Stadtbesichtigung der Downtown Chicagos und zur Bootsfahrt auf dem Chicago River. Wir fuhren auf die Aussichtsplattform des Sears Tower in Chicago und warfen einen Blick über die Stadt. Die hohe Parkgebühr von etwa 16 Dollar pro Stunde und bettelnde Leute vor den Wolkenkratzern waren ein großer Kontrast. Sogar Bettler betraten die Fahrbahn und bettelten die Autofahrer, die an roten Ampeln anhielten, um Almosen. Dies zeigte die große Kluft zwischen Arm und Reich in den USA. Früher war ich mehrmals in die USA gereist, um dort an der Sommerbibelfreizeit teilzunehmen. Aber damals kannte ich die Realität der Vereinigten Staaten nicht gut. Dank dieses Besuchs konnte ich die USA besser kennenlernen.

Am Sonntag besuchten wir die amerikanische Kirche, die Stephans Familie besuchte. Dort trafen wir Missionarin Grace Park. Sie hatte die Kunsthochschule der Seoul National Universität absolviert sowie die Jongno Studentengemeinde in Seoul, Korea, besucht. Sie hatte

Bekkie Lee während ihrer Studienzeit die Bibel gelehrt. Grace Park lud Esther und mich zu ihrem Haus ein. Ich erfuhr, dass diese Familie in den USA wegen der Armut und Autounfälle sehr gelitten hatte, aber dennoch ein hingebungsvolles Leben für den Herrn Jesus führte. Ich bete und glaube daran, dass Gott diese Familie reichlich segnen wird.

### 6. Unser 70. Geburtstag

Wie bereits erwähnt, haben Esther und ich am selben Tag Geburtstag. An unserem Geburtstag im Jahr 2018 teilte ich Andreas, Renate und Esther mit, dass ich genau ein Jahr später das Predigtamt und die Leitung an Andreas übergeben würde. Und ich bat sie, dies nicht öffentlich bekannt zu geben, da ich nicht wollte, dass zu viel darüber gesprochen wird. Natürlich wusste ich damals noch nicht, dass Esther Krebs bekommen würde.

**Am Vorabend unseres 70. und 71. Geburtstags im Jahr 2019 kamen Timothée aus Düsseldorf und Stephans Familie aus Chicago, um diesen besonderen Anlass zu feiern.**

Unser Foto am 15. Oktober 2017 im Park in Witten

Doch noch am selben Abend erhielt ich einen Anruf aus Korea, dass mein Bruder gestorben sei. Ich zögerte, weil ich eigentlich geplant hatte, am folgenden Sonntag das Predigtamt an Andreas zu übergeben. Esther riet mir jedoch dringend, sofort nach Korea zu fliegen, um an der Beerdigung meines Bruders teilzunehmen. Timothée kaufte mir sofort ein Flugticket und ich flog noch am selben Abend und kam am Sonntag in Korea an. Mein Bruder wurde am Montag direkt neben meinen Eltern in der Nähe meines Geburtshauses begraben. Am darauf folgenden Tag fuhr ich zusammen mit den Töchtern und dem Sohn meines Bruders sowie mit meiner Schwägerin wieder zu seinem Grab und pflanzte nach koreanischer Sitte Gras darauf. Am Freitag dieser Woche kehrte ich nach Deutschland zurück, hielt am Sonntag meine letzte Predigt und übergab das Predigt- und Leiteramt an Andreas. Somit erfolgte die Übergabe genau zum richtigen Zeitpunkt, wie ich es mir gewünscht hatte.

An diesem Tag servierte die Gemeinde nach dem Gottesdienst wunderschöne Geburtstagskuchen zu unserem Geburtstag. Wir dankten Gott, dass er uns so lange unterstützt und uns seine unschätzbare Gnade geschenkt hatte. Er hatte uns wunderbar geleitet und uns dazu gebraucht, die jungen Leute und Studenten zu retten.

Unsere Geburtstagsfeier im Juli 2019 in der Gemeinde

# Zwölfte Story: Wir teilen die Gute Nachricht mit den Bochumer Studenten

„Der Geist des HERRN ist auf mir, weil er mich gesalbt hat, zu verkündigen das Evangelium den Armen; er hat mich gesandt, zu predigen den Gefangenen, dass sie frei sein sollen, und den Blinden, dass sie sehen sollen, und den Zerschlagenen, dass sie frei und ledig sein sollen, zu verkündigen das Gnadenjahr des HERRN."
(Lukas 4,18-19)

„Und sprach zu ihnen: Die Ernte ist groß, der Arbeiter aber sind wenige. Darum bittet den Herrn der Ernte, dass er Arbeiter aussende in seine Ernte!"
(Lukas 10,2)

### 1. Beginn unserer Studentengemeinde in Bochum

Seit 1978 hatten unsere Mitarbeiter Studenten aus Bochum, Essen und Dortmund zum Bibelstudium und zum Sonntagsgottesdienst ins Dortmunder Bibelhaus eingeladen. Aber für die Studenten aus Essen und Bochum war es schwierig, Gottesdienst in Dortmund zu besuchen.

Darum waren einige Missionarinnen aus Essen und Bochum nach Dortmund umgezogen, um sich auf die Studentenmission in Dortmund zu konzentrieren.

Im Dezember 1986 begann Renate Buchholz, eine Medizinstudentin im ersten Semester an der Universität Bochum, mit Paula Kim die Bibel zu studieren, und besuchte unseren Gottesdienst am Sonntag. Ihr Besuch war wie ein Zeichen Gottes, dass wir in der Studentenmission in Bochum aktiv werden sollten.

Zunächst zog unsere Familie am 28. Februar 1987 von Dortmund nach Bochum in eine Wohnung(Auf dem Aspei 57), etwa 700 Meter östlich der Bochumer Universität gelegen. Im Juli desselben Jahres zogen Joseph & Paula Kim nach Bochum.

Ab dem 24. Mai hielten wir in unserer Mietwohnung Sonntagsgottesdienste um 14:00 Uhr ab. Im Anschluss an diesen Gottesdienst fuhr ich nach Dortmund und predigte dort um 17:00 Uhr. Drei Monate lang, bis zum 20. September, hielt ich jeden Sonntag zwei Gottesdienste. Die Dortmunder Gemeinde hatte damals ihre Räumlichkeiten in der Erdgeschosswohnung des Hochhauses „Hannibal"(Vogelpothsweg 16–18).

Jesaja Lee begann ab dem 26. September als neuer Leiter der Dortmunder Gemeinde, sonntags zu predigen. Am 18. Oktober desselben Jahres fand der Einweihungsgottesdienst des neuen Gemeindehauses statt. Am 26. September begann Jesaja Lee als neuer Leiter der Dortmunder Gemeinde sonntags zu predigen. Der Einweihungsgottesdienst für den neuen Gemeinderaum fand am 18. Oktober desselben Jahres statt.

## 2. Unsere deutschen Mitarbeiter

**\* Renate Buchholz(verh. Schmeinck) & Andreas Schmeinck**
Renate wuchs in einer gläubigen Familie auf; ihr Vater war Pfarrer
in einer evangelischen Kirche. Aber sie hatte keine feste Überzeugung
von ihrer Rettung. Nachdem sie im Oktober 1986 ihr Medizinstudium
an der Universität Bochum begonnen hatte, lernte sie Mitte Dezember
desselben Jahres Paula Kim an der Universität kennen und erzählte ihr
von ihrer Unsicherheit bezüglich ihrer Rettung. Daraufhin sagte ihr
Paula, dass Gott ihr durch sein Wort die Überzeugung von ihrer Rettung sicher schenken könne. Nach dem Besuch der Weihnachtskonferenz begann Renate mit Paula Kim, die Bibel zu studieren, und arbeitete in unserer Studentengemeinde in Bochum mit, die im März 1987
ihre Arbeit aufnahm. Sie sprach Studenten freundlich an und half ihnen, Vertrauen in unsere Gemeinde zu gewinnen, gemeinsam die Bibel
zu studieren und zusammenzuarbeiten. Ab 1989 teilten sich Renate,
Pauline Lee und Esther Bae eine Zeit lang eine Wohnung im Unicenter gegenüber der Universität. Dies half ihnen, ein tiefes Verständnis
füreinander über Nationalitäten und Kulturen hinweg zu entwickeln
und gemeinsam an der Studentenmission „Ein Herz" zu arbeiten. Renate half Medizinstudenten wie Anja Willkommen, Ulrike Brinkmann,
Christa und Stefanie mit dem Bibelstudium. Trotzdem vernachlässigte
sie ihr Studium nicht und legte im Juni 1993 die Abschlussprüfung
erfolgreich ab. Als wir am 13. Juni 1993 einen Dankgottesdienst für
ihren Studienabschluss feierten, trug sie ihr Glaubenszeugnis vor. Ein
Teil ihres Zeugnisses lautete wie folgt:

„Als Tochter eines Pastors in einem christlichen Elternhaus aufgewachsen, lernte ich von Kind an den persönlichen Glauben an Gott und Jesus kennen. Aber als ich älter wurde, kamen mir Zweifel an meinem Christsein, weil es keine klare Bekehrung in meinem Leben gegeben hatte und ich nichts von Wiedergeburt oder Heilsgewissheit sagen konnte. Ich wollte Christ sein und nach Gottes Maßstäben leben, aber in meinem Herzen machte ich Kompromisse mit der Sünde.

Ich hatte den Wunsch, für Gott zu leben, aber weil ich kein geheiligtes Leben kannte, konnte ich nur über mich selbst verzagt sein und keine innere Gewissheit über meine Errettung haben. Damals habe ich nachts oft geweint und Gott gebeten, mir doch zu zeigen, was mir noch fehlte. Ich erinnere mich, wie gerade in solch einer Situation der Verzagtheit mich ein Bibelvers so ansprach, dass ich ihn mir abschrieb und an meinen Spiegel hängte; das war 5. Mose 1,21: „Sieh her, der Herr, dein Gott, hat dir das Land hingegeben; zieh hinauf und nimm's ein, wie der Herr, der Gott deiner Väter, dir zugesagt hat. Fürchte dich nicht und lass dir nicht grauen." Dieser Vers gab mir Hoffnung, dass Gott doch noch etwas mit mir vorhatte. Gott sah mich ganz genau und leitete mich mit seiner Güte.

Gott schenkte mir einen Medizinstudienplatz in Bochum. Gleich im 1. Semester wurde ich von Missionarin Paula Kim zur Weihnachtskonferenz eingeladen. Weil sie mit Bestimmtheit sagte, dass Gottes Wort meine inneren Probleme sicher lösen könne, bekam ich Zuversicht und den Eindruck, dass Gott sie zu mir gesandt hatte, und begann nach der Konferenz mit dem Bibelstudium. Ein Problem war, dass ich Gott nicht beim Wort nahm. Aber. M. Paula und M. Stephan ermutigten mich immer und immer wieder dazu. Z. B. hat Gott in Joh. 1,12 versprochen: „Wie viele ihn(Jesus) aber aufnahmen, denen gab er Macht, Gottes

Kinder zu werden, denen, die an seinen Namen glauben." Trotzdem konnte ich meine Zweifel an meiner Errettung lange nicht überwinden, weil ich meinte, dass es bei mir dann anders aussehen müsste, wenn ich schon ganz gewiss errettet wäre. Schließlich half Gott mir beim Studium des Römerbriefes durch Röm. 1,17, wo es heißt: „Denn darin wird offenbart die Gerechtigkeit, die vor Gott gilt, welche kommt aus Glauben in Glauben." Ich erkannte, dass einzig und allein der Glaube an Jesus mich vor Gott gerecht macht und ich auch immer in diesem Glauben bleiben muss, egal wie schwach oder mangelhaft ich selbst dabei bin. Da entschied ich mich, die Zweifel nicht mehr zuzulassen, und nur im Glauben daran festzuhalten, dass Jesus schon alles Nötige für mich getan hat. Da konnte ich Freude über meine Errettung haben. Ich lernte, dass ich gegen die Zweifel, die auch danach noch immer wieder auftauchten, kämpfen musste und an Gottes Wort festhalten, welches zuverlässig ist.

Zum zweiten half Gott mir, mich durch sein Wort vor ihm als verlorene Sünderin zu finden, indem ich vor Gottes Heiligkeit die Schmutzigkeit der Begierde meines Herzens erkannte. Ich lernte, dass Gott sich wünscht, dass jeder Mensch ihn, seinen Schöpfer, mit reinem Herzen am meisten liebt und ihn allein als seinen Gott anbetet.

Von da an wollte ich ein reines Leben führen und einzig Jesus als meinen Heiland und wahren Mann anbeten. Gott trainierte mich, meine Schwachheit und Sündhaftigkeit nicht nur zu erkennen, sondern auch durch Bußetun und Annehmen des(stellvertretenden) Todes Jesu für meine Sünden mein Herz reinigen zu lassen und ein geheiligtes Leben zu lernen… Durch diesen Kampf half mir Gott, Überzeugung von meiner Errettung und Zugehörigkeit zu ihm zu haben…

Gott hatte nicht nur im Sinn, mich von der Sünde zu erretten, sondern hatte auch einen großen Plan mit mir. Auf einer Konferenz in meinen ersten Semesterferien sprach mich insbesondere das Wort Genesis 12,1-2 an, durch das Gott Abraham berief: „Und der Herr sprach zu Abraham: Geh aus deinem Vaterland und aus deiner Verwandtschaft und aus deines Vaters Hause in ein Land, das ich dir zeigen will. Und ich will dich zum großen Volk machen und will dich segnen und dir einen großen Namen machen, und du sollst ein Segen sein." Es wurde mir bewusst, dass Gott hier auf einen alten, mangelhaften Mann eine große Hoffnung setzte, ein großes Volk und ein Segen zu werden, und dass Gott seine Verheißung tatsächlich 100-prozentig erfüllte, als Abraham dem Wort Gottes folgte. Ich wählte dieses Wort als Jahreswort und später auch als Lebensleitwort, weil ich mir sehr wünschte, in meinem Leben ein Segen für viele zu sein. Ich nahm es als Berufung und neues Land Gottes für mich an, dass Gott mich besonders unter den Studenten in Deutschland und ferner in der ganzen Welt zum Segen machen wollte, und dankte Gott für die große Hoffnung, die er auf einen Menschen setzte…

Gott segnete meine kleinen Entscheidungen, indem er mich als Hirtin für Studenten an der Ruhruni einsetzte und mir ständig Studentinnen aus der medizinischen Fakultät zum Zweierbibelstudium anvertraute. Nachdem die meisten von ihnen das Bibelstudium abbrachen, wenn es Zeit war, einen konkreten Glaubensschritt oder Buße zu tun, führte Gott Anja Willkommen, ebenfalls Medizinstudentin, zum Zweierbibelstudium. Auf der Suche nach Gott hatte sie die Veranstaltungen verschiedener Gemeinden besucht, aber durch das Bibelstudium konnte sie klare Antworten finden und Jesus als ihrem persönlichen Heiland begegnen…

Wegen der Liebe Jesu, der sie von ihrer inneren Dunkelheit, Angst und Suche befreite, hat sie sich aufgrund Joh. 12,24 entschieden, ihr Leben für die Errettung der Studenten einzusetzen. Ein halbes Jahr später führte Gott dann meine Kommilitonin Ulrike Brinkmann zum Bibelstudium. Ihre Mutter hatte viel für sie gebetet... Sie erkannte durch Gottes Wort, dass einzig das Leben mit Gott, ihrem Schöpfer, absolut Sinn macht, und sie entschied sich, ihr Leben ganz Gott anzuvertrauen...

Bereits im 1. Semester begann ich mit dem Bibelstudium... Nach dem Unterricht musste ich mich öfter beeilen, um zu den Bibelstudiumsterminen rechtzeitig da zu sein. Aber Gott hat stets erwiesen, dass er sich gemäß seines Versprechens in Matthäus 6,33 um all unsere Bedürfnisse kümmert, wenn wir zuerst nach seinem Reich trachten. Oft bangte ich um meine Prüfungen. Aber Gott half mir, während der 6 ½ Jahre meines Medizinstudiums alle Prüfungen bis auf ein Nebenfach auf Anhieb zu bestehen, sodass ein Kommilitone sich einmal verwunderte und meinte, er wolle jetzt auch Christ werden...

Ich preise Gottes Treue und Macht, die er aus seiner Gnade an mir erwiesen hat."

Andreas war während seines Studiums in Köln durch das Bibelstudium mit Missionar Mose Hur zum persönlichen Glauben an Jesus gekommen. Während seiner Mitarbeit in der Kölner Gemeinde hatte er einmal Einladungsflyer am Fenster des Eingangs zur Sporthochschule aufgehängt. Durch einen dieser Flyer angesprochen, kam Eberhard Groß, der gegenwärtig der Gemeindeleiter der UBF Köln ist, zur Gemeinde und zum Glauben.

Andreas half in Köln auch Norbert und blieb ihm als sein Freund

und Ratgeber treu, bis dieser aufgrund einer Krebserkrankung vorzeitig zum himmlischen Herrn ging.

Renate und Andreas verlobten sich im April 1992 und heirateten im September 1993 im Bochumer Rathaus und feierten ihre kirchliche Hochzeit im Christlichen Konferenzheim in Rehe/Westerwald. Dieses Ehepaar spielte weiterhin eine Schlüsselrolle bei der Studentenmission der Bochumer Gemeinde.

Andreas arbeitete zwei Jahre lang als Referendar an einer Privatschule. Später begann er, hauptberuflich in unserer Gemeinde zu arbeiten. Er ist ein treuer Diener des Herrn. Er half vielen Studenten in Bochum mit dem Bibelstudium, darunter Jörg, Christoph, Oriel und viele andere.

Seit dem 21. Juli 2019 ist er mein Nachfolger als Prediger und Gemeindeleiter und dient der Gemeinde treu durch Predigt und Gebet.

David, das erste Kind von Andreas und Renate, hat seinen Masterstudiengang in Maschinenbau an der Universität Bochum abgeschlossen. Er ist ein wichtiger Mitarbeiter für die Jugendarbeit unserer Gemeinde. Auch Mariela, das zweite Kind des Paares, ist ein wichtiges Mitglied der Gemeinde.

### * Hartmut Rose

Hartmut(Elektrotechnik-Student) wurde im Sommer 1983 von Paula und Jesaja angesprochen. Danach hatten ihn Jesaja und Bekkie Lee zum Bibelstudium eingeladen. Aber wegen der Entfernung zwischen Bochum und Dortmund konnten wir ihm nicht gut helfen. Als wir das

Werk in Bochum anfingen, luden wir ihn zum Gottesdienst und zum Bibelstudium ein. Er kam gern und arbeitete herzlich mit uns zusammen. Anfang 1990 schloss er sein Studium mit Auszeichnung ab und arbeitete als wissenschaftlicher Mitarbeiter an der Universität.

Das zweite Gemeindehaus im Unicenter(Wohnung im 2. Stock mit einer Satellitenschüssel auf dem Balkon): Hustadtring 143, Bochum(30. Nov. 1988 bis 31. März 1994)

### * Anja Willkommen(verh. Wilms)

Anja kam während ihres ersten Studienjahres an der Medizinischen Fakultät der Uni Bochum zu unserer Gemeinde und lernte ab 1989 die Bibel mit Sarah Oh, Renate und Paula Kim. Dadurch lernte sie Jesus persönlich kennen und diente dem Herrn treu. Auch ihr Medizinstudium schloss sie mit Auszeichnung zur Ehre Gottes ab. Nach ihrem Studienabschluss heiratete sie Guido Wilms in Aachen, zog nach Aachen und dient dort weiterhin treu Gott.

## * Ludger Sickelmann

Ludger hatte früher in Dortmund mit uns hingabevoll zusammengearbeitet. Er war dann nach Köln und danach nach Krefeld gezogen. Am 30. Juni 1990 zog er dann von Krefeld nach Bochum und wirkte in Bochum mit uns für die Studentenmission. Er heiratete Grace in Korea Ende 1990. Ende November 1991 schloss er seine Ausbildung zum Fachinformatiker erfolgreich ab und begann als IT-Fachinformatiker zu arbeiten.

Grace Sickelmann kam am 2. April 1991 nach Deutschland. Sie gebar im Mai 1996 ihre erste Tochter Sarah, danach ihre zweite Deborah und ihre dritte Pauline. Das Paar erzog ihre Töchter gut.

Ludger lud Studenten aktiv zum Bibelstudium ein und half ihnen. Insbesondere half er Igor aus Minsk und Andreas Lange, als Jünger Jesu zu leben.

2002 zog seine Familie nach Essen, um Essener Studenten das Bibelstudium anzubieten. Ludger arbeitet als Lehrer in einer Schule und auch Grace als Lehrerin für Lernbehinderte. Dieses Ehepaar besucht eine Freie Evangelische Gemeinde in Essen und engagiert sich aktiv in der Studentenmission, indem es vielen Studenten, vorwiegend chinesischen Studenten, mit dem Bibelstudium hilft.

Sie haben inzwischen auch eine Hausgemeinde eröffnet und helfen weiterhin Studenten. Das Paar arbeitet außerdem an der Eröffnung einer christlichen Schule.

## * Ulrike Brinkmann(verh. Groß)

Ulrike wurde Mitte Februar 1991 von Renate zum Bibelstudium

eingeladen. Damals war sie im 9. Semester ihres Medizinstudiums. Sie machte das Bibelstudium zunächst mit Renate und dann mit Paula Kim. Durch Gottes Wort aus Genesis 1,31 empfing sie große Freude, weil sie erkannte, dass Gott sie gut geschaffen hat und sich über sie sehr freut. Voller Freude an Gottes Liebe erzählte sie ihrem Vater von Gottes Liebe. Sie empfing auch große Gnade durch göttliche Vergebung und seinen Segen durch Joh. Kap. 4 und Kap. 8,11.

Sie und Eberhard Groß heirateten im Juli 1994 im Freizeitheim in Rehe. Das Ehepaar hat einen Sohn namens Paul. Ulrike arbeitet als Chirurgin. Zudem hilft sie vielen Studenten treu mit dem Wort Gottes.

Am 22. August 1992 legte sie auf der Sommerbibelkonferenz ihr Glaubensbekenntnis ab. Ein Teil davon lautet wie folgt:

„Ich war das Nesthäkchen und bekam sehr viel Liebe von meinen Eltern. Doch nach und nach wurde ich unselbständig und abhängig von dieser menschlichen Liebe und Zuneigung...

Im Frühjahr 1986 erlitt meine Großmutter einen Schlaganfall und wurde pflegebedürftig. Durch diese Krankheit überkam mich ein Gefühl starker Hilflosigkeit. Meine Verwandten und ich mussten mehr oder weniger untätig zusehen, wie sie ein halbes Jahr später nach mehreren Wochen auf einer Intensivstation an einem erneuten Schlaganfall starb. Ich bekam den Wunsch, meine Hilflosigkeit zu überwinden und anderen Menschen wirksam und kompetent helfen zu können. Deshalb begann ich im Herbst 1986 das Medizinstudium an der Ruhr-Universität Bochum. Doch das Studium konnte meine Erwartungen in keiner Weise erfüllen... In den klinischen Semestern wurde ich dann mehr mit Krankheit und Tod konfrontiert und mit der Tatsache, dass auch der beste Arzt nicht verhindern kann, dass jeder Mensch irgendwann doch sterben muss. Meine innere Hilflosigkeit blieb noch bestehen. Mich quälte die Frage, was für einen Sinn mein Leben eigentlich hat...

Im Winter 1990/91 war ich an meinem Tiefpunkt angelangt. Alles, was ich bisher getan hatte, kam mir sinnlos und überflüssig vor; das Studium, die wechselnden Freunde, die Studentenfeste, nichts konnte mich wirklich glücklich machen...

Im Februar 1991 sprach mich Renate Buchholz an, ob ich nicht Interesse hätte, mit ihr ein Bibelstudium zu beginnen. Mein Interesse war eigentlich nicht besonders groß, in meiner knappen Freizeit mich ausgerechnet mit der Bibel zu beschäftigen, und ich kannte Renate auch nur ganz flüchtig. Mir fiel aber, da es Ferien waren, keine passende Ausrede ein, und ich war zu höflich, diesen mutigen Vorschlag einfach abzulehnen...

So begann ich das Sieben-Schritte-Bibelstudium mit Renate. Im zweiten Schritt konnte ich zu meinem Erstaunen feststellen, dass Gott nach der Erschaffung des Menschen nicht gesagt hat: „das ging daneben", sondern: „es ist sehr gut". Dieses Wort hat sich mir tief eingeprägt. Hier konnte ich zum ersten Mal erkennen, dass mein Leben nicht sinnlos ist, sondern dass Gott mich liebt und zu seiner Ehre und nach seinem Plan geschaffen hat, und dass es ohne eine persönliche Beziehung zu Gott kein glückliches Leben gibt. Im Sommersemester 1991 begann ich das Johannes-Evangelium-Bibelstudium mit M. Paula Kim. Durch das 4. Kapitel konnte ich meine Sünde der Menschenanbetung erkennen. Das verursachte mir einen schweren Konflikt: ...

Ich merkte, dass in diesem Punkt eine klare Entscheidung nötig war, hatte aber aus mir selbst nicht die Kraft dazu. Durch Johannes 8,1-11 konnte ich die vergebende Liebe Jesu annehmen, der zu mir sagte: So verdamme ich dich auch nicht, Ulrike. Geh hin, und sündige hinfort nicht mehr. Er verdammte mich nicht, sondern nahm mich mit allen Fehlern und Schwächen geduldig an. Er hat mir meine Schuld ganz vergeben und mir eine neue Lebensorientierung geschenkt, ihn an die erste Stelle meines Lebens zu setzen. Ich traf eine klare Entscheidung für Gott...

Er trainierte mich jetzt deutlich durch das praktische Jahr und die Fertigstellung meiner Doktorarbeit. Auch wenn mir die Verbindung von Krankenhausalltag, Doktorarbeit und Glaubensleben oft unmöglich vorkommt, weiß ich doch jetzt, dass bei Gott wirklich nichts unmöglich ist. Ich danke ihm, dass er mich aus einem nutzlosen und sinnlosen Leben befreit und mir eine neue Lebensorientierung geschenkt hat, ihm zu dienen. Ich bete, dass Gott mich als sein Werkzeug gebrauchen möchte, um sein Wort an eine Bochumer Medizinstudentin weiterzugeben."

### ⅄ Andreas Lange

Ludger nahm 1993 Andreas Lange, einen Studenten der Elektrotechnik, mit zur Sommerbibelfreizeit und half ihm anschließend mit dem Bibelstudium der „Sieben Schritte", des Johannesevangeliums und der Genesis. Dadurch lernte Andreas die Liebe Jesu für Sünder persönlich kennen. Andreas ist weitherzig und freundlich. Er half einem Studenten namens Joachim mit dem Bibelstudium.

Auf der Sommerbibelkonferenz 1994 trug er sein Glaubenszeugnis ab. In einem Teil seines Zeugnisses sagt er:

„Mein altes Leben:

Mein Name ist Andreas Lange. Ich studiere Elektrotechnik im 12. Semester. Meine Eltern lehrten mich von der Kindheit an den katholischen Glauben. Aber als ich aufgewachsen war, bekam ich Lust auf laute Musik, Fußballspielen, war auf der Suche nach einem Mädchen, Partys und so weiter. Dies war der Inhalt meines Lebens. Aber ich habe nicht gefunden, was ich suchte. Auf der anderen Seite wurde mein tägliches Leben dunkler und dunkler. Ich war voll von Hass und Begierde. Ich nahm mir vor, mich zu ändern, aber ich scheiterte.

Gott wirkte in mir:
In dieser dunklen Situation zeigte mir Gott, dass es möglich wäre, dadurch verändert zu werden, dass ich einem Priester meine unmoralischen Sünden bekenne. Ich dachte, dass dies eine gute Chance für mich war. Darum bereute ich alle meine Sünden. Plötzlich bekam ich danach Einladungen zu Bibelstunden, Gebetstreffen und so weiter. Schließlich kam ich zu unserer Sommerbibelkonferenz 1993, nach der ich mit dem Zweierbibelstudium begann. Gott gab mir Ludger Sickelmann als Privatbibellehrer des Glaubens. Durch das Zweierbibelstudium habe ich das Herz und die Liebe Jesu für Sünder wie mich und andere kennengelernt. Außerdem bemerkte ich die große Chance für alle Menschen, von ihren Sünden gerettet zu werden. Ich lernte die „7 Schritte des Glaubens", danach das Johannesevangelium und jetzt die Genesis. Meine weltliche Begierde verschwand Schritt für Schritt. Ich danke Gott für seine mächtige Arbeit in mir."

Das dritte Gemeindehaus im Unicenter(die Wohnung mit dem vierten Balkon von unten).

Hustadtring 141, Bochum, 2. OG(ab 1. April 1994 bis 2003)

### * Stefan Schulzki

Im Herbst 1994 lud Samuel Park Stefan ein, und dieser lernte mit Peter Bae Gottes Wort. Dadurch wurde er gläubig und arbeitete mit uns für die Studentenmission. Später heiratete er in der Lutherischen Kirche eine gläubige Frau und lud Familie Bae, Familie Schmeinck und mich zu seiner Hochzeitsfeier ein.

### * Stefanie

Im März 1997 lud Renate Stefanie zum Bibelstudium ein und lehrte sie die Genesis. Am 11. Juli 1997 erhielt sie durch das Bibelstudium mit Renate die Heilsgewissheit durch das Wort Joh 5,24 und begann ab Dezember 1998 mitzuwirken. Vom Wintersemester 1998/99 bis etwa März 1999 lebte sie mit der Familie Schmeinck in einer Wohngemeinschaft. Anfang 1999 rezitierte sie Matthäus 6,33 und 34 als ihr Jahresleitwort und bekannte, dass Gott ihr Vertrauen in ihn angenommen und ihr bei der Vorbereitung auf das Physikum geholfen hatte. Sie half auch ihren Eltern mit dem Bibelstudium.

Zu Anfang des Jahres 1998 trug sie Joh. 14,1 als ihr Jahresleitwort wie folgt vor:

„Das Jahr 1997 brachte für mein Leben eine entscheidende Wende: In diesem Jahr lernte ich durch das Bibelstudium Jesus Christus persönlich kennen. Ich erfuhr meine Wiedergeburt im Sommer 1997, als ich beim Studieren des Johannesevangeliums meine Verlorenheit erkannte und die angebotene Rettung in Jesus Christus annahm. Darauf möchte ich etwas näher eingehen.

Bis zu diesem Sommer war ich gefangen in dieser Welt und ein Knecht meiner Sünden: Ich war egoistisch, gierig, neidisch, skeptisch und ungläubig, denn ich liebte Anerkennung, Geld und Erfolg mehr als Gott. Ich wollte etwas Besseres erreichen als meine Eltern in ihrem Leben geschafft hatten.

Ich begriff erst, dass meinem Leben das Entscheidende fehlte, als Jesus in Joh 4,14 zu mir sprach: „Wer aber von dem Wasser trinken wird, das ich ihm gebe, den wird ewiglich nicht dürsten, sondern das Wasser, das ich ihm geben werde, das wird in ihm zu einer Quelle des Wassers werden, das in ihm das ewige Leben quillt." Ich lernte so, dass ich bisher nur meine körperlichen, aber nicht meine geistlichen Bedürfnisse erfüllt hatte. Ich hatte meine Beziehung zu Gott völlig vernachlässigt und war so unglücklich und verzweifelt geworden. Ich verspürte stets Durst nach mehr in mir, weil die Welt unsere geistlichen Bedürfnisse nicht stillen kann. Dies kann nur Gott bzw. sein menschgewordener

Sohn Jesus. Mit geistlichen Bedürfnissen meine ich Folgendes: Gott erschuf mich als sein Ebenbild und gab mir seinen Geist. Ich wurde erst als Einheit von Körper und Geist ein lebendiges Wesen. Mein Geist oder meine Seele ist gottähnlich und erst dann glücklich, wenn ich mit Gott rede und ihn als meinen Schöpfer und Herrn anerkenne. So wurde auch mein Durst nach Anerkennung, Wissen, Frieden usw. erst durch Jesus gestillt. Er befreite mich von meinen Sünden wie meinem Egoismus und nahm so mein geknechtetes Leben, das ich in dieser Welt führte, von mir. Er schenkte mir das lebendige Wasser, also seinen Geist, um meinen Durst zu stillen und mich nach seinem Ebenbild zu verändern. Er gab mir die Hoffnung auf das ewige Leben durch sein Wort in Joh 5,24 und nahm so die Angst von mir, unter der Macht des Todes zu stehen. Er beantwortet mir alle meine Fragen, denn er teilte alles mit, was er vom Vater, also von Gott gehört hat(Joh 15,15).

Ich erfuhr auch, dass ich für andere eine Quelle des ewigen Lebens werden kann, wenn ich ihnen von Jesus erzähle. So beginnt auch meine Mutter zu begreifen, dass sie die Errettung durch Jesus braucht. Meine Eltern überwanden ihre Skepsis und begleiteten mich zum sonntäglichen Gottesdienst am Jahresende."

### * Igor Poleschtschuk

Igor war ein Student aus Weißrussland. Nach seiner Teilnahme an der Moskauer Sommerkonferenz 1992 kam er als Austauschstudent nach Bochum und blieb dort sieben Monate. Er lernte Gottes Wort von Ludger Sickelmann und erfuhr herzliche Liebe von allen Mitarbeitern. Nach seiner Rückkehr nach Minsk 1993 half er dort vielen Studenten und heiratete eine gläubige Frau. Ludger, einige Mitarbeiter aus Bochum und ich fuhren mit dem Zug nach Minsk, um an seiner Hochzeit teilzunehmen.

**Fotos der Eingangs- und Balkonseite des 4. Gemeindehauses in Bochum:**
Markstraße 120(1. OG)(vom 1. März 2004 bis heute).
Zuvor hatten wir etwa ein Jahr lang(2003–2004) den Gemeinschaftsraum des Studentenwohnheims an der Laerholzstraße 84 als Gottesdienstraum genutzt.

### * Yurim Sim

Yurim Sim besuchte seit September 2015 unseren Gottesdienst. Sie lud sofort Chan-Il Chung und Eun-Hee Lim sowie ihre drei Töchter Hye-Young, Euyoung und Sungyoung zum Sonntagsgottesdienst ein. Anschließend lud sie auch Heonwoo Lee und Gyoeun Koo ein. Karl, Gyoeuns Ehemann, kam etwas später dazu. Yurim besuchte regelmäßig unsere Gemeinde, studierte mit Renate die Bibel und arbeitete mit uns. Nach Abschluss ihres Studiums im Jahr 2023 fand sie eine Anstellung in Frankfurt und zog im Frühjahr 2024 dorthin.

### 3. Unsere Bibelfreunde in Bochum

**\* Bibelfreunde in den Anfängen(ca. 1987–1991)**

Seit Beginn unserer Missionsarbeit in Bochum lernten viele Student-
en durch uns zusammen Gottes Wort und Jesus Christus kennen. Einige dieser Erfahrungen möchte ich hier wiedergeben.

**- Almut Hemmert**

1987 lernte ich im Studentenwohnheim am Sumperkamp eine Jurastudentin, Almut Hemmert, kennen. Sie war eine bekennende Christin
und leitete bei sich zu Hause einen Hausbibelkreis. Im selben Jahr
legte sie ihr Staatsexamen ab. Durch sie wurde ich ermutigt, Studenten
aktiv zum Bibelstudium einzuladen.

**- Anja Nagel**

Anja Nagel war eine Kommilitonin von Renate und kam manchmal
zum Gottesdienst. Zu Beginn ihres Studiums wohnten die beiden
zusammen. An einem Frühsommertag(es war ein Feiertag Ende Mai
oder Anfang Juni 1988) zelteten wir Bochumer Mitarbeiter auf einer
Wiese von Anjas Eltern, die einen Bauernhof im Sauerland besaßen.
Anja arbeitet heute als Ärztin.

**- Michael Sander**

Michael Sander begann im Dezember 1987 mit Joseph Kim Gottes
Wort zu studieren. Bis 1988 hatte er das gesamte Johannesevangelium
studiert. Er war ein brillanter Maschinenbaustudent. Die Missionare
beteten, dass er ein großer Segen wie Abraham werden möge. Wir
glauben, dass Gott dieses Gebet erhören wird.

**- Michael Jochmann**

Michael studierte im Herbst 1988 im achten Semester Elektrotechnik. Seine Eltern unterstützten ein koreanisches Kind durch eine SOS-Kinderdorf-Patenschaft. Er suchte am Schwarzen Brett eines Studentenwohnheims nach einem koreanischen Übersetzer. Paula Kim nahm Kontakt zu ihm auf und begann mit ihm, die Bibel zu studieren. Michael liebte Gottes Wort so sehr, dass er regelmäßig Bibelstunden besuchte und seine persönlichen Eindrücke und Entscheidungen zu dem Bibeltext niederschrieb. Gerne nahm er an der Bibelkonferenz teil und stellte dabei sein Auto zur Verfügung und legte sein Glaubenszeugnis ab.

Da er Gott zuvor nicht wirklich kannte, suchte er Erfüllung im Leben in der Anerkennung anderer. Doch durch das Bibelstudium begegnete er Jesus persönlich, und Jesus wurde sein Erlöser. Als Paula Kim ihn während des Bibelstudiums fragte, ob er nach dem Tod definitiv ins Himmelreich kommen würde, antwortete er, dass Gott allein aufgrund seiner(d. h. Michaels) Werke darüber entscheiden würde, ob er ins Himmelreich kommen würde oder nicht.

Paula erklärte ihm anhand von Johannes 5,24, dass er bereits ewiges Leben habe, wenn er an Jesus Christus glaube. Nach dieser Erklärung hatte er eine feste Heilsgewissheit. Da wurde sein Glaube fest. Er hatte einen großen Durst nach Gottes Wort, sodass er frühmorgens zur Gebetstunde in der Gemeinde kam. Auch während seines Praktikums in München setzte er sein Bibelstudium brieflich fort. Er arbeitete etwa drei Jahre bei uns mit.

**- Christa Brunecke**

Seit Anfang Oktober 1988 lernt Christa von Renate die Sieben

Schritte des Glaubens. Dadurch konnte sie eine vertrauensvolle Beziehung zu Jesus aufbauen.

### - Peter Ruhnau

Peter studierte Jura. Er studierte Gottes Wort mit Joseph Kim zusammen und besuchte regelmäßig Gottesdienste. Er nahm an der Sommerkonferenz 1990 und an der Weihnachtskonferenz 1990/91 teil. Er schloss sein Studium 1990 erfolgreich ab. Mit seiner Freundlichkeit bereitete er uns viel Freude.

### - Wei Mao

Wei war eine chinesische Studentin. Weil Samuel Kim ein Herz für die Chinesen hatte, lehrte er sie Gottes Wort. Nachdem Samuel Kim als Missionar nach einem dritten Land geflogen war, setzte sie ihr Bibelstudium mit Sara Chang fort.

### - Helga Deutschmann

Helga war eine Wirtschaftsstudentin. Sie wurde durch Grace Sarah Hong zum Bibelstudium eingeladen.

### - Irina Stobbe

Ab Ende der 1990er Jahre studierte sie mehrere Jahre lang die Bibel mit Grace Sickelmann und steht bis heute mit ihr in Kontakt.

### * Bibelfreunde 1992-1999

Sigrid Stefener war eine Sportlerin und lernte ab 1992 etwa zwei Jahre lang mit Rebekka Park Gottes Wort. Anfang 1993 wählte sie Johannes 5,8 als ihr Jahresleitwort: „Jesus spricht zu ihm: Steh auf, nimm dein Bett und geh hin!", weil sie vom Unglauben befreit werden und ein gutes Gotteskind sein wollte.

Jörg Spielfeld begann im April 1993 mit Joseph Kim die Bibel zu betrachten. Seine Gebetsanliegen für das Jahr 1994 stehen auf der Jahresleitwortliste der Bochumer Mitarbeiter: „Zu einem guten Menschenfischer wachsen und Jünger werden; klar an Gottes Wort festhalten", nachdem er etwa ein Jahr lang mit Joseph Kim Gottes Wort gelernt hatte.

In den Jahren 1994 und 1995 luden die Mitarbeiter weitere Studenten zum Bibelstudium ein. Unter ihnen waren Frank(Bibellehrer: Andreas S.), Hermann(Andreas S.), Jochen(Medizin, Renate), Ruben, Antje, Inken, Barbara, Jörg und Sonja.

Von 1996 bis 1999 lernten einige von ihnen, zum Beispiel Irina(ihre Bibelfreundin war Grace Sickelmann), Ingo(Samuel Park), Danny-(Samuel Park), Suse(Anja), Christia, Quin, Annemarie(Anja) usw.

### * Bibelfreunde 2000-2005
Daniel Hong lud Christof Bußmann im Jahr 2000 zum persönlichen Bibelstudium ein. Nach Daniel Hongs Umzug nach München nahm Christof weiterhin an der Gruppenbibelstunde teil. Andreas Schmeinck war sein Bibelfreund und pflegte eine gute Gemeinschaft mit ihm, bis er wegen der Arbeitsstelle nach Münster zog. Dort heiratete er eine gläubige Frau.

Emil aus Jordanien lernte die Bibel zusammen mit Moffat oder Elisabeth Kim. Auch Georgios las mit Moffat Kim die Bibel.

Georgia war seit 1996 das Kindermädchen der Familie Schmeinck für David und Mariela. Ab 2000 lernte sie die Bibel mit Renate und dann viele Jahre mit Esther Bae und Esther Choe.

Christa Unruh lernte seit 2000 die Bibel mit Grace Sickelmann.

**\* Bibelfreunde 2006-2010**
Sang-Hee Park kam am Jahresanfang 2006 durch die Einladung von Young-Il Choi zur Gemeinde. Sie lernte Gottes Wort mit Peter Bae. Nach Abschluss ihres Deutschkurses zog sie zum Studium nach Düsseldorf.

Sang-Hee Park hatte Anfang des Jahres 2006 Gyu-Young Yeon zur Gemeinde eingeladen. Gyu-Young Yeon lud wiederum seinen Freund Hyeon Lee ein. Gyu-Young Yeon und Hyeon Lee lernten die Bibel von Kaleb Lee zu zweit.
Gyu-Young Yeon erhielt einen Studienplatz für Zahnmedizin in Ostdeutschland und zog dorthin. Hyeon Lee kehrte nach Korea zurück.

Seung-Il Oh war Doktorand der Evangelischen Theologie. Er lernte von Herbst 2007 bis 2008 mit mir wöchentlich einmal Gottes Wort aus dem Johannesevangelium und der Genesis. Er setzte sich dafür ein, dass wir jedes Jahr den Saal des Studentenwohnheims „Euroeck" kostenlos für die Oster- und Weihnachtsgottesdienste nutzen konnten.

Philip studierte Theologie auf Lehramt. Er lernte ab Herbst 2007 mit

Kaleb Lee Gottes Wort und besuchte gelegentlich Gottesdienste.

Nara Hong begann Anfang 2008, Gottesdienst zu besuchen, und lernte etwa ein Jahr lang Gottes Wort mit Johanna Lee.

Ji-Woong Park kam zu Beginn des Wintersemesters 2008 aus Korea und besuchte auf Empfehlung von Josua Kim aus Moldawien Gottesdienste und lernte die Bibel mit Kaleb Lee. Etwa ein Jahr später kehrte er nach Korea zurück.

**\* Bibelfreunde 2011-2012**
Ab November 2011 besuchte Jimmy Otieno aus Afrika etwa ein Jahr lang unsere Gottesdienste und Samstagsbibelstunden. Auch seine Frau Annette, die als Missionarin in Afrika gedient hatte, war eine Zeit lang dabei. Jimmy initiierte eine Einladungsaktion, um Leute zum Gottesdienst einzuladen. Dadurch ermutigte Gott uns, noch aktiver Menschen zum Gottesdienst und zum Glauben einzuladen.

Mega aus Indonesien besuchte unseren Gottesdienst seit dem 29. April 2012 regelmäßig. Im Sommer 2012 kehrte er nach Indonesien zurück.

Michael, ein Student aus Afrika, besuchte ebenfalls etwa ein Jahr lang unser Bibelstudium.

Bianca besuchte von Oktober 2012 bis November 2013 unseren Gottesdienst und unsere Bibelstunde. Ihr Vertrauen in Gott war für uns alle eine große Ermutigung.

Ab dem 18. November 2012 besuchte Tim Morris, ein gläubiger Austauschstudent aus England, unsere Samstagsbibelstunde und unseren Sonntagsgottesdienst. Er wurde ein guter Freund von uns. Seine Eltern aus England besuchten unseren Gottesdienst am 2. Dezember 2012.

**\* Offene Kochkurse und Alpha-Kurse von 2013 bis 2019**
**- Kochkurs und Alpha-Kurs(April bis Mai 2013)**
Am Samstag, dem 20. April 2013, veranstalteten wir zum ersten Mal einen Koreanisch-Kochkurs, um Studenten zum Bibelstudium einzuladen.

Mit dabei waren unter anderem Tim Morris, Bianca, Kowara, Ridykz und später Dunja Sharbatdar. Danach fand der Kochkurs dienstags um 19 Uhr statt. Dunja brachte einige internationale Kommilitonen mit. Andreas lernte Denis Shakirova aus Bulgarien bei einem internationalen Gottesdienst kennen und lud sie zu unserer Gemeinde ein. Sie war eine engagierte Christin und wirkte über zwei Jahre aktiv mit uns zusammen.

Nach dem Ende unserer Kochkurse begannen wir im Juni 2013 jeden Dienstagabend mit einem Alpha-Kurs für Suchende, und Gott segnete ihn. Dunja und Denis luden viele Studenten aus verschiedenen Ländern ein.

**- Teilnehmer des Alpha-Kurses waren wie folgt(ab Juni 2013)**
Dunja, Kaito Nakamura(Japan), Denis Shakirova(Bulgarien), Wen-Lin(Taiwan), Omran Alsaivari(Syrien), Anuwat Khamsri(Thai-

land), Enrico Taguebou(Kamerun) und andere.

### - Teilnehmer des Alpha-Kurses(SS 2014):

Wen-Lin(Taiwan), Omran Alsaidawo(Syrien), Denis Shakirova(Bulgarien), Anuwat Khamsri(Thailand), Kaito Nakamura(Japan), Dunja Sharbatdar(Deutschland), Enrico Taguebou(Kamerun), Parandoush-Forouzandch(Iran), Christian Becker(Deutschland), Basil Fkhaida(Palästina), Bah Amadou Tidiana(Guinea), Winsa Alida(Benin), Ynmar Yousef(Syrien), Okyanos Atlas(Türkei), Yana Ivanova(Bulgarien), Ahmet Tahta(Türkei), Oynsuvad Undur-Origil(Mongolei), Enkhtaivan Enkhzaya Zaya(Mongolei), Leila Abbasi(Iran), Sonja(nach Tübingen umgezogen), Alida(nach Münster umgezogen)

### - Teilnehmer des Alpha-Kurses(WS 2014/15)

Zusätzlich zu einigen der oben genannten Teilnehmer, wie zum Beispiel Denis, nahmen folgende Personen teil:

Isaac Adjei Safo(Ghana), Vitalii Natsik(Modawien), Yan Chen(China), Elli(Iran), Joel Acipass(Deutschland), Markus(Deutschland), Cedric C Paude(Kongo), Akbar Yousef(Iran), Johanna Florenz(Kolumbien), Ismail, Parminder Singh(Indien), Oogii(Mongolei), Leila Abbasi(Iran) und andere.

### - Teilnehmer des Alpha-Kurses(SS 2015)

Denis, Vitalii, Joel, Cedric Hounsanou, Suufy, Yurim Sim(Korea, ab September 2015), Akbar Yousef(Iran), Markus, Ismail, Yan, Faith(Südafrika, sie kehrte am 6. September nach Frankreich zurück), Oogii, Zaya, Enrico, Oyuka(18. August).

Es gab mehrere Teilnehmer, deren Namen ich vergessen habe.

Denis und Joel hielten im Alpha-Kurs einen Vortrag über Bulgarien.
Faith, Denis, Joel, Johanna und Jan nahmen samstags an der Bibelstunde teil.

Dunja war von ihrer einjährigen Studienreise nach Japan zurückgekehrt und besuchte im Oktober 2015 die Gemeinde:

Individuelles Bibelstudium: Yan mit Esther Choe(im Sommersemester 2015), Yurim mit Renate Schmeinck und Zaya mit Renate(ab 27. August).

Im September 2015 begann Yurim, unsere Gemeinde zu besuchen, und führte viele Koreaner zum Gottesdienst: Chan-Il Chungs Familie mit ihren Kindern Eun-Hee Lim, Eu-Young Chung, Sung-Young Chung und Hye-Young Chung sowie Gyoeun(Joan) Koo und Karl und andere Koreaner.

Am 19. September 2015 fand in Ungarn die Hochzeit von Bora Kim, der Tochter des Missionars Paul Kim, und Mark Morocz statt. Kaleb Lee und ich waren dabei.

**- Teilnehmer am Alpha-Kurs und Gottesdienst 2016**
Eslami Pirharati Mahmoud(Iran), Deborah Deer(Ungarn), Marvin Dieckmann(Deutschland), Joan Gyoun Koo & Karl, Chan-Il Chungs Familie(5 Personen), Heon-Woo Lee, Hee-Ji Yang, Min-Young Kang, Dong-Hyeon Kim, Kai Rohs, Valeria Cano(Kolumbien), Rawad Bassil(Syrien), Chan-Song Lee, Vitalii Natsik(Modavien) usw.

**- Teilnehmer am Gottesdienst und Alpha-Kurs 2017**

Dong-A Jang, Seung-Won Kim, Hyeon-A Kim(aus Stuttgart) und ihr Verlobter Ae-Rin Cho aus Dortmund.

Weitere Studenten nahmen teil.

Leider habe ich die Namen der anderen Teilnehmer vergessen.

**- Teilnehmer am Gottesdienst und Alpha-Kurs 2018**

Sanin, Je-Ji(예지, Freundin von Chan-Song Lee), Lisanne Alissha, Maede und Tahere(Tochter und Mutter aus dem Iran), Lydia(eingeladen von David), Sin-Young, Irina und ihre beiden Kinder(Ostergottesdienst), Sirin, You-Mi Cho, Ji-Eun(지은), Subinth, Franki, Pouneh, Jay, Valeria Cano(Kolumbien), Valerias Bruder

**- Teilnehmer am Alpha-Kurs und Gottesdienst 2019**

Valeria Cano(Kolumbien), Darya Afshang(Iran), Saja(Iran), Sarai(Kolumbien, Valerias Freundin), Yule, Aysegül Özen(Iran), Ye-Bin Cho, Sung-Kwang Park, Kyeong-Ho An, Dong-Uk Heo, Tiancheng Liu(China), Zohre Nemati, Da-Young Kim(Frau von Heon-Woo Lee), Hyun-Kyeong, Seon-Kyeong Kwon, Do-Houn Kim.

## 4. Vorstellung der CMI-Gemeinde in der Fakultät Evangelische Theologie der Ruhr-Universität Bochum

Am Donnerstag, dem 28. Juni 2012, stellte ich unsere Gemeindearbeit im Rahmen eines Seminars der Evangelisch-theologischen Fakultät der Ruhruniversität Bochum vor.

Das Seminar fand unter dem Titel „Symposium: Koreanische protestantische Gemeinden in Deutschland – eine Standortbestimmung" statt.

Dieses Seminar wurde von Dr. Esther Hornung organisiert, die gelegentlich unseren Gottesdienst besuchte. An diesem Seminar nahmen Theologieprofessoren, wissenschaftliche Mitarbeiter und Studenten teil. Es gab Vorträge von Professoren und Vorstellungen aus drei koreanischen Gemeinden sowie vom CMI.

Ich berichtete etwa dreißig Minuten über die Ursprünge des CMI Deutschland und die Geschichte des CMI Dortmund und Bochum. Anschließend beantwortete ich verschiedene Fragen der Teilnehmer.


### 5. Liste der mitgewirkten Missionarinnen und Missionare in Bochum

Folgende Missionare haben seit 1987 in Bochum dem Herrn gedient:

**Unsere Familie** zog am 28. Februar 1987 von Dortmund nach Bochum.

**Joseph & Paula Kim** kamen Mitte 1987 von Dortmund nach Bochum. Diese Familie zog im Juni 1999 nach Duisburg, als Joseph Kim eine Stelle als wissenschaftlicher Assistent an der Universität Duisburg bekam.

**Thomas Hwang** und **Sarah** Oh kamen am 24. März 1988 aus Korea nach Bochum.

Abraham Oh und Maria Hwang mit ihren Kindern Maria und Joo-Han kamen am 29. März 1989 aus Korea an.

**Die Familie Hwang** zog im November 1994 nach Münster, um dort für die Studentenmission zu arbeiten. Danach zog diese Familie nach Bremen, nachdem Thomas Hwang bei Kia Motors eingestellt worden war, und als das Unternehmen nach Frankfurt am Main umzog, zog die Familie nach Gießen. Im Juli 1999 zog die Familie nach Mühltal, einem Vorort von Darmstadt, und ist in der Gemeinde CMI Darmstadt aktiv.

Die Familie von **Abraham & Sarah Oh** zog im Sommer 1999 nach Griesheim, nachdem Abraham eine Stelle in Frankfurt angenommen hatte. Das Ehepaar ist in der Gemeinde CMI Darmstadt aktiv.

**Pauline Lee** kam am 13. Oktober 1988 aus Korea an. 1991 zog sie nach Köln. Später zog sie nach Berlin.

**Andreas Rhee** und **Esther Bae** kamen am 29. März 1989 in Bochum an.

**Peter Bae** kam am 19. März 1991 in Bochum an. 2006 zog die Familie Peter & Esther Bae zunächst zu einer koreanischen Gemeinde in Bochum. Sie besuchte dann die Freie Evangelische Gemeinde in Bochum-Langendreer.

**Esther Song** und **Rebekka Park** kamen am 23. August 1989 an.

Esther Song kehrte 1991 nach zweieinhalb Jahren nach Korea zurück, heiratete Moses Park und blieb in Korea.

Rebekka Park heiratete 1991 Samuel Park. **Samuel Park** kam am 30. Mai 1992 in Bochum an.

Rebekka Park kehrte im Januar 2000 nach Korea zurück und Samuel Park am 3. März 2000.

**Grace Sarah Lee** kam am 6. September 1989 an.

**Daniel Hong** folgte ihr und kam am 23. September 1993 an. Nach Abschluss seines Diploms in Elektrotechnik an der Universität Bochum bekam er eine Anstellung in München. So zog seine Familie am 3. Juni 2001 nach München.

**Samuel Kim & Hannah Kim** kamen am 4. Oktober 1989 mit ihren beiden Söhnen David und Lukas an. Einige Jahre später zog diese Familie weiter nach China.

**Hannah Rhee**, Ehefrau von Andreas Rhee, kam am 19. April 1990 mit ihrer Tochter an. Diese Familie zog später nach Hannover, als Andreas dort einen Job bekam.

**Philia Cho** kam 1992 an. Nach 2 Jahren zog sie nach Köln und heiratete einen Missionar aus Jungang UBF, Korea. Das Paar flog später nach Korea zurück.

**Elisabeth Kim** kam im Oktober 1991 an. Ihr Ehemann **Moffat Kim** kam am 4. August 1994 an. Das Paar kehrte am 23. Februar 2003 mit ihrem Sohn Lukas nach Korea zurück, als Moffat nach Abschluss seiner Promotion eine Stelle bei LG bekam.

**Lydia Lee** zog 1994 von Essen nach Bochum. Danach zog sie nach Köln weiter.

**Ludger Sickelmann** zog im Juni 1990 von Krefeld nach Bochum. Nach Abschluss seiner Ausbildung zum Computerspezialisten heiratete er Ende 1990 Grace Sickelmann. **Grace Sickelmann** kam am 2.

April aus Korea an. Dieses Ehepaar zog am 9. November 2002 nach Essen und half dort vielen Studenten. Ludger arbeitet zurzeit als Lehrer an einer Schule. Grace zog einerseits ihre drei Töchter gut groß und andererseits überwand sie dank Ludgers Ermutigung als Koreanerin Sprachbarrieren und fand Arbeit als Lehrerin an einer Schule. Das Paar betet, um eine christliche Schule zu gründen.

Grace besuchte auch ein theologisches Seminar und wurde ordinierte Pfarrerin. Am 17. Oktober 2021 gründete sie eine Hausgemeinde und predigt bei Gottesdiensten. Dies ist ein wunderbares Werk des Heiligen Geistes.

**Paul Chang & Sara Chang** zogen am 16. Februar 1995 von Dortmund nach Bochum um. Als Paul Chang eine Stelle in Frankfurt annahm, zog die Familie am 16. Juli 1999 nach Darmstadt und ist in der Gemeinde CMI in Darmstadt aktiv.

**Abraham Park & Sarah Park** begannen am 23. Januar 2000, am Gottesdienst in Bochum teilzunehmen. Diese Familie zog im Februar 2002 von Aachen nach Bochum um. Als Abraham Park in Frankfurt einen Job fand, zog diese Familie am. 24. August 2004 nach Frankfurt und ist in der Gemeinde CMI Frankfurt aktiv.

**Young-Il Choi und Yoon-Hee Koo** kamen am 26. Mai 2000. Yoon-Hee Koo arbeitete als Babysitterin für die Kinder der Familie Sickelmann in Essen und kehrte nach einem Jahr nach Korea zurück. Young-Il Choi promovierte in Dortmund und kehrte nach Korea zurück.

**Kaleb Lee** kam Ende August 2000 in Bochum an, und seine

schwangere Frau **Johanna Lee** am 18. Oktober 2000. Diese Familie zog 2021 in einen Vorort von Düsseldorf in der Nähe von Johannas Arbeitsplatz.

**Jakob Zheng** kam 2000 aus China, promovierte an der Universität Essen und arbeitet seit 2011 bei der BASF in Wiesbaden.

Hier in Bochum dienten insgesamt **33 Missionare** dem Herrn, darunter 14 Ehepaare und 5 alleinstehende Missionare/Missionarinnen.

# Dreizehnte Story: Zehn Gründe für meine Dankbarkeit

„Und Maria sprach: Meine Seele erhebt den HERRN, und mein Geist freut sich Gottes, meines Heilands; denn er hat die Niedrigkeit seiner Magd angesehen. Siehe, von nun an werden mich selig preisen alle Kindeskinder."
(Lukas 1,46–48)

Am 3. Oktober 2010 fand in unserer Gemeinde in Bochum der Erntedankgottesdienst statt. Während des Gottesdienstes an diesem Tag stellte ich „10 Gründe, warum ich Gott dankbar bin".

Nach ein paar Jahren habe ich etwas hinzugefügt.

### <10 Gründe meiner Dankbarkeit>

1. Ich danke **Gott für seine Schöpfung**.

Er schuf eine wunderschöne Welt und mich, schenkte mir eine liebevolle Familie, herzliche Freunde, gute Lehrer und gläubige Freunde und führte mich zur göttlichen Gnade.

2. Ich danke Gott **für Jesus Christus, seine Rettung** und eine lebendige Hoffnung.

Er hat zuerst den Samen des Glaubens in mein Herz durch meine dritte und vierte Schwester gesät und dann hat mein Herz für den Glauben durch meine heimatlichen Freunde, wie Yeon-Soo Park, Jae-Beom Lee und Eun-Chun Lee, vorbereitet. Schließlich hat er mich durch unsere Gemeinde in Daejeon zum Glauben geführt.

3. Ich danke Gott **für die hingebungsvolle Liebe meiner Eltern und Geschwister.**

Meine Mutter, mein Vater, mein Bruder und meine vier Schwestern kümmerten sich liebevoll um mich. Mein Vater starb, als ich etwa zwei Jahre alt war, weil er sich um die Beerdigung eines Nachbarn kümmerte, der an einer ansteckenden Krankheit gestorben war.

4. Ich danke Gott für **So-Hee Yeon**, meinen Klassenlehrer in der 6. Klasse. Er ermutigte mich dazu, trotz unserer Armut die Middleschool zu besuchen. Ohne seine Hilfe hätte ich ein Holzfäller werden müssen. Ich danke auch Gott für Jin-Hae Son, meinen Klassenlehrer im 1. und 2. Middleschooljahr, für seine Ermutigung. Ich danke Gott auch für Seung-Tak Baek, den Rektor der Yesan Highschool, für seine Ermutigung und das Stipendium. Ich danke Gott außerdem für Prof. Bo-Sung Rhee, der mich während meines Master-Studiengangs gefördert hat. Schließlich danke ich Gott für Prof. Schecker der Universität Dortmund für seine Hilfe und Betreuung meiner Doktorarbeit.

5. Ich danke Gott **für gläubige Freunde aus meiner Heimat**, wie Yeon-Soo Park, Jae-Beom Lee und Eun-Chun Lee, für ihr Vorbild und

ihre Ermutigung zum Glauben. Eun-Chun Lees Eltern stellten mir ein kostenloses Zimmer in meiner Universitätsstadt Daejeon zur Verfügung. Ich danke Gott für die Ermutigung von Ho Kang, meinem Freund aus Studienzeiten.

6. Ich danke Gott für **Soo-Min Lee**, der mich zu unserer Gemeinde in Daejeon einlud. Ich danke Gott dafür,

dass Kyoung-Sook Cho mir am ersten Tag meines Gemeindebesuches erklärte, wie man zu Gott betet.

Gott half mir durch **Peter Suh**, an Jesus zu glauben, und Gott unterstützte mich weiter durch **Bona Hong, Nam-Sik Woo, John Park, Abraham Kim und Isaac Kim usw.**

Ich danke Gott auch dafür, dass **In-Seop Lim**, mein erster Bibelschüler, mir gedient hat.

Ich danke Gott für die herzliche Zusammenarbeit von Ruth Ahn, Joo-Yeon Kim, Myeong-Hee Han, Seok-Hee Choi, Hyeo-Soon Kim, Myeong-Sook Yang, Soon-Ok You, Dong-Joo Lee, Seong-Soo Han & Myeong-Ja Kim, Hak-Young Lee & Helen Ryu, Ki-Wook Koo, Joon-Chan Cho, Soo-Cheol Lee, Soo-Young Lee, Sook-Hee Jeong und vielen mehr.

7. Ich danke Gott für **die Gründung meiner Segensfamilie mit Esther** am 15. Okt. 1977. Esther ist hingebungsvoll und hat guten Glauben.

Ich danke Gott, dass er uns zwei Söhne, **Stephan und Timothée**, geschenkt hat. Am 7. März segnete Gott die Familiengründung von **Stephan und Seungmi.** Gott gab Stephan den Glaubenssieg in seinem Berufsleben und Seungmi in ihrem Studium und schenkte ihnen zwei wunderbare Kinder, Sophia und Sean. Im Frühling 2010 schloss Timothée sein Studium ab und begann zu arbeiten. Im September 2024 gründeten **Timothée und Monica** eine gesegnete Familie.

8. Gott hat durch die Zusammenarbeit koreanischer und deutscher Mitarbeiter vielen Studenten in Dortmund und Bochum mit dem Evangelium geholfen:

Unter ihnen sind Martin Nachtrodt, Ludger Sickelmann, Martin R., Walter Nett, K-H, Di & El, H-P(Dortmund), Hartmut, Anja, Ulrike, Stefanie, Stephan Schulzki usw.(Bochum).

Doo-Kyoo Kim & Dong-Ok(Rheda & Dortmund), Hee-Ja Kim(Rheda), You-Kang Hur, Paul & Sara Chang(Dortmund & Bochum), Lydia Lee(Essen & Dortmund), Andreas & Ruth Ahn, Joseph & Paula Kim(Dortmund & Bochum), Jesaja & Bekkie Lee, Joseph & Rebecca Han, Ki-Min Lee(Dortmund), Thomas & Maria Hwang, Abraham & Sarah Oh, Peter & Esther Bae, Pauline Lee, Daniel & Grace Hong, Esther Song, Samuel & Rebekka Park, Samuel & Hannah Kim, Andreas & Hannah Rhee, Moffat & Elisabeth Kim, Yoon-Hee Gu, Abraham-Elia & Sarah Park, Jacob Cheng, Young-Il Choi, Kaleb & Johanna Lee usw.(Bochum) haben mitgewirkt. Gott hat uns durch Isaac Lee, Paulus Kwon, Josua Lee, Joseph Lee usw. ermutigt.

9. Gott hat **Andreas, Renate, Kaleb, Johanna**, David, Mariela, Johanna, Josephine und noch weitere als Mitarbeiter eingesetzt und sie kostbar gebraucht.

10. Gott hat **uns die Vision gegeben**, uns selbst und unsere Gemeinde zum Segen Bochums, Europas und der Welt zu machen. Er wird uns vermehren und Deutschland und die ganze Welt durch uns segnen.

## Vierzehnte Story: Esthers Sieg beim Heimgang und ihre Begleitung mit mir

„Gott aber ist nicht ein Gott der Toten, sondern der Lebenden; denn ihm leben sie alle."
(Lukas 20,38)

Obwohl Esther körperlich schwach war, war sie im Großen und Ganzen gesund. Etwa im September 2018 ging sie zu Fuß von der Gemeinde die Semperstraße entlang nach Hause. Als sie die Bushaltestelle Schinkelstraße erreichte, befand sie sich auf der Fahrbahn. Als ihr ein Radfahrer von der Markstraße über die Semperstraße sehr schnell entgegenkam, versuchte sie ihm auszuweichen, indem sie von der Fahrbahn auf den Gehweg auswich. Dabei stützte sie auf den Rücken, prallte gegen den Bordstein und zog sich eine Prellung zu. Dort verspürte sie Schmerzen. Außerdem hatte sie Bauchschmerzen.

Nachdem sie mithilfe von Renate Schmeinck frühzeitig einen Termin für eine Magenspiegelung in einer Praxis in Hattingen bekommen hatte, fuhren wir an unserem Hochzeitstag 2018 zu ihrer Untersuchung dorthin. Drei Tage später, am 18. Oktober, fuhren wir wieder zur Praxis, um das Ergebnis der Untersuchung zu erfahren. Sie ging hinein, ich wartete im Auto. Als sie zurückkam, sagte sie zunächst nichts. Erst als wir an der Gemeinde ankamen und ich aussteigen wollte, erzählte sie mir, dass sie Magenkrebs hatte. Sie hatte es mir bis dahin nicht gesagt, damit ich nicht in Panik gerate und einen Autounfall verursache.

Esther wurde am 29. Oktober 2018 im Augusta-Krankenhaus in Bochum wegen Magenkrebs operiert und erhielt anschließend vier Chemotherapie-Infusionen in der onkologischen Praxis in der Nähe des Hauptbahnhofs. Als ihre Haare auszufallen begannen, rasierte sie sich den Kopf und trug ein Kopftuch.

Esther teilte den Ärzten, Krankenschwestern und Besuchern humorvoll das Evangelium mit:

„Mit meiner Glatze sehe ich aus wie eine buddhistische Mönchin aus, und mit Kopftuch sehe ich aus wie eine Muslimin. Aber im Herzen bin ich Christin."

Nach der Chemotherapie fuhr Esther für drei Wochen zur Reha nach Bad Oeynhausen. Nach der Rückkehr blieb sie zu Hause. Sie verlor jedoch stark an Gewicht, da sie nicht mehr richtig essen konnte. Daher wurde ihr über einen Port eine intravenöse Ernährung verabreicht. Sie musste mehrmals ins Krankenhaus. Ihr Zustand verschlechterte sich mit der Zeit. Wenn sie zu Hause blieb, schlief sie in einem Krankenbett im Wohnzimmer, und ich im Schlafzimmer. Oft stöhnte sie mitten in der Nacht vor Schmerzen wie Hiob im Alten Testament, aber Esther wollte mich nicht wecken, damit ich nicht aufstehen und ihr helfen würde, weil sie mich nicht stören wollte.

Als ich Anfang August für drei Tage lang zur Sommerbibelkonferenz fuhr, nahm unser jüngster Sohn Timothée Sonderurlaub, um bei Esther zu bleiben. Er schlief im Schlafzimmer, Esther im Wohnzimmer. Obwohl sie mitten in der Nacht starke Schmerzen hatte, wollte sie Timothée nicht wecken und tat so, als hätte sie keine Schmerzen.

Sie wollte auch unseren Verwandten keinen Kummer bereiten. Deshalb verbot sie mir, unseren Verwandten, insbesondere ihrer älteren Schwester, von ihrer Krankheit zu erzählen, um ihr weiteres Leid zu ersparen. So erzählte ich ihren und meinen Verwandten erst wenige Tage vor ihrem Heimgang zum Himmlischen Vater von ihrem Zustand.

Esther sagte, dass auch unser ältester Sohn Stephan und seine Familie nicht aus den USA nach Deutschland kommen sollten, um nicht zu viel Kummer sie wegen ihrer Krankheit zu verursachen.

Esther wollte auch nicht, dass Glaubensgeschwister, die weit weg von Bochum oder in Korea lebten, sie besuchten, um sie nicht zu belasten. Trotzdem kam Bo-Young Lim von meiner Mutterkirche in Daejeon, Korea, nach Bochum und besuchte sie. Esther war ihr natürlich dankbar.

Am Mittwoch, 20. November 2019, gegen 6 Uhr morgens, litt Esther unter unerträglichen Schmerzen und musste gegen 7:30 Uhr mit dem Rettungswagen ins Knappschaftskrankenhaus Bochum-Langendreer gebracht werden.

Zu diesem Zeitpunkt hatte Esther sich in ihrem Herzen bereits darauf vorbereitet, zu ihrem himmlischen Vater zu gehen. Natürlich erzählte sie mir das nicht, aber ich konnte es an ihrer Antwort erkennen, als ein

Arzt sie nach dem Zweck der Behandlung fragte.

Im Krankenhaus verschlechterte sich Esthers Zustand weiter. Am Montagmorgen, dem 9. Dezember 2019, schlug mir der Arzt vor, Esther Morphium zu injizieren, um ihre Schmerzen zu lindern. Ich antwortete, dass ich mir zuerst die Meinung unserer beiden Söhne anhören würde, wenn sie am Abend kämen, und ihm dann die Antwort geben würde. So erhielt Esther die Morphinlösung nicht am 9. Dezember, sondern am Morgen des 10. Dezember. Um Mitternacht zwischen Montag(9. Dezember) und Dienstag(10. Dezember) kämpfte Esther einen erbitterten geistlichen und körperlichen Kampf und gewann den Kampf. Unter großen Schmerzen fragte Esther Gott dreimal: „Warum muss ich das erleiden?"

Danach rief sie „Papa, Papa, Papa!" „Papa" war Esthers Wort, „Gott" anzusprechen. Danach sagte sie dreimal: „Vergib mir!" Ich glaube, sie bat Gott um Vergebung dafür, dass sie sich bei Ihm über ihre Krankheit beschwert hatte.

Nach diesen Worten hatte Esther einen wundersam friedlichen Gesichtsausdruck und schlief bald ein. Dies waren die letzten Worte, die ich von Esther hörte; ich war die ganze Zeit bei ihr in ihrem Krankenzimmer. Von da an schlief Esther friedlich, bis sie am 13. Dezember um 16 Uhr zu Gott ging.

Esther ermutigte viele Menschen, an Jesus Christus zu glauben, indem sie bei jeder Gelegenheit, sogar während ihrer Krankheit, von Jesus Zeugnis ablegte.

Am Tag ihres Heimgangs geschah ein Wunder.

Esther hatte lange für Frau Marian gebetet, die im zweiten Stock unseres Wohnhauses wohnt, und ihr das Evangelium erklärt, wann immer sie Gelegenheit dazu gehabt hatte. Marian hatte jedoch geantwortet, dass sie aufgrund ihres rationalen Denkens nicht an Jesus glauben könne. Am 13. Dezember, gegen Mittag, vier Stunden vor Esthers Tod, kam sie in ihr Krankenzimmer und bekannte, dass sie nun an Jesus und die Auferstehung der Toten glaube und dies nur mithilfe von oben möglich sei.

Esthers Ruhestätte. Später werde ich hier neben ihr begraben

Gott wollte nicht, dass ich mich nach Esthers Einschlafen einsam fühle. Darum gab Gott mir die Überzeugung, dass die auferstandene Esther mich stets wie ein Engel begleitet und mir Mut macht. Deshalb lebe ich mit Freude, dass Esther immer bei mir ist und mich begleitet. Dies muss natürlich im Zusammenhang mit dem himmlischen Zeitbegriff verstanden werden, der sich von dem irdischen Zeitbegriff unterscheidet und aus dem Glauben an die Auferstehung stammt.

Ich glaube daran, dass die auferstandene Esther schöner ist als all ihre schönsten Gestalten vor ihrem Heimgang. Durch den Auferstehungsglauben genieße ich es, mit der auferstandenen Esther zu spazieren, ihr schönes Bild immer wieder anzusehen und Gott zu preisen. Und ich bete, dass die frohe Botschaft von der Auferstehung Christi bis an die Enden der Welt gepredigt wird.

„ Jesus spricht zu ihr:
Ich bin die Auferstehung und das Leben.
Wer an mich glaubt, der wird leben, auch wenn er stirbt;
und wer da lebt und glaubt an mich, der wird nimmermehr sterben.
Glaubst du das?"
(Johannes 11,25–26)


„ Aber ihr werdet die Kraft des Heiligen Geistes empfangen,
der auf euch kommen wird, und werdet meine Zeugen sein
in Jerusalem und in ganz Judäa und Samarien und
bis an das Ende der Erde."
(Apostelgeschichte 1,8)


Amen!